教育部人文社会科学重点研究基地重大项目

国家社会科学基金首届重大招标项目

中国思想与社会研究哲学社会科学创新基地子项目

基层社会与国家权力
研究丛书
◆
李治安　主编

元代榷盐与社会

◆　张国旺　著

天津古籍出版社

图书在版编目（CIP）数据

元代榷盐与社会 / 张国旺著. —天津：天津古籍出版社，2009.8
（基层社会与国家权力研究丛书 / 李治安主编）
ISBN 978-7-80696-713-3

Ⅰ. 元… Ⅱ. 张… Ⅲ. 盐业史—研究—中国—元代
Ⅳ. F426.82

中国版本图书馆CIP数据核字（2009）第105971号

基层社会与国家权力研究丛书

元代榷盐与社会

李治安/主编

张国旺/著

出版人/刘文君

*

天津古籍出版社出版

（天津市西康路35号　邮编300051）

http://www.tjabc.net

E-mail:tjgj@tjabc.net

唐山市天意印刷有限公司印刷

全国新华书店发行

开本880×1230毫米　1/32　印张10.125　字数270千字

2009年8月第1版　2009年8月第1次印刷

印数 1—2000

ISBN 978-7-80696-713-3

定　价：30.00元

中国基层社会秩序演变轨迹述略

（代总序）

李治安

自先秦到明清，基层社会秩序的基本构成要素有三：宗族、乡里、士大夫。宗族是血缘组织，是男系血缘关系的各个家庭在宗法观念规范下组成的社会群体。乡里是地缘组织，它以乡官或乡役充任职事人员，管理基层社会的人户和有关各类事务。士大夫，泛指有官职或有地位、声望的知识层。宗族、乡里、士大夫三者的有机协调组合，形成了古代不同时期的基层社会秩序。官府权力对基层社会的控驭，也往往在这三者前后略有差异的配置组合及互动中不断演进变化。

一、夏商西周：基层血缘组织与地缘组织的兼容

夏商西周，大抵属于早期国家和领主制阶段。氏族、宗族等血缘组织是这段时期社会的主体或框架，有人甚至称其为“血缘社会”。由于国家行政权力的形成与发展，与之相应的社会地缘组织也较多出现。血缘组织与地缘组织的兼容，应该是夏商西周基层社会结构的共同特征。

早期国家的夏王朝，其中心腹地，一般认为是豫西和晋南。这里大致也是夏王禹、太康、相、少康、宁、廑、桀等居邑分布的范围。据郑杰祥考证，夏的同姓族夏后氏、有扈氏、有男氏、斟寻氏、彤城氏、褒氏、费氏、杞氏、缯氏、辛氏、冥氏、斟戈氏的分布地域，“包括西起华山以东，东达豫东平原，北至黄河北岸，南到南阳盆地方圆千余里的中原地区"[①]。而异姓族东夷、有仍、有虞等分布于今山东大部，江苏、安徽一部和河南东部的广阔地区，商族则大约活动在河南东部、山东西部和河北南部[②]。足见，夏王朝的各部族的居地范围，是以血缘氏族或宗族为单位的，除去少数外族奴隶人口，不允许其他血缘组织混入本族居住地域。血缘组织与地缘组织的同一性以及依血缘区别居地的排他性，非常明显。

殷商王朝的疆域，包括今河南中东部、山东西部和河北南部等"邦畿"直辖区，还有西部的羌、戎，北部的鬼方、土方，南部的荆楚等藩属方国。无论"邦畿"或方国，血缘氏族依然是社会组织的基本单位。而且，贵族个人、他统领的宗族、贵族的属地或该族人的居地三者同名的情况，较多存在。在以血缘为纽带的宗族组织中，地位最高的是王族，其次是子族及商王其他同姓宗族，还有部分因姻亲或被征服的异姓宗族。殷商的地缘性组织，已有"邑"、"都"、"墉"、"奠"、"鄙"等名目。它们规模大小悬殊，含义略有差异。"邑"是家族成员聚落的概括称谓；"都"为"有宗庙先君之主"的邑；"墉"是位于家族属地中心，设有防御设施且为家族长所居的大邑；"奠"或"鄙"应是诸商人家族属地中心大邑的外围郊地[③]。共同特色是基于血缘家族的地缘聚落。由于资料稀少，这些地缘组织是自然形成的，还是行政权力的产物，目前似无法弄清楚。有学者指出"殷墟当时也会有以地域组织整合不同姓的众多宗族之举"，同样可能有超血缘的地域性组织存在[④]。陈絜博士在研究殷商族氏名号时也曾发现，某些族属不同、来历各异的各族氏组织，其相应的族氏名号中往往带有相同的地名成分，故可能有较普遍的建立在血缘组织之上的地域组织存

---

① 郑杰祥：《夏史初探》，中州古籍出版社 1988 年，78 页。

② 刘绪：《从夏代各部族的分布和相互关系看商族的起源地》，《史学月刊》1989 年第 3 期。

③ 朱凤瀚：《商周家族形态研究》（增订本），天津古籍出版社 2004 年，152、154 页。

④ 林沄：《"百姓"古义新解——兼论中国早期国家的社会基础》，《吉林大学社会科学学报》2005 年第 4 期。

在①。

西周及春秋的基层组织,主要形式有两种:以血缘为纽带的宗族组织和以"里"为代表的地缘行政组织。西周初《令彝》(《集成》9901)载,周王命令明公"舍三事令罘卿事寮,罘诸尹,罘里君,罘百工;罘诸侯:侯、田、男,舍四方令",说明西周初"里"已成为早期的地方行政组织。"里"的管理者"里君",直接听命于最高官员周公子明保或周王本人。成周地区的情形亦大体相仿。如西周晚期的《鼆簋》(《集成》4215)载周王册命鼆负责"成周里人罘诸侯大亚"等事,此"里人"或为"里君"之异称②,"里人"能与"诸侯"、"大亚"同列,说明其地位相当高。王畿以外的宜、苏、宋、郑、齐等诸侯国也有"里"的类似设置。此时的"里"的规模主要依据贵族宗族的大小而定,通常直接隶属于周王与封君或执政官。"里"大概只适用于贵族阶层,或可称之为"国人"的组织。

西周及春秋基层社会中血缘家族与地缘的"里"两种组织,其实是交织兼容在一起,即一族一里,一里一族,里即为族,族即为里,两者并无抵触。以宗族为单位设置里,地缘组织里建立在血缘组织基础之上③,我们或可称之为"血缘组织地缘化"。

由于姬、姜为主的西土集团与东方子姓为核心的商族比较,甚为弱小,故姬周在入主中原取代殷商成为天下共主后不久,为达到"以屏番周"的目的,便实施大规模的封邦建国。分封不仅使部分受封姬周贵族离开西土,建立起封国内本宗族周人支配商人等土著附庸的政治秩序,同时也造成周人与商人不同血缘组织间的大空间范围的彼此杂居和小空间范围的各自聚居。这样既打破了人数众多的商族原有的大面积血缘聚居的状况,也强化了周王朝对广大疆域的政

---

① 陈絜:《商周姓氏制度研究》,商务印书馆 2007 年,150~152 页。

② 朱凤瀚则认为,"里人"或指里中居民(《先秦时代的"里"——关于先秦基层地域组织之发展》,中国先秦史学会秘书处编:《先秦史研究》,云南民族出版社 1987 年)。

③ 参阅白川静:《金文通释》六《令彝》、二五《鼆簋》,白鹤美术馆 1963—1983 年;朱凤瀚:《先秦时代的"里"——关于先秦基层地域组织之发展》。

治控制[1]。于是,西周王朝的社会组织随之呈现行政力量制造地缘组织(封国、封邑)与血缘组织或血缘纽带复合共存的情况。与商人整体族群固定盘踞在今河南中东部、山东西部和河北南部等"邦畿"地区不同的是,周人因封邦建国而大分散小聚居,利用较少的本族人口有效地支配了广大疆域。这也是周人政治统治超越商人的高明之处。

二、秦汉魏晋南北朝:从乡里"编户齐民"到世家大族及埠壁

战国和秦、西汉时期,基层社会结构发生了一系列根本性的变化。主要表现有四。

大宗"收族"和宗子权为特征的旧式宗族大家长制瓦解崩坏。墓祭趋于普遍,主祭宗法权下移,"各亲其子",简单的直系血亲关系被凸现,受重视,旧式宗子的大部分权力被分散于族内各家庭的家长手中。尤其是商鞅变法规定:"民有二男以上不分异者,倍其赋","令民父子兄弟同室内息者为禁"[2],强令兄弟结婚后分家异居,五口之家的小家庭逐步转而成为家庭形态的主体和社会组织的基本细胞[3]。此其一。

二十等爵和授田等所形成的"编户齐民"取代了宗法亲贵等级序列,构成专制皇帝支配的对象。战国秦汉,一般庶民都可获赐二十等爵中第八级公乘以下的爵位,皇帝与庶民之间以赐民爵为媒介,结成了支配与被支配的关系。又兼商鞅推行的"令民为什伍"的户籍编制、军功赐田和战国时较普遍实行的授田制等[4],共同缔造了"编

① 参阅冯尔康等:《中国宗族社会》,浙江人民出版社 1994 年,44 ~ 46 页。

② 《史记》卷 68《商君列传》。

③ 参阅冯尔康等:《中国宗族社会》,97 页,浙江人民出版社 1994 年;李根蟠:《战国西汉小农家庭规模的变化及其运动机制——从"五口之家"谈起》,2002 年 8 月南开大学"中国家庭史国际学术讨论会"论文。

④ 参阅徐喜辰:《"开阡陌"辨析》,《吉林大学社会科学学报》1986 年 2 期;刘泽华:《专制权力支配下的小农》,《中国历史上的农民》第一辑,台北馨园文教基金会 1998 年,41 ~ 49 页。

户齐民”。此“编户齐民”亦即自业已解体的宗法亲贵等级社会脱胎出来,且由专制皇帝直接支配的个体小农①。此其二。

地缘性的乡里成为郡县之下编组控制民众的基本方式。战国以来,随着君主专制中央集权制度的建立,专制国家对基层社会的控制,主要是依靠县所属的乡官来实施的。如秦汉乡官有乡、亭、里等层级或名色,三老负责教化,啬夫负责听讼和征赋税,游徼负责捕盗贼②。秦汉乡官属于县以下基层行政组织,“天下之治,始于里胥,终于天子”③,专制国家对基层社会的控制方式是以县以下乡官为主渠道。凭借乡官渠道,国家行政权力从中央和郡县一直贯彻到基层村落。有些场合下,甚至会出现“人但闻啬夫,不知郡县”的情况④。由于乡官可代表国家行政权力,故而它也是专制官僚机器在基层社会的直接延伸和末端统治工具。此其三。

“士”自分封宗法旧制下层逐渐蜕变为职业官僚的中坚。西周的“士”,处于分封贵族的最下层。春秋战国分封宗法秩序崩坏后,“士”动荡剧烈,阶层成分扩大,职业多途,如武士、文士、吏士、技艺之士、商贾之士、方术之士等。此时的“士”,游离于家族之外,各以一技之长谋求生存和显达,最为活跃。其性质也发生改变,成为士、农、工、商四民之首。汉初打击游侠和汉武帝独尊儒术后,“士”专心文术,且与儒合为一体,演化为儒士和职业官僚的中坚⑤。此类古代知识层精英“士人”或“士大夫”的面世,堪称战国秦汉新的重要社会力量。此其四。

东汉和魏晋南北朝基层社会结构又出现变异或逆转,简而言之,

---

① 参阅西嶋定生:《中国古代帝国的形成与结构——二十等爵制研究》,武尚清译本,2004 年,550 ~ 555 页。

② 《汉书》卷 19《百官公卿表上》(中华书局校勘本,以下同)。

③ 顾炎武:《日知录》卷八《乡亭之职》,上海古籍出版社 1985 年。

④ 《后汉书》卷 48《爰延传》。

⑤ 参阅冯尔康主编:《中国社会结构的变迁》,河南人民出版社 1994 年,37 页;阎爱民:《汉晋家族研究》,上海人民出版社 2005 年,305 页。

发生了从乡里“编户齐民”到世家大族及坞壁秩序的曲折变化。

第一,豪族、世族势力经过与郡县官的反复博弈,从相互对立冲突走向串通勾结,逐步上升为基层社会的支配力量。秦和西汉王朝为确保郡县制中央集权,主要采取迁徙、抑制等,甚至不惜重用酷吏严厉打击武断乡里的地方豪强①。但由于豪族拥有财富、文化和宗族血缘等方面的雄厚实力,西汉后期,其盘根错节于乡里,实际掌控乡里社会诸多资源和权力。官府对豪族的残酷镇压政策也变成了妥协容纳,不断辟用吸纳豪族及其子弟出任郡县掾属和乡官里吏。豪族通过各种途径渗入官府,意味着官府与豪族的关系已转为依存融合为主。于是,豪族势力控制了乡里社会,左右地方舆论,操纵郡县的察、辟选举,又通过入粟拜爵,纳赀为官,贿赂王侯,崇儒读经等途径,位居公卿,世代为官,进而转变为支配魏晋社会的士族②。

第二,家族、宗族对个体小家庭的影响束缚力转强。千丁“共籍”、“百口之家”之类的累世同居现象增多,即由贵族官僚或士族的自身家庭为主干,包括其荫占的奴婢、部曲、客女等非血缘关系的依附人口及外亲寄食者的附庸家庭。大量的百姓家庭,不再是直接受控于国家的“编户齐民”,而处于强宗士族的庇护之下③。

第三,两晋南朝虽大抵沿袭秦汉的乡、里、亭等设置,但各地豪强士族聚族而居,多选宜守宜农的山林险阻,以宗族和乡里为团聚纽带,筑堡立壁,形成了较多的坞壁组织。豪强士族自为坞主或宗主,被控制的宗人乡亲实为其私人部曲。北朝一度还实行宗主督护制,利用其督护地方,代官府收纳租税,征发兵役和徭役,大体取代了乡

---

① 《汉书·酷吏传·尹赏传》。

② 参阅崔向东:《汉代豪族研究》,崇文书局 2003 年,238～254 页;刘敏:《从抑制到容纳:两汉国家与豪族关系的发展路径》,《南开学报》2008 年第 3 期。

③ 参阅阎爱民:《汉晋家族研究》,上海人民出版社 2005 年,298 页;王利华:《中国家庭史》(第一卷,先秦至南北朝时期),广东人民出版社 2007 年,395 页。

官原有的职能①。

第四,魏晋南北朝,士人重新依赖其家族,士人与家族多不可分割。由于士族起初就是通过垄断经学文化而获取高官和高等门第的,他们重视儒学传家和以文守业,士族家族成员当然成为世代占据高位、享受特权的士人。不论寒庶、高门,士人都依赖于所在家族,其地位一概依自身家族为转移。士人还和郡县乡里紧紧地联系在一起。当时实行"九品中正制",士人门第的高下,即"郡望",需要在郡县乡里品评,郡县乡里又成为士人不能脱离的著籍根基之地。

三、中唐宋元明清:乡役、士绅、宗族的功用转换与共造新秩序

多年来,围绕地方官府权力下移问题,一批学者展开了热烈的讨论②。实际上,这种权力下移主要发生在中唐以后,尤其是宋元明清比较典型。由于唐宋社会变革,乡官、士绅与宗族在基层社会的支配方式或角色功用,相继发生了重要转换。中唐以后基层社会与国家权力间的框架关系,恰是在三者的角色功用转换中得以重新组合缔结。换言之,国家对乡里社会的支配方式、士绅与宗族的角色功用等重要的转换及互动,促成了宋元明清基层社会秩序的新构建,所谓"地方官府权力下移"的奥秘,即在于此。

1.乡官到乡役:官府权力的支配方式转换及实施效应

值得注意的是,秦汉到隋唐的乡官制,也是与田制、户籍和赋役制度相依存的。专制国家长期实行授田、均田等支配或干预土地占有的制度,同时也严格实行控制编户齐民的户籍,严格实行无偿征取编户的赋税劳役。田制、户籍和赋役三者,既是乡官掌管的基本职司,也是乡官长期存在的合理依据。某种意义上可以说,乡官制是与当时的田制、户籍、赋役制度捆绑在一起的,密不可分,以乡官为主渠

---

① 参阅黄惠贤:《试论中国三到六世纪坞营组织的性质》,《武汉大学学报》1956年,第5~6期。

② 费孝通:《乡土重建》,上海观察社1948年;马克斯·韦伯:《儒教与道教》,江苏人民出版社1995年,110页;秦晖:《帝制时代的政府权力与责任》,《現代中國學方法論とその文化的視角》,愛知大學,2006年11月。

道,以田制、户籍和赋役的直接掌控为必要内容,共同构成了秦汉专制国家对基层社会的支配方式。

中唐“干戈兴,赋税烦”,首先是均田制、户籍和租庸调发生了很大变化,且充任“唐宋变革”的先导。两税法行于天下,国家舍丁税产,私人资产多少,遂成为国家征税派役的主要依据。赋役征取,远不像以前重在掌握户籍和授田那么单纯,数量不多的里正等乡官,已经不能适应舍丁税产后更为复杂多变的情况。“惟于一乡之中,官之备而法之详,然后天下之治,若网之在纲,有条而不紊”的旧秩序,“至于今日,一切荡然无有存者”①。赵宋基于“不抑兼并”的国策,相应采取了实用主义的征税派役,即以富户充当乡役来取代乡官,去自行完成征税派役及捕盗等任务,即所谓“以民供事于官为役”②。乡官与乡役的主要区别又在于:前者有秩有禄,是经过官府选拔的“官”,是载入《百官公卿表》系列的行政组织末端“里胥”;后者无秩无禄,属于被强制轮流充当的役,其身份依然是国家版籍和“黄册”内的编民。尽管他们在职事上有类同。两宋乡役取代乡官,意味着专制国家对基层社会支配方式的重要转换,即不再以乡官为主渠道。明末顾炎武虽然曾针对“欲以县令一人之身,坐理数万户口赋税”的困难,幻想恢复“以县治乡,以乡治保,以保治甲”的乡官旧秩序,但他也不得不承认明代“老人”、“粮长”和里甲等已经沦落到“听役于官”的地步,不能和“命之以秩,颁之以禄”的汉代“三老”等同日而语③。由于乡役“民办官事”的特性,昔日县所属正规的乡里行政组织已不复存在,随而造成以往乡官职能多有空虚残缺,需要基层社会自身力量去填充,去补位。总之,两宋乡役送走了国家凭借乡官支配县以下基层社会的旧方式,拉开了“县令之职,犹不下侵”④的序幕。

① 顾炎武:《日知录》卷8《里甲》,《乡亭之职》。

② 清《皇朝文献通考》卷21《职役考一》,浙江古籍出版社1988年。参阅刁培俊:《两宋乡役与乡村秩序研究》,南开大学2007年博士学位论文,261页。

③ 顾炎武:《日知录》卷8《乡亭之职》,《里甲》。

④ 顾炎武:《日知录》卷8《乡亭之职》。

此幕一经拉开,以士绅和宗族为代表的地方势力,立即以应对乡役为契机,不约而同地参与到重新建构基层社会新秩序的进程中来。

2. 士人的变动与士绅精英的能动角色

中唐前后,也是士人发生重大变化的时期。变化的背景主要是科举。在科举尚未问世的魏晋南北朝,士人与家族紧紧联系在一起。隋唐实行科举以后,情况大变。由于士人的功名仕宦,主要凭借个体科考而获取,不再依赖于家族门第,而且,士人的功名仕宦,只授予举子一身,不给予其家族。部分亲属虽可享受门荫和封赠,但已非常有限。士人的代际沉浮十分普遍,读书人及其家族能否保持其“士大夫”和簪缨之门的身份地位,一概以科举为转移。同时,科举由朝廷直接掌握,直接授予举子功名官职,抛弃了旧式的郡县乡里品评程序。于是,士人纷纷脱离乡里,到朝廷举行的科举场上去竞争,去角逐,即所谓“里闾无豪族,井邑无衣冠,人不土著,萃处京畿”①。概言之,在功名仕宦方面荟萃于京师庙堂而与家族、乡里相对分离,是中唐前后士人的社会处境和社会关系所发生的最显著变化。

时至两宋,随着科举取士人数的增加和致仕、候缺、丁忧等规则的完善,赋闲乡居的官僚士人越来越多。于是,官僚士人开始向地方发展和重新回归乡里社会。回归地方乡里的官僚士人主要做了四件事:其一,积极应对乡役;其二,主持以收族为核心的宗族复兴;其三,从事地方水利和慈善救济等公共事业;其四,举办书院与讲学教化。

需要说明的是,宋元两朝的官僚士人做以上四件事和他们向地方发展,仅仅是起步开始,也带有一定的过渡性质。相对而言,应付乡役等事情更多些。难怪有人对韩明士南宋官宦士人地方精英化的说法,提出了质疑②。周鑫博士则进一步探讨元代抚州儒士的职业多元化与下层化,家礼祭祀与合族,兴办书院县学与教化等,认为儒

① 《通典》卷17《选举五·杂议论中》,中华书局1988年。

② 包伟民:《精英们“地方化”了吗?》,邓小南、荣新江主编:《唐研究》第十一卷,北京大学出版社2005年。

士的地方性格最先在宋代儒士身上开始体现,元代及明前期是其继续成长和充分发展的时期。儒士的地方性格最终形成于明中叶,此时宋元士人正式演变为明清士绅①。韩国学者吴金成也说,明代士绅与宋代士大夫之间存在巨大差别:(1)明代士绅以其故乡作为地方基础,宋代士大夫没有这一前提概念;(2)明代士绅包括有当官经历的人和广大有功名的人,而宋代士大夫只限于那些曾经当官的人;(3)明代士绅发挥着广泛的社会作用,这是宋代士大夫做梦也不敢想的②。

经过宋元的过渡与发展,士大夫最终演变为士绅,士绅的地方精英性格臻于成熟,其在应对乡役、宗族复兴、慈善救济和兴学教化四方面能动地弥补了专制国家支配乡村新方式下的诸多缺位,得以充当官与民、官府权力与基层社会间的桥梁,得以充当基层社会新秩序中的主导力量。

3. 宗族的复兴及其对官府支配新方式的应对与制衡

魏晋南北朝士族制旧式宗族,凭借垄断儒学文化、世代为官等特权,且占有庄园埠壁,作为宗族凝聚和聚族而居的必要条件。当时的社会结构,以宗族群体为基本单位,而且形成以士族为核心的宗族社会。隋唐确立的科举制,对魏晋南北朝旧式士族的打击是十分沉重的。譬如,山东士族大量荟萃京畿后,致使士族居地与地望普遍分离。随之而来的还有进士阶层的崛起与士族仕宦特权的丧失,士族、庶族文化特征的趋同,等等。又兼均田制重新强化编户齐民原则和两税法问世,最终造成士族制旧式宗族的彻底瓦解③。

说来也有几分偶然巧合,中唐以后,与士大夫重新回归乡里几乎同步,士大夫牵头实施了宗族的复兴。

---

① 周鑫:《儒士新地方性格的成长:以元代江西抚州儒士为中心》,南开大学 2007 年博士论文,155 页。

② 〔韩〕吴金成著,渡昌弘译:《明代社會經濟史研究——紳士層の形成とその社會經濟的役割》,东京汲古书院 1990 年,100~110 页。

③ 参阅冯尔康等:《中国宗族社会》,浙江人民出版社 1994 年,149~156 页。

宋元恢复重建起来的宗族,与旧式宗族有很大的不同。第一,祠堂、族谱、族田成为敬宗、收族、赡族的手段,而不再直接服务于聚居、婚姻和仕宦。家庙祠堂开始突破少数高级官僚范围而逐步回归故里和民间化,不多限制祭祀代数。宗族成为多个同姓家庭的族群联合体,而不再是社会结构的基本单位。族权对宗族成员的控制力不强,其管理仅限于经济上的互助和族众和睦,教化尚停留在伦理层面。第二,宗族为官僚所支配。新的宗族制为理学家们所设计,最初的重建主要由高级官僚所践行。改造"宗子法"而实行族长制后,族长大多由官僚兼任。官僚在经办祠堂、族谱、族田等事务中,充当主角,从而成为宗族的核心和支配者。第三,由于女真、蒙古少数民族入主中原和汉族政权南迁,新的宗族秩序呈现南盛于北的状态。第四,政权对宗族重建的支持或干预较少,持放任态度。新宗族主要由士大夫操持重建,旨在聚集族人势力和保持家业与社会地位的延续。

明清时期的宗族在宋元的基础上又有了新的发展,表现为民众化、结构性膨胀与政权的彼此合作利用的加强。明嘉靖十五年开始,允许民间祭祀始祖,宗祠设置更为普遍。清代允许举人和贡生建家庙,士人的家庙祭祖进一步合法化。宗祠向士人和平民的扩展,意味着民众化和普遍化。明后期,在宗族规模扩大和祭祀始祖拓展的同时,宗族越来越多地由出了服的族人构成,不少宗族的成员达到上千丁,众多的族人被纳入多层次的房支结构中,宗族组织逐渐膨胀。宗族的膨胀和普遍化,使之成为基层社会最重要的民间组织。明清政权不得不对它加以引导与利用,在纵容广建宗祠的同时,又批准族规,支持族长依据家法管理宗族。雍正朝甚至一度赋予族长处死族人的权力,一度设族正以补充保甲制,还倡立和保护族田,提倡修撰族谱。一些正统士大夫支配下的宗族也宣传谕旨,指导族人效忠君父,完税守法,为官府服务。另一方面,也有的宗族把持乡里,盗窃私铸,抗税抗官,于是,清政府对宗族采取了既利用又限制的灵活政策①。总的来说,此时的宗族对国家是依附多于对抗,其政治功能削弱,社会功能转而成为主导。

综上所论,地方官府权力下移或对基层社会转为非直接支配,大体可以概括宋元明清基层社会与国家权力的相互关系,亦即宋元明清基层社会新秩序的属性。从汉唐国家权力依赖县属行政末端乡官直接贯彻于村落,到中唐以后的"县令之职,犹不下侵",是一个相当复杂的过程。正是经历乡官到乡役,士人从庙堂回归地方,以敬宗、收族、赡族为重心的宗族复兴这三个转变,宋元明清基层社会新秩序才得以重新构建。上述三个转变和随之而来的基层社会新秩序的建立,并非一蹴而就,而是由中唐两宋的草创雏形、元和明前期的过渡发展、明中叶以后成熟定型三个阶段的递次演进,才最后完成。士绅等地方精英,以敬宗、收族、赡族为重心的新宗族势力,充任了上述新秩序的社会支柱。他们能动地补充行使了原先乡官协助征税派役、捕盗保甲、教化等方面的职能,还在乡村社会举办"义学"、"社仓"、"乡约"及其他公共慈善事业。宋元明清国家支配基层社会的新模式,就是由官府为一方,士绅和宗族为另一方,经过反复博弈磨合,共同组建起来的。清人姚莹说:"缙绅之强大者,平素指挥其族人,皆如奴隶。""绅士信官,民信绅士,如此则上下通,而政令可行矣。"②官府允许宗祠民众化,是为了借用绅衿、富人的力量治理民众,而绅衿、富人有了祠堂也得以发挥其社会作用,祠堂成了官府、绅衿、富人共同利用的社会组织。它可以体现民众的一些利益和要求,更能从社会基层去维护政权③。在某种意义上可以说,国家、士绅、宗族的互相利用,共同建构起宋元明清基层社会新秩序。其中,士绅是核心和主导,他们既是来自宗族血缘群体的一分子,又以个体参加科举获

① 参阅冯尔康等:《中国宗族社会》,浙江人民出版社 1994 年,209~211、258 页。

② 姚莹:《复方本府求言札子》,《清经世文编》上册,卷 23《吏政九》,中华书局 1992 年,576 页。

③ 冯尔康:《18 世纪以来中国家族的现代转向》,上海人民出版社 2005 年,70 页。

取功名而依附于官府,既代表官方,又以儒学载体的身份支配主导宗族和乡里民众,由他们牵头复兴的宗族,成为官府既利用又限制的重要社会民众组织。士绅是唯一可以在国家、宗族、乡里民众之间代表官府意志,且能上下沟通的精英力量,是官府权力"下移"后的主要代办执行者。中唐两宋以降,地方官府敢于权力"下移"和得以实施"下移",主要依赖的是士绅阶层。因为在和专制国家的关系方面,"科第社会"的士人与"门第社会"已有较大不同,虽然两者都奉行"修身、齐家、治国、平天下"的传统理念,但"门第社会"的士人紧紧依附于家族和乡里,与之水乳交融,不可分割。"科第社会"的士人则偏重个人功名官职,对官府国家的仰赖、从属,超过对家族及乡里。朱熹等理学家总结士大夫向地方发展和同姓家庭联合体的宗族复兴的实践经验,从"家礼"、"义学"、"社仓"和"乡约"等层面予以规范升华,发挥了不可替代的理论指导功用。在此种新秩序下,地方官府的权力下移,应该是相对的。虽然县以下乡官之类的行政组织业已取消,但国家权力依然可以通过士绅、宗族等管道,间接贯彻和渗透到基层社会。由于此时的士绅及宗族,从属于国家和替国家服务的性质是主要的,故在明清王朝前中期等多数情况下,国家支配控制基层社会的力度并未因其权力下移而弱化。

需要说明的是,以上三方面的转变和新秩序的构建,在10—15世纪的中国广袤疆域上发展并不平衡。上述转变和构建,主要先行于江南地区。在北方则因女真、蒙古等入主中原,表现出较突出的滞后或差异。从唐宋变革的大视野看,与江南顺利步入近世社会相比,北方却仍停留在"兼具中古和近世性"的阶段。在基层社会及经济结构方面,与南方"富民"持续成长和士人精英"地方化"等形成鲜明对照的是,北方贵族身份等级和族群等级及驱奴制、世袭户役的死灰复燃①,以敬宗、收族、赡族为重心的宗族复兴,亦相对少见。因此,

① 萧启庆:《元代族群文化与科举》第一章《中国近世前期南北发展的歧异与统合》,台湾联经出版公司2008年,12、17、19页。

笔者所言的基层社会新秩序在北方姗姗来迟，只是经历了元及明前期的近两百年的南、北区域整合与过渡，北方的滞后或差异才逐步缩减冲淡，以上三方面的转变和新秩序的构建，才得以在全国范围内基本实现，进而为结束两宋与明中叶间的“断裂”，为迎接明中叶以后新的社会经济繁荣做了良好的准备。

以上勾勒的是古代不同时期基层社会秩序的概况。进入近代以后，情况又发生了更大的变化。就阶级和家族而言，由于西方列强入侵，中国传统社会阶级和家族系统都被打乱。阶级和阶层秩序带有“土”“洋”杂糅的畸形色彩，新、旧阶级关系的交替代谢和混存过渡，十分突出。旧有的地主阶级发生了变异，传统的农民阶级逐步分化；新生的资产阶级构成复杂，买办性和封建痕迹颇多，工人阶级在“三座大山”的压迫和小生产的包围中艰难地成长；旧士绅瓦解、蜕变，新型知识层逐渐形成。传统家族也在社会巨变的冲击和分解下，适应环境，应变、自变，坚持家族的各种活动，其组织形态、群体观念和活动内容诸方面都向现代社会团体的方向转化①。这一系列变迁非常复杂，因篇幅限制，恕不赘言。

这套《基层社会与国家权力研究丛书》是教育部人文社会科学重点研究基地重大项目终期成果和985工程中国思想与社会研究哲学社会科学创新基地子项目成果，汇集了南开学人的十部研究著作。我忝居主编，只是做了若干组织、指导和审改工作，主要还是十位中青年作者辛勤劳动的结晶。十部专著和作者的情况，大致如下。

1.《先秦基层聚落新探》。作者陈絜，历史学博士。南开大学副教授。师从朱凤瀚先生。专攻先秦史。本书主要征引殷墟卜辞、两周金文、战国秦楚竹简及封泥、陶文等，并结合传世文献、考古遗址等史料，以国家与社会的互动为视角，运用多学科交叉的研究手段，系统探求先秦时代的基层组织与社会的变迁历程，以血缘为纽带的宗族组织与以“里”为代表的地缘性行政组织的交叉并存。此外还比

① 冯尔康：《18世纪以来中国家族的现代转向》，上海人民出版社2005年，214页。

较殷商、西周与春秋、战国三个不同历史阶段的异同,阐述其背后的政治与社会原因,从而勾画出中国早期社会的发展途径。

2.《西汉郡守与地方社会》。作者张建军,历史学博士。河北师范大学副教授。专攻秦汉政治与政治制度史。本书从研究西汉郡守职司、权力运作等入手,进而考察汉初郡守忠实执行抑制“豪强”和保护“编户齐民”政策,残酷打击豪强的所谓“酷吏”现象,西汉后期,郡守与豪强逐渐合流,抑制“豪强”形同具文等变迁。努力分析、揭示西汉“编户齐民”到“豪强世族”秩序转变过程中郡守与地方社会关系的奥秘。

3.《唐代州级官府与地域社会》。作者夏炎,历史学博士。南开大学副教授。师从张国刚先生。专攻隋唐史。本书主要从唐代州级政府的视角探讨国家权力运作与基层社会的关系。首先着眼于唐代州级官员的设置及职掌中的几个问题,并对唐代州级行政职能进行了考察。在这两部分的基础上,又进一步对唐代州级行政与中央、地方关系及州级政府与基层社会的关系进行研究。

4.《唐代县官与地方社会研究》。作者张玉兴,历史学博士。天津师范大学讲师。专攻隋唐史。本书拟从县级行政的角度来透视国家权力与基层社会的关系。主要内容为两部分,一是探讨县级机构中官吏设置问题,包括县令、县丞、县主簿、县尉与胥吏等以及县级官员与胥吏的关系。二是评析县级官府与地方社会诸方面的关系,包括与乡里制、科举制及其他势力等。

5.《元代地方精英与基层社会——以江南地区为中心》。作者苏力,历史学博士。南开大学博士后。专攻元史。本书以元代江浙、江西两行省的地方精英为重点对象,探讨精英群体与政府关系的互动,精英群体对地方公共基础设施的贡献,精英群体调解民事纠纷和兴办教育,精英群体与社会保障,精英与宗族势力的关系等。通过分类介绍精英事迹,具体分析这一群体各方面的情况,归纳总结其某些鲜明特征,客观评价其充任官与民间的桥梁,对社会的运转及秩序稳定所做的贡献及影响。

6.《元代色目人家族及其文化倾向研究》。作者张沛之，历史学博士。天津师范大学讲师。专攻元史。本书采取个案切入与类型分析相结合的方法，对元代因征戍、任官、经商等逐渐留居汉地的土土哈、阿沙不花、唐兀昔里氏、汪古马氏等色目人家族进行深入细致的研究，并在此基础上综合考察其汉化、蒙古化、伊斯兰化等文化变异倾向，探讨此文化变异给元代基层社会带来的多方面影响，包括在元朝地方政治和社会活动中扮演较为特殊的角色，给社会增添了新的民族文化因素和互动交流的契机等。

7.《元代榷盐与社会》。作者张国旺，历史学博士。中国社会科学院历史研究所助理研究员。专攻元代社会经济史。本书系统研究元政府食盐专营榷卖及其社会经济效应，包括盐务管理，盐官构成及盐引制的发展变通，统治者在榷盐方面的嗜利政策导向，并探讨盐商的经销、官方代理特色，私盐贩行为的群发、团伙性及基层民众对官府榷卖的回应，海盐、池盐、井盐产销的不平衡，榷盐对区域经济发展和社会稳定所造成的深重影响。

8.《帝国尚饮：元代酒业与社会》。作者杨印民，历史学博士。国家图书馆馆员。专攻元代社会经济史和文化史。本书研究元代四大酒品种类及各行省酒业发展状况的不平衡性，社会各阶层饮酒风俗的迥异个性成因，城乡酒肆经营风貌，酒禁政策的施行以及对元代各群体社会生活的影响，酒课征收及其在国家财政收入所占地位等，进而探索酒在元帝国社会生活中的重要意义，以蒙古黄金家族为首的尚饮习俗对于帝国政治统治的影响，酒业在国家财政收入和社会经济发展中的角色，等等。

9.《明代省镇营兵制与地方秩序》。作者肖立军，历史学博士。天津师范大学教授，博士生导师。专攻明史。本书以明代京师以外的省镇营兵制为重点，探讨明代军队构成、兵役制度、指挥体系、编制演变、后勤供应、总兵镇戍区的分合演变、军制与地方社会秩序等问题，还论述明代军事制度的利弊得失。其中，用省镇营兵制的提法概括明代中后期京营以外地区兵制，并把明代省镇营兵制的发展归纳为五个阶段,是作者的创新见解。

10.《侯家营:一个华北村庄的现代》。作者张思,日本东京大学博士,南开大学历史学院教授,博士生导师。专攻中国现代社会史。师从岸本美绪教授。本书充分整理、解读侯家营村丰富的村文书资料以及河北省昌黎县、泥井镇两级档案资料,并开展田野访问调查,细致描画了建国以来一个普通华北村庄的历史长卷。除了关注国家权力与基层社会、历次政治运动和村落政治的变迁、农业与副业发展外,更尝试在生产成果分配、人口流动、新式教育和传播媒体的导入、妇女地位提高、村内外交际、医疗卫生与社会保障、日常生活、村风与村干部等方面的考察。着重从理论和实证的视角,重新审视、评价中国农村所走过的现代化道路。

以上十位作者都是勤奋认真和学业有成的出色中青年学者。十部著作中,除张思、陈絜、夏炎、苏力的著作外,其他六部为近些年我指导的博士生学位论文的增补稿。多数作者直接研究先秦至现代的基层社会与地方官府问题,有的还从盐业、酒业、镇戍等角度切入,展开有特色的探索。相信这套丛书能够对中国基层社会与国家权力课题做出有益的贡献,把这一领域的研究推向新水平和新高度。

2008年12月于天津金厦里

目　录

绪　论

一　问题的提出

晶莹剔透的盐粒始终联系着整个人类社会,在人们的生活中扮演着不可或缺的角色。人类的体质因它的存在而变得强壮。一些政权也因其得以维系。自管仲施行榷盐始,国家的命运便与盐链接在一起。盐史的研究历来受到众多学者的关注。他们或研究盐政,或研究包括盐业产销在内的盐业经济,或从社会史的角度探究盐与社会的关系,取得了很好的成果。然盐之所以如此受人关注,是由于其经济价值所在。而其价值只有在政治和社会中才能体现。国家利用掌握的权力施行榷卖,以获取最大财政价值。这样,盐的经济价值就转化成政治财富。由此,榷卖制下盐的问题不再是一个单纯的经济问题,而已转化成为一个政治问题,更是一个社会问题。因而探究盐的问题更应该关注其政治价值和社会意义。这正是本书的出发点之所在。

盐业的价值首先在于其财政价值。元代"国家经费,盐利居十八"。虽然所称国家经费当指国家财政中的钱钞部分,但这个比例也是十分惊人的。然解州池盐对中央的财政意义因政治中心的东迁北移而逐渐削弱,川滇井盐也因战争的纷扰与破坏而难以再现昔日繁荣的生产景象,唯有海盐生产较之以前有了一定的发展。财政价值的存在是国家权力深入其中的重要原因。元代由于中央集权的加强,国家权力渗透到社会的各个角落。其在盐务管理上表现为施行榷卖制,对盐业产销施行国家垄断。其中盐务管理机构的构建和作为盐法执行者的盐务管理人员的设置和管理,是国家权力在盐务管理中的具体表现,因而探讨元代国家权力如何管理盐务,首先应该从盐务管理机构和盐官入手。还需指出的是,元代是一个大统一的时代,它的盐务管理机构和盐官设置有一个变化的过程。首先它吸收了金代的管理方式,并在全国统一后,将这一制度推及全国,成为明、清效法的模板。从盐务管理和盐官入手,探讨国家权力如何具体运作,进而廓清元代盐政,有助于对中国古代盐政制度的重新认识,同时为现代盐务管理提供鉴戒。

盐业产销各个环节与社会生活息息相关。食盐的产销和盐务管理几乎涉及元代社会中的各种群体,盐官、灶户、盐商、百姓,无一能与盐脱离关系,故研究元代榷盐制有助于我们深入了解元代社会。探究国家管理之下的各群体的生存状态和社会角色,可以较为系统地了解元代的社会生活状况、社会秩序以及盐业影响下社会变迁的特点。

由于地理环境不同,以产销为核心的盐业经济呈现出不同的地域特点。环渤海盐区、东南盐区、解盐区以及川滇井盐区各自形成了自己的盐业经济特点,同时各地盐业经济的发展也促进了当地及其行盐地面经济的发展。研究元代盐业经济的地域性差距及对行盐区内经济造成的影响,对于展现元代盐业经济在中国盐业经济史上的地位有着重要意义。

二　研究史回顾

古代官府大多采用榷卖制,垄断盐利,以增加税收。执政者会探讨前代盐政的弊端,从而研讨改良盐法的良方。故盐业史和盐政史的研究由来已久,并成为当今经济史学者研究的重要内容之一。

关于元代盐业史的研究成果,前人已做了不少贡献。早在20世纪30年代,曾仰丰在《中国盐政史》中便有涉及①。据日本学者吉田寅称,较早专门研究元代盐业史的当是日本学者田山茂,其《关于元代榷盐法》一文登载在《史学研究》第九卷第2号(1937年)。就笔者所见,陈高华的《元代的盐政及其社会影响》是国内较早一篇专门论述元代盐业经济的文章②,该文简略地分析了元代盐业的生产、管理,重点探讨了元代盐业的运销方式,指出元代盐的运销以商运商销为主,实行国家专卖;并从阶级的角度阐明了元代盐政对元代社会的影响。近年来,陈先生进一步深化了对该问题的研究,《中国盐业史(古代编)》的第四章《元代的盐业》由陈先生执笔完成③。在该章中,陈先生对元代盐业的生产技术、管理机构、行盐地面、盐户、盐的运销、私盐和盐徒、盐价与盐课等问题作了系统的探讨,并将该成果纳入其与史卫民合著的《中国经济通史·元代经济卷》④。60年代,日本学者佐伯富撰文《元代における盐政》⑤对元代盐政进行探考。作为对陈振中《元代的手工业》⑥的回应,梁方仲《元代中国手工业生产的发展》对包括盐业在内的手工业进行了考察,认为元代较之宋代有所发展,并不是倒退⑦。吴慧《辽金元盐法考略》简略地探讨了元代盐法的一些基本特征:有元一代实行现钱买引;官卖商卖并行;引制肇于宋而倍于元;食盐的官督民制;而高价格、高任务是导致

① 曾仰丰:《中国盐政史》,商务印书馆1936年。

② 陈高华:《元代的盐政及其社会影响》,《历史论丛》第一辑。

③ 郭正忠:《中国盐业史(古代编)》,人民出版社1997年。

④ 见陈高华、史卫民:《中国经济通史·元代经济卷》第七章第三节《制盐业》;第十六章第一节《盐的运销方式》、第二节《盐课》,经济日报出版社2000年。

⑤ 〔日〕佐伯富:《元代における盐政》,《东洋学报》66—1/2/3/4。

⑥ 中国人民大学历史教研室编:《中国封建经济关系的若干问题》,上海三联书店1958年。

⑦ 《中国社会经济史论丛》第2辑,山西人民出版社1981年。

元代专卖之弊剧于前代的原因①。高树林研究了元代的盐户与盐课②,指出元代盐户是官府强行拨入盐场服劳役的世袭户计,受官府直接控制的盐业生产者,其数量约占全国总户数的0.2%～0.41%。以天历二年(1329)为例,官府所得盐课收入约占盐引售价的83.3%～98%,而工本钞仅为2%～16.7%。胡小鹏也对元代盐业进行了考察③。吉成名对元代食盐产地进行了研究④。吴志坚对元代的鱼盐进行了研究⑤。台湾学者的研究也值得重视。田秋野、周维亮合编,朱玖莹校订的《中华盐业史》已于1979年由台湾商务印书馆出版发行。该书在吸收前人研究的基础上,第八章《辽金元之盐业》用两节的内容考察了元代盐业的生产与管理,着重研究了元代引法的内容及食盐法、常平盐局和设仓纲运等三个引法的变例。日本学者吉田寅对元代陈椿所著的《熬波图》进行了研究与校勘,氏著《元代制盐技术资料〈熬波图〉の研究》⑥中的研究性部分由刘淼译出发表。该文以《熬波图》为中心,探讨了宋元时代的制盐技术,并对淮浙盐区的盐业生产作了考察⑦。

元代地区性盐业的研究:王俊华认为元代两淮盐运司并未设立分司⑧;谢永平分析了元代淮盐与扬州城市发展的关系⑨;林树建研

① 吴慧:《辽金元盐法考略》,《盐业史研究》1988年第1期。

② 高树林:《元朝盐户研究》,《中国史研究》1996年第4期;《元朝盐茶酒醋课研究》,《河北大学学报》1995年第3期。

③ 胡小鹏:《中国手工业经济通史·宋元卷》,福建人民出版社2004年,第798～818页。蒙胡先生惠赐大作,谨表感谢。

④ 吉成名:《元代食盐产地研究》,《四川理工学院学报》2008年第3期。

⑤ 吴志坚:《元代鱼盐与盐法》,《元史及民族与边疆研究集刊》第十九辑,2007年。

⑥ 汲古书院1983年。蒙陈高华先生借阅此书,在此谨致谢意。

⑦ 《〈熬波图〉的一考察》,《盐业史研究》1995年第4期、1996年第1期。

⑧ 王俊华:《两淮盐运司元代尚未分分司》,《盐业史研究》1988年第1期。

⑨ 谢永平:《元代两淮盐业与扬州城市的繁荣》,《扬州大学学报》2002年第1期。

究了元代的浙盐[1];陈世松、程龙刚对四川井盐的探讨[2];柴继光、古松崇志、邹冬珍对解州池盐的研究[3];瞿大风对山西解盐的研究[4];王赛时对山东海盐的研究[5],都有一定的参考价值。

以上论著或从整体上来统筹研究元代盐务,或针对某一盐司的盐业经济进行考察,或专门研究海盐的生产技术,或涉及元代盐务的若干方面,均为笔者的深入研究提供了良好的基础和借鉴。然学界对元代所施行的榷盐制的研究尚不深入,包括盐务机构的设置及其职能,行政部门、监察部门甚或军事机构在盐务管理中扮演的角色,国家对盐官的选任和管理机制都不太明晰。盐引法是起源于宋,完善于元的一项重要的盐务制度,较之前代更为完善,然其具体使用方式是怎样,在盐业运销中如何运作,都有待深入探讨。元代在很大程度上施行以盐引为特征的商运商销法,其中商人在盐引法中是何等角色?私盐问题是重要的盐务问题,其中私盐贩的特点和官府针对私盐而采取的缉私措施,有待进一步考察。另外,研究者对元代制盐技术并不清晰,往往视《熬波图》所载制盐技术为整个元代的海盐生产技术。以往的研究中,诸位学者前辈虽多以海盐作为研究的主体,但对因自然环境、生产技术的不同和政治因素的影响所产生的盐业经济的地域性差异尚不太明了,同时盐业经济对各地经济,特别是商业的影响也应说明。人们在研究中过多地注意到海盐经济的宋元因袭关系,而忽略了元明盐业经济的承接关系,这一点必须要交代。

---

① 林树建:《元代的浙盐》,《浙江学刊》1991 年第 3 期。

② 陈世松:《绍熙府与元代四川盐业的兴衰》,《盐业史研究》1988 年第 2 期; 程龙刚:《元代四川盐业生产》,《盐业史研究》2000 第 3 期。

③ 柴继光:《运城盐池研究》,山西人民出版社 1991 年;日本学者古松崇志《元代河东盐池神庙碑研究序说》,《东方学报》,京都 72,2000 年。邹冬珍:《从碑刻资料看元代河东盐池管理权之争》,《运城学院学报》2005 年第 6 期。

④ 瞿大风:《有元一代的解州盐业》,《暨南史学》第四辑,2005 年。

⑤ 王赛时:《宋金元时期山东盐业的生产与开发》,《盐业史研究》2005 年第 4 期。

三　本书的结构

本书以国家权力与社会为研究视角，试图通过考察盐务管理机构的设置，中央与地方各相关部门在盐务管理中的具体职能以及作为国家权力执行者的盐司官吏的权力与行为，分析盐引法设立和完善的过程，研究盐引法之下的盐商和私盐贩群体，并试图复原元代环渤海盐区、东南盐区、河东解盐区、川滇井盐区等地域性盐业产销状态，探讨其社会影响，进而全面清晰地了解元代的经济、政治与社会状况。

本书分为四章。

第一章，试图探讨国家权力在盐务管理各个环节如何运作。本章通过系统考察盐运司等盐务机构、中央机构、地方各级行政部门及御史台等监察部门甚或枢密院等军事部门在盐务管理中的职能，探讨盐务管理的运作方式，力图将元代盐务管理机构置于宋金元明时期的历史变革之中，分析元代盐务管理变化的过程。认为南北统一后元廷对全国的盐务进行了统一管理，施行了抓大放小的政策。元廷或对金一些小盐司进行了归并，或将其管理归于地方，并在全国设立了九大盐运司（或提举司），而盐务管理形成了户部（行省）—盐运司—分司—盐场—盐团（或盐栅）的体系。同时还指出，元代盐务管理机构体制的建立是元代中央集权加强和南北统一局面共同推动的结果。盐务管理除盐务管理机构外，还需其他部门的共同努力，本章还细致分析了中央相关部门、地方各级行政部门、御史台等监察部门在盐务管理过程中如何展现国家权力，实现盐务管理。盐官是国家权力的具体践行者，盐官队伍建设是盐务管理的重要内容。元代盐官的名目及数目较前代为多，且形成了稳定的盐官体系，为后代所承续。元代盐官制度的建构同样是中央集权和南北统一局面下的客观要求。盐官队伍的建设关系到盐业秩序、中央财政以及社会的稳定，因而探究元代所设立的盐官选拔、叙迁、考核和俸禄制度，对于完善对盐官队伍的约束和管理有着重要意义。元代制国用使司是元初经管财赋的重要机构,盐课也在其管辖范围之内,故列为附录。

第二章,国家权力往往通过制度变化来体现。盐引法是元代盐务管理最为重要的制度。通过细致入微地探讨盐引法,来展现国家权力的具体运作是本章的重点,盐引法下的盐业储运、销售等制度也是本章研究的内容。众所周知,盐引法源于宋代,金代仍被沿用,元代盐引法得到完善并构成榷盐制的核心内容。元代盐引法与前代有何不同,所适用的范围如何?它是怎样发展、演变,并走向成熟的?《黑城出土文书》中的"盐引"和"盐券"到底是什么?盐引在有元一代究竟怎样运行以体现国家权力?与盐引法相关的盐业运销方式有什么特点?这些本章都试图给出说明。

第三章,盐商是联系国家权力和社会大众的媒介,因而对盐商研究有着重要的意义。元代,作为沟通盐业生产者与消费者的中间人的盐商,可以分为常态的盐商和非常态的私盐贩。盐商在盐业运销中扮演什么样的角色?官员经商和斡脱商的存在会给元代盐业秩序带来怎样的后果?盐商又是怎样与盐业生产者与消费者发生关系?本章重点分析盐引法下常态的盐商的地位及其在盐业经济和盐务管理中的特点。盐商的构成比较复杂,其中富商豪贾以及部分官员往往凭借资产和权势把持盐业的市场。此外,还对盐业销售过程中的盐牙和铺户进行了探考。盐业运销的常态方式之外,还有非常态的方式,其中私盐贩是重要的一股力量。本章分析了私盐贩构成的广泛性、群发性、反复性和团伙化、非法性和叛逆性、武装化等特点,并探讨了官府面对私盐盛行所采取的缉私措施来抑制私盐贩,从而以强制手段达到解决官商争利的问题。

第四章,元代盐业有三种:海盐、池盐和井盐。根据生产技术的特点和地域差别,可以将元代盐产区分为环渤海海盐区、东南海盐区、陕西河东池盐区和川滇井盐区。本章分别对环渤海盐区、东南盐区、陕西河东盐区以及四川井盐区的生产技术、生产数量以及产销状况进行考察,试图通过对不同区域盐业经济的考察来探讨元代盐业经济的特点,分析盐业经济所造成的社会影响,并通过长时段的研究,以凸显出元代盐业经济在中国盐业经济史中的历史地位。《运使复斋郭公言行录》和《编类运使复斋郭公敏行录》记载了两任盐运使的郭郁的事迹,是现今发现的专门记录某一盐运使言行的重要资料,对于研究元代两浙、福建地区的盐业经济和社会问题有着重要价值,故笔者将对其版本、编者和史料价值的探讨列为附录,以备参考。

四 资料和方法

本书所使用的元代盐务资料以汉文文献居多。基本史料主要有《元典章》、《通制条格》、《至正条格》和《南台备要》等。

《元典章》全名为《大元圣政国朝典章》,是元代江西地方吏胥和民间人士编纂的一部元朝诏旨、条画和案例等法律文书汇编①。《户部八·课程》集中收录有诸多关于盐的法令、条画等,其中很多法令为其他史籍所不载,是研究元代盐务的最为重要的资料。其中最早为中统二年(1261)颁布的《恢办课程条画》,最晚的是延祐六年(1319)十月的《犯界食余盐货》等。而至元二十九年(1292)的《立都提举司办盐课》、大德四年的《新降盐法事理》、延祐五年(1318)的《申明盐课条画》以及次年的《盐法通例》均是十分重要的文献,对于研究元代盐法和盐务有着不可忽视的史料价值。《元典章新集至治条例·户部·课程·盐课》收录有盐务法令七件,时间由延祐三年(1316)至至治二年(1322),其中延祐五年(1318)三月《盐法》显为《元典章·户部八·课程·申明盐课条画》的节文。然相比较而言,《新集》错谬太多,引用时应引起重视。本书采用中国广播电视出版社影印元刊本。

《通制条格》是《大元通制》的一部分。《大元通制》分为三部分,一为诏制,一为条格,一为断例。而今《条格》仅存,但有残缺。根据《至正条格》可以看出,"盐课"应在断例之中,可惜我们无法看到。然《通制条格》卷一三《禄令·俸禄职田》收录有至元二十一年

① 陈高华:《〈元典章·户部〉简论》,《中华文史论丛》2008年第2期。

(1284)中书省关于江南官员职田的记载,对于研究元代盐运司官吏的俸禄有重要的价值。

《至正条格》是元顺帝时修纂的法律典籍。至正六年(1346)颁行于天下。2002年,韩国的韩国学中央研究院在庆州发现了元刊《至正条格》残本。2007年8月,韩国学中央研究院主办的"蒙元时期法律文化及丽元交流研究"国际学术讨论会上,公布了《至正条格》的影印本和校注本。蒙陈高华先生见示,笔者得以目睹。其中《至正条格》卷一一《断例·厩库·盐课》收录有关于盐务的法令二十九件,其中九件可与延祐五年(1318)《申明盐课条画》、至顺元年(1330)《增亏盐课升降》等相对照。其他二十件为新增条令,时间由大德三年(1299)至至正二年(1342),而以泰定、至顺、后至元和至正为多,对于研究元代后期盐务政策和相关信息十分重要。此外,散见于其他卷次中与盐务有关的法令有七件。

《南台备要》中尚有大德八年(1304)的《照刷盐运司文卷》和至正十一年(1351)的《建言盐法》,均很有价值。

《元史》是研究元代历史的基本史料。卷九二《食货二·盐法》、卷九五《食货五·盐法》取自《经世大典》,依照各个盐运司列有相关史料,虽失之简略,但仍是研究元代盐务不可或缺的史料。此外,《百官二》、《百官七》以及散见于本纪和列传中的盐业资料,足以与文集中的碑传资料相印证。

此外,《熬波图》是记载元代浙东地区盐业生产技术最为详尽的史料。《明太祖实录》中有关于元末盐业的记载,元代及明初文人的诗文集、奏议、行纪、笔记以及元明的地方志中也有关于元代盐业的记载,尤其是文集中的个人传记对于探讨元代盐务管理机构十分关键。一些地方盐法志,为我们提供了很有价值的史料。一些碑刻和出土文物弥足珍贵,如《山右石刻丛编》中收录有很多池神庙的碑刻,黑城出土文书中有两件与盐有关的票据。

域外史料诸如《马可波罗行纪》中也多处涉及元代盐业,其中对于长芦盐业生产技术的描述最为有趣,直观地再现了元代河间盐业的生产过程。

本书是历史学著作,史料辨证和文本分析是本书得以成立的基础。研究过程中,笔者有意识地注重元代盐政与盐业在同时段不同区域特点的结构分析,同时强调把元代盐政与盐业置于中国盐业史发展的脉络中进行思考,并力图在注重整体特征归纳的同时,关注盐业经济以及所产生的文化特征的地域性差异。书中对于一些问题细致的探讨虽不免琐碎,但笔者认为这是面对有限资料所必须采用的解决问题的方法。此外,本书中还使用了诸如统计学等方法,这是研究盐业经济所不可忽视的。

需要说明的是,本书名为《元代榷盐与社会》,是因为榷盐本身就是一个十分复杂的社会问题,而通过细致分析榷盐制本身,进而展现盐官、盐商诸社会群体的众生相,是本书的出发点。或许正是这一原因,综观这部小书,里面有更多制度史的影子。虽然盐户是元代榷盐制中重要的一环,研究成果已十分丰硕,故而并未将其列为本书的研究对象。个体盐商的生活与榷盐无涉,且已有学者涉及,也不是本书研究的内容。当然由于笔者学力有限,理论素养不高,书中研究的内容和方式难免生涩,有些内容由于史料记载的有限和笔者对盐务了解不多,读来未免有纸上谈兵之感,一些结论也未必准确。如此种种,只能来日再行改进了。

第一章　蒙元时期的盐务管理

中国古代的王朝历史中,盐课是政府财政的主要来源之一。元代盐课在财政中的地位更为重要,几乎达到财政收入中钱钞收入的百分之八十。因此,如何加强盐务管理,进而保证财政来源的稳定,是摆在元朝君臣面前的重要课题。有元一代,朝廷对盐业产销的各个环节的管理体现在两个方面。一是盐务管理机构的设置与变化:元代盐务管理机构较之前代更为规范化和专门化,中书省、行省以及路府州县等各级行政部门,在盐务管理中发挥着重要的作用,御史台、行台以及廉访司等监察部门行使其监察和考核职能,使盐务掌控在元廷手中。一是盐官队伍的建设:元代建立了相应的盐官选拔、考核、俸禄和叙迁等管理制度,以规范盐官的行为和盐业秩序。

第一节　盐务管理机构的设置

成吉思汗时期,官府就对盐税的征收给予充分的重视。1223年,刘敏被任命为安抚使,"便宜行事、兼燕京路征收税课、漕运、盐场、僧道、司天等"。由此可见,当时并没有专门的盐务专司机构,盐务仅由安抚使兼职管理。随着辖境的不断扩大,窝阔台时期,耶律楚材效仿前代转运司例,设立十路课税所,其中河间课税所"置盐场",益都盐课所负责山东海盐的产销,燕京课税所对白陵港、三叉沽、大直沽等地盐业进行管辖,解盐由平阳征收课税所来管理,四川之盐设拘榷课税所管理[①]，东北地区的大盐泊归北京课税所管辖。此时课税所的职能范围不仅包括盐课的征收，还有税粮、科差的征收以及酒醋、商税和山泽之税[②]，因此它并不是专门的盐务管理机构。所谓“初于白陵港、三叉沽、大直沽等处置司”，当为随场置司，管辖范围是有限的盐场。最早具有统辖意义的盐务专司机构设立于1234年。这一年河间、山东相继设立盐运司[③]，以盐务为中心开展业务。此时解盐和大盐泊的生产有限，河间、山东盐课成为朝廷税收的主要来源。盐运司设立后，官府又对其中更为重要的河间运司进行了调整，先后设立提举盐榷所、提举沧清课盐使所、河间课程所，定宗和宪宗时改立提举盐榷沧清盐使所、提举沧清深盐使所。当然，这些只不过是课税所的下属机构。盐运司机构的变化正反映蒙古国时期财政政策的不断健全，同时显示河间盐课可能在当时的财政收入中占有相当大的比重。

忽必烈即位以后，着手依汉法建立统治机构。他显然对元廷财政十分重视。盐务管理机构因此得到了相应的完善。下面我们对各个盐运司机构的变化情况逐一进行探考。

一 河间盐务管理机构的设置

元代河间盐务管理机构的一个重要特征是机构名称变化频繁。蒙古国时期的状况已如前述。中统元年(1260)，忽必烈设立了真定河间等路宣抚司，相应设立真定河间等路宣抚司提领沧清深盐使所专责沧清盐务[④]。次年六月诏谕十路宣抚司并管民官定盐酒税课等

① 《元史》卷九四《食货二·盐法》“四川之盐”条称：“元初，设拘榷课税所。”此应为蒙古国时期的情况。因课税所设立的记载仅限于蒙古国时期。

② 参见赵琦：《大蒙古国时期十路征收课税所考》，《蒙古史研究》第六辑，内蒙古大学出版社，第38页。

③ 《元史》卷九四《食货二·盐法》。

④ 《元史》卷九四《食货二·盐法》。

法,并用清沧盐课银偿还往岁所贷民钱给公费者①。中统三年(1262)改为都提领拘(或作监)榷沧清课盐所,其目的显然是管理沧清一带的盐课收入。次年改诸路监榷课税所为转运司②,河间盐务管理机构相应地由沧清深提领所改为转运司。至元二年(1265),以刑部侍郎,右三部郎中兼沧清课盐使司,不久改立河间都转运使司,立清沧深三盐司③,似表明河间都转运使司下又分清、沧、深三盐司。《元史·食货二》亦称此年改立河间都转运司,至元八年(1271),改河间盐课都转运司为都转运盐使司④。可见,至元二年所立河间都转运司应为河间盐课都转运司。至元十二年(1275),阿合马建议改都转运盐使司为都转运司,是其解决"国用不足"而以"求量增其额"的重要手段之一。后来盐运司的职能有所扩大。至元十六年(1279),诏大都、河间等盐运司兼管酒、醋、商税等课程⑤。至元十九年(1282),以户部尚书行河间等路转运使司事,不久罢河间都转运司,改立清沧二盐司。二十二年(1285),复立河间等路(都)转运盐使司(当为河间盐运司),次年十月,改河间盐运司为都转运使司,通办盐酒税课⑥。二十五年(1288),河间等路盐运司的职责进一步扩大,"兼管顺德、广平、綦阳三铁冶"⑦。二十七年(1290),改令户部尚书行河间等路都转运使司事,次年改河间等路都转运司。泰定二年(1325),改河间盐运司为大都河间等路都转运盐使司⑧。此后盐运司名称及其职责有无变化,史文缺载,无法稽考。由上可以看出,元代河间盐司名称的变化异常频繁,特别是在世祖忽必烈时期。河

① 《元史》卷四《世祖一》。
② 《元史》卷五《世祖二》。
③ 《元史》卷八五《百官一》。
④ 《元史》卷七《世祖四》。
⑤ 《元史》卷一〇《世祖七》。
⑥ 《元史》卷一四《世祖十一》。
⑦ 《元史》卷一五《世祖十二》。
⑧ 《元史》卷二九《泰定帝一》。

间盐务机构的数次改易恰恰反映了元统治者为加强盐务管理所作的努力。河间盐运司临近大都,受到中央政府的眷顾也很自然。

河间运司尚有分司之设。至元二年(1265),改河间都转运司,立沧、清、深三盐司即可为证。至元十九年(1282),罢河间都转运司,改立清、沧二盐司,从某种意义上讲亦可视为分司的一种形式,只不过是脱离总司而已。大德五年(1301)一度罢河间转运司所属沧、清、深三盐司①。显然大德五年之前便有分司之设。其所设立的时间理应追溯到至元十九年。延祐六年(1319),该盐运司颁布分司印巡行群邑,以防私盐之弊。

必须交代的是,沧、清、深三州是河间盐司主要产盐地,清、沧尤甚。河间盐运司变革前期多以"清沧"并称,文献中记载徐世隆曾体覆"清沧"盐课。中统三年(1262),盐司改为都提领拘榷沧清课盐所,并无深盐司之设。盖当时深盐司的生产规模尚未引起官府的重视。至元二年(1265)立沧、清、深三盐司属河间都转运司,明确显示深盐司的盐业生产已达到相当规模。至元十九年(1282),罢河间都转运司后仅立清沧二盐司,似又说明深盐司所产盐与清沧两地还有相当的差距,可能并入某盐司。不久复立盐运司,直到大德五年(1301)才罢三盐司。或深盐司在至元间的生产较前有所提高,达到了与沧、清两盐司相近的地位。

元代最大的变化是大都盐运司并入河间运司。金代河间和宝坻两盐司分设。元大都运司所辖盐场即金代宝坻盐司的各场。中统元年(1260),改设十路宣抚司,悉革前弊,"然禁甚严,下之估罔利者阴虐无告,民犹为病"。至元二年(1265),朝廷以大中大夫、礼部侍郎倪德政为中都路(后改大都)转运使,提领税课等事,并以答木丁同知使事,宝坻盐使崔岩臣为副使,经过整顿,出现了"富者起,逋者还,乏者足,惰者勤,担者车,步者骑,侨者籍,秤量平,谍诉息,狱犴

① 《元史》卷二〇《成宗三》。

空”[①]的景象，很长一段时间内保持了稳定。不久设立了大都盐运司，至元十九年(1282)，罢大都盐运司，改立大都芦台越支三叉沽盐使司一[②]。二十五年，复设立芦台、越支、三叉沽三盐使司[③]。大都盐运司并入河间盐运司的时间，文献记载有所不同。《元史·世祖八》称至元十七年(1280)秋七月丁卯并大都盐运司入河间。《元史·食货二》载：“大德元年(1297)，遂罢大都盐运司，并入河间。”《元史·食货志五》记元统年间户部称：“榷盐之法，本以裕国而便民，始自大德七年(1303)罢大都运司，令河间运司兼办。”若文献记载不误，可以推知至元十七年(1280)、大德元年(1297)大都盐司曾两次与河间运司合并，均时间不长便又分开，权且将其视为元廷盐务管理的尝试。最后一次与河间盐司合并在大德七年(1303)。《元典章》卷九称“大都运司盐场，大德七年三月并入河间运司”确切说明了这一点。这次合并使两盐司均处于大都河间等路都转运盐使司的管辖之下，成为明清时长芦盐运司的前身。

值得注意的是，《元史》卷三二提到致和元年(1328)十月“倒刺沙贷其姻家长芦盐运司判官亦剌马丹钞四万锭，买盐营利于京师，诏追理之”，其中“长芦盐运司”即指“大都河间等路都转运盐使司”。《山右石刻丛编》所收录《迁修洞霞观记》的作者为“河间路长芦都转运司儒学教授柴绢”，其中所谓“河间路长芦都转运司”即为“大都河间等路都转运盐使司”。王旭撰有《长芦运司贺正表》，可见用“长芦(盐)运司”来代称“大都河间等路都转运盐使司”的现象是存在的，盖河间运司治所设于长芦之故。但“长芦运司”的称呼并不多见。在政府的正式行文中，多以“大都河间等路都转运盐使司”的名字出现。正式更名为“长芦盐运司”是明朝的事情了。

《元典章·盐场窠阙处所》将大都运司盐场和河间运司盐场分

---

① 徐世隆：《越支场重立盐场碑记》，光绪十七年《丰润县志》卷四《文苑》。

② 《元史》卷一二《世祖九》。

③ 《元史》卷一五《世祖十二》。

开单列，是大德七年(1303)三月以前的状况。大都运司所辖盐场有六：惠民场、济民场、石碑场、越支场、芦台场和三汊(叉)沽场。河间运司所辖盐场有十六处，其中包括利国场、阜民场、镇场、利民场、海丰场、富民场、海润场、阜财场、富国场、厚财场、兴国场、丰财场、海盈场、润国场、益民场和海阜场①。总计二十二场。《元史·百官一》载河间盐运司所辖盐场有二十二所，分别是利国场、利民场、海丰场、阜民场、阜财场、益民场、润国场、海阜场、海盈场、海润场、严镇场、富国场、兴国场、厚财场、丰财场、三叉沽场、芦台场、越支场、石碑场、济民场、惠民场、富民场等②。对照两种记载，盐场名称和数量并没有发生变化。《元典章》所载"镇场"当为"严镇场"之误。

二 山东盐务管理机构的设置

元初朝廷于济南设转运司，后因袭无改。中统、至元"始克就绪，北海之滨，西极利津列十一场，滨乐二司主之。莱登东徹海隅，遵海而南放于琅琊，其为场也，胶莱莒密盐司主之"③。可见，元初该盐产区的盐务管理分滨、乐、胶莱莒密三盐司而各行其是。中统二年(1261)，世祖忽必烈命李璮领益都路盐课，次年李氏举兵发难，献城降宋，十月兵败。忽必烈感到有必要重新对山东的盐务管理进行调整，于是命课税隶山东都转运司。中统四年(1263)，诏以中书左右部兼诸路都转运使，山东都转运司相应对中书左右部兼诸路都转运司负责。至元二年(1265)，改命有司兼办其课，后改立山东转运司。八年(1271)，升都转运盐使司。十二年(1275)，改立山东都转运司。十九年(1282)，立山东滨、乐、安及胶莱莒密盐使司。但何时改归山东盐运司，不得其详，盖与河间等路都转运使司复设时间基本相同，

---

① 《元典章》卷九《吏部三·官制三·场务官·盐场窠阙处所》。

② 《元史》卷八五《百官一》。

③ 《山东东路都转运盐使周信臣去思颂》，见《山东盐法志·援证九·历代艺文》。

为至元二十二年(1285)。至元二十五年(1288)三月,改山东转运使司为都转运使司①。因文献缺载,此后山东运司的变革状况不得而知。元代山东盐司有时也榷办酒税铁冶等。如,至元二十五年三月,改山东转运使司为都转运使司,兼办济南路酒税醋课。次年又以莱芜铁冶提举司隶山东盐使司。

值得注意的是,山东分司的设置存在于有元一代的大部分时间里。如前所述,中统至元年间山东盐司即设滨、乐及胶莱莒密盐司三司分办。至元十九年(1282),又立山东滨、乐、安、胶莱、莒密盐使司五,之后有一段时间废除。延祐五年(1318),因盐法涩滞,降分司印巡行各场,督收课程,但这时的分司与前似有所不同,当为临时差派,并无衙署。

《元典章》载山东滨盐司下辖盐场七:永利场、宁海场、永阜场、丰国场、富国场、丰民场、利国场。乐盐司所辖为官台场、高家港场、新镇场、王家岗场、箇堤场等五场。以上两盐司所辖盐场为十二场,与“北海之滨,西极利津列十一场”,略有差别,盖盐场曾进行调整之故。胶莱盐司“东徹海隅”,所辖盐场八处:西由场、海沧场、登宁场、行村场、信阳场、即墨场(《元典章》存)、石河场(《元典章》作石河沧头)、涛洛场。其盐司机构设在莱之北五十里的西繇镇,“司授五品阶,总八场”②。《元史·百官二》无即墨盐场,而《元典章》存,盖指盐场调整前即墨场是存在的。延祐五年(1318),罢胶莱盐司所属盐场似指即墨盐场。此外,山东盐运司有利国场和富国场,两者均位于与河间盐运司相邻的滨盐司,河间盐运司也同样出现了利国场和富国场的名字。其原因不得其详。

山东盐运司还设有坨,《元史》载至元四年(1267)八月,山东盐运司于济南历城立滨洛盐仓东西二场。周信臣度地府城北之上溧口,买田清河南壖界为东西二区,名之曰坨,以受滨乐所入之盐,所谓

① 《元史》卷一五《世祖十二》。
② (元)傅梦弼:《西繇场文庙记》,见《山东盐法志·援证九·历代艺文》。

“坨”即指盐仓。这已是后至元元年(1335)的事情了。

三 两淮盐务管理机构的设置

两淮盐课是古代王朝财政收入的大宗。元政府对两淮盐课的管理格外重视。两淮归附之初,元廷即命旧宋提举马里范张[①]依宋旧例办课[②]。至元十四年(1277)正月,置江淮等路都转运盐使司[③]。《谨正堂记》称:“立都转运使司于扬,即宋江都县旧治为廨,以总其政。”[④]江淮等路都转运盐使司所经营的应是淮浙盐产。两淮盐务机构的隶属经历了由宣慰司到行省,再到宣慰司,复至行省的变化。设立之初当属宣慰司。至元十五年(1278)四月,元廷命淮浙盐课直隶行省,宣慰司勿预。至元二十二年(1285)二月,立江淮等处宣慰司兼都转运使司以治课程。同年闰三月,置淮南江北等处行中书省于扬州,两淮盐司隶之。郝景文曾督“淮南转运司漕挽廪盐之在盐官者输仓”[⑤],其中“淮南转运司”当指两淮盐司,并非指分司。称“淮南转运司”,盖因两淮盐司设在淮南扬州。

王俊华先生认为两淮盐司元代并未有分司[⑥]。然至元三十年(1293)两淮都转运盐使司所辖盐司全部废掉,以其属置场官[⑦],似说明有分司之设。就《元典章》相关记载看来,两淮盐司似未设分司。大德五年(1301),由于两淮盐法涩滞,元廷命盐运司官两员分司上江,整治盐法。这只是临时差派而已。

---

① 《元史》卷九一《百官七》作“马里范章”。

② 《元史》卷九四《食货二》。

③ 《元史》卷九《世祖六》。

④ 许有壬《至正集》卷三六《谨正堂记》元人文集珍本丛刊本。

⑤ 马祖常:《石田先生文集》卷一二《故荣禄大夫大司农卿郝公墓志铭》,元人文集珍本丛刊本。

⑥ 《两淮盐运司元代并未分分司》,《盐业史研究》1988 年第 1 期。

⑦ 《元史》卷九一《百官七》。

两淮盐司所辖盐场有二十九,因自然条件等因素的限制,办盐各有差。值得注意的是,《元典章》所记两淮盐场数为三十一处①,与《元史·百官七》所载略有不同。《元典章》无吕四场和安丰场,《元史·百官七》则无江口西场、小陶场、天赐场和白砚场。《元典章》在两淮盐运司所辖盐场后注"今并"字样,故《百官七》所载为经合并后的情况。《常山贞石志》所收录《提举天赐场盐使司事董公墓碑》为元时文,可见天赐场确实存在。"提举"为宋盐司职官名,故董某提举天赐场盐使司事当在两淮盐使司设立之前,即至元十四年(1277)以前,并非"史之漏略"②。无疑两淮盐场后来进行了合并。两淮盐场原设管勾司,成宗时改为司令司。

两淮盐司最大的特点,就是盐仓的广泛设置和批验所的建立。盐仓设立的时间当在大德四年(1300)。《元史·食货五》称:"大德四年,中书省奏准,改法立仓。"盐仓设立的地点为"淮东扬州、淮安地面"。大德四年在淮东扬州、淮安地面以远就近分立六仓③。除扬州、淮安之外,泰州还设有盐仓,负责官盐的收储和支拨④。批验所的设置应早于盐仓。"大德四年,复置批验所于真州、采石等处"⑤。所谓"复置"当指批验所在大德四年之前即已设立,后被撤销。真州乃"南北商旅聚集去处",采石也是商旅比较集中的地方。批验所的主要职责是"批凿盐引,发运办课",并征收牙钱⑥。有时盐仓也充当与批验所同样的角色。大德四年,谕两淮盐运司设关防之法,"凡盐商经批验所发卖者,所官收批引牙钱,其不经批验所者,本仓就收

① 《元典章》卷八《吏部三·官制三·场务官·盐场窠阙处所》。

② 《常山贞石志》卷二一《提举天赐场盐使司事董公墓碑》,石刻史料新编本。

③ 《元典章》卷二二《户部八·盐课·新降盐法事理》,石刻史料新编本。

④ 陆文圭《墙东类稿》卷一三《广平张公墓志铭》称:"(张公)孙女七,长适泰州监盐仓汴梁袁傑。"元人文集珍本丛刊本。《元典章》卷九《吏部三·官制三·场务官·盐场窠阙处所》亦称两淮盐仓有三处:通州、泰州、淮安路。

⑤ 《元史》卷九一《百官七》。

⑥ 《元典章》卷二二《户部八·盐课·新降盐法事理》。

之”①。此外,还有检校秤盐所二处。与批验所不同,检校秤盐所的职能是均平袋法称盘,设在扬州东门和真州新城。

两淮盐司还设有江淮盐引局②、江海巡盐官和广盈库③。

四 两浙盐务管理机构的设置

两浙盐司创立的时间,文献记载略有不同。《元史·食货五》称本司自至元十三年(1276)创立,《食货二》却称至元十四年(1277)立运司。《百官七》载“至元十四年,置司杭州”。林树建先生曾翻检《浙江通志》、《杭州府志》和《永嘉县志》等方志资料,所载均认为两浙置盐司于至元十四年④。盖两浙归附之初,元朝政府如两淮一样用宋旧官吏管理盐法。《紫山大全集》载:“江南平定,朝廷以户口繁庶,盐法不可不谨,宣命(李瑞)金符、从仕郎、提举浙西盐使司事,置司于平江府。盐法设灶户,给工本,煮盐入官,照引出发。”⑤似说明浙西归附之初即置提举浙西盐司。与此相对应,浙东也设立了盐司⑥。两浙都盐运使司当置于至元十四年(1277)。它的出现是元朝政府统筹两浙盐务的开始。

两浙盐司成立之初即立分司,浙西设于平江府,浙东设在四明西北隅河利桥西,于宋厢院及节推厅旧址上重建。泰定元年(1324)“因民居延毁”,三年郡侯郭郁重建⑦。事实上,两浙盐司的分司机构远不止两个。至元丁亥(1287),蒋葵为两浙盐运司吏时,曾上书中

① 《元史》卷九四《食货二》。

② 程钜夫《雪楼集》卷八《太原宋氏先德之碑》:“孙(宋)颐,江淮盐引局副使。”陶氏涉园刻本,第19页。

③ 《元典章》卷九《吏部三·官制三·场务官·盐场窠阙处所》。

④ 林树建:《元代的浙盐》,《浙江学刊》1991年第3期。

⑤ 胡祗遹:《紫山大全集》卷一七《承直郎江西等处榷茶都转运司副使李公神道碑》,三怡堂丛书本。

⑥ 《至正四明续志》卷三,宋元方志丛刊本。

⑦ 《至正四明续志》卷三。

书省,请刻分司印四,降而用之①。至元二十六年(1289)十月,尚书省言:“沙不丁以便宜增置浙东二盐司,合浙东、西旧所立者为七。”②这一请求得到批准。《元典章》载两浙盐司设于浙东、浙西和杭州三地。实际上,两浙的分司要比这多得多,仅浙西便有嘉兴、平江和松江三处③,浙东分司也不会少于此数。两浙盐运司之所以设如此众多的分司,盖因其海岸线较长,盐场分布较分散而总司难于管理。

两浙盐场的数量,文献记载不等。《元典章》有关记载称两浙盐司有盐场共四十五处,分别隶属于浙东、浙西、杭州三盐司。《元史·百官七》所列两浙盐场为三十四处,《食货志》均作三十四场,其中浙西一十一场,浙东二十三场。至元三十一年(1294),“并煎盐地四十四所为三十四场”④,其中东江场属正监场,高亭场属岱山场。三十四场为盐场归并后的数字。“大德三年(1299)定其产盐之地,立场有差”⑤。可见,两浙盐场的并析工作直到大德三年才完成⑥。

两浙盐司设有检校所,与两淮盐司的批验所不同。检校所的设立主要取决于商人到场支盐的需要,“前时听从客商就场支给,设立检校所,称检出场盐袋”⑦。检校所设立的时间,《元史·食货二》称为大德三年(1299)。《元史·百官七》称:大德三年“仍于杭州、嘉兴、绍兴、温台等处设检校四所,专验盐袋,毋过常度”⑧。“仍”字似说明大德三年之前曾在杭州、嘉兴、绍兴、温台等处设立过检校所,大德三年只不过是复置而已。《延祐四明志》载庆元路于大德三年设

---

① 黄溍:《金华黄先生文集》卷三七《从仕郎绍兴路诸暨州判官致仕蒋府君墓志铭》,四部丛刊初编本。

② 《元史》卷一五《世祖十二》。

③ 陈旅:《运司同知睢阳赵公德政碑》载:后至元三年,同知都转运盐使司事睢阳赵公分司松江。《两浙盐法志》卷十六上。

④ 《元史》卷九四《食货二》。

⑤ 《元史》卷九一《百官七》。

⑥ 林树建:《元代的浙盐》,《浙江学刊》1991年第3期。

⑦ 《元史》卷九七《食货五》。

⑧ 《元史》卷九一《百官七》。

立检校所，在此之前还一度设批验所①。皇庆元年（1312），嘉兴检校因受财败法②。在此之前，王元善担任过绍兴等处检校所检校官③。延祐五年（1318），曹伯启至江浙议盐法，罢检校官，置六仓于浙东、西④。罢检校所改立盐仓的时间更确切地讲应为延祐六年（1319）⑤。盐仓设立之前，两浙盐运司遵循"赋成于灶，灶输于场，场输于检校所"的经营模式⑥，检校所的职能在于"钧其权衡，以公出纳"⑦，在某种程度上与盐仓的职能相似。至正二年（1342）十一月，诏准于杭州、嘉兴、绍兴、温台四处各置检校批验所，直隶运司，专掌批验盐商引目，均平袋法称盘等事⑧，从而把检校所和批验所的职能合二为一。

两浙盐司设立盐仓是仿效两淮盐法的结果。延祐五年（1318），曹伯启议置六仓于浙东西，"设运盐官，输运有期，出纳有次，船户、仓吏盗卖漏失者有罚。归报，著为令"⑨。直到延祐七年（1320），才"比两淮之例，设法立仓"，以掌盐课的收纳和支拨⑩。见于记载的盐仓主要有：庆元路盐仓⑪、溧水州东坝盐仓⑫、永嘉县永和盐仓⑬、杭

---

① 《延祐四明志》卷三《职官志下》，宋元方志丛刊本。

② 黄溍：《金华黄先生文集》卷二三《元故中奉大夫湖南道宣慰使于公行状》。

③ 邓文原：《巴西集》之《故建昌路南城县尹王君墓志铭》，北京图书馆古籍珍本丛刊本。

④ 《元史》卷一七六《曹伯启传》。

⑤ 《元史》卷九四《食货二》。

⑥ 宋禧：《庸庵集》卷一四《江浙行省左右司员外郎陈侯督赋石堰场善政记》，影印文渊阁四库全书本。

⑦ 邓文原：《巴西集》之《故建昌路南城县尹王君墓志铭》。

⑧ 《元史》卷九二《百官八》。

⑨ 《元史》卷一七六《曹伯启传》。

⑩ 《元史》卷九七《食货五》。

⑪ 《延祐四明志》卷三《职官志下》；《至正四明续志》卷三：盐仓一所，在西北隅永丰门里，至元十三年以后权贮税粮，延祐七年，复为盐仓。

⑫ 《至正金陵新志》卷四上：东坝盐仓有盐，有印，设大使、副使。宋元方志丛刊本。

⑬ 黄溍：《金华黄先生文集》卷九《永嘉县重修海堤记》：至顺二年秋，水暴溢，永嘉县永和盐仓亦圮。

州钱塘仓①、四明鄞县盐仓②、松江衡州盐仓③、嘉兴盐仓④、柘湖盐仓⑤。此外,两浙盐司还设有广盈库⑥。

五 福建盐务管理机构的设置

福建盐司的名称变化频繁。至元十三年(1276)始收福建盐课,但未设立相应的盐务管理机构。次年立市舶司兼办盐课,说明当时盐务从属于市舶事务。至元二十一年(1284)九月,并市舶司入盐运司,立福建等处盐课市舶都转运司,领福建漳泉盐货市舶⑦。《元史·食货二》则称"并福建市舶司入盐运司,改曰都转运司"的时间为至元二十二年(1285),究竟谁是谁非,不得其详。但说明在此之前盐司曾有单独设立,盐课市舶都转运司的设立表明此时的盐务管理仍无专门机构。高荣盛先生认为"市舶与福建盐课并行,决定了该机构名称往往'泉州'与'福建'混用,且多冠以'福建'之名"⑧。至元二十四年(1287)二月,改福建市舶都漕运司为都转运盐使司,七月升福建盐使司依两淮例为都转运使司,二十九年(1292),罢福建盐运司及盐使司,改立福建盐课提举司。可见,至元二十九年以前福建盐运司和盐使司是共同存在的。盐课提举司是江西行省左丞高兴奏设的,他说:"福建盐课既设运司,又设四盐使司,今若设提举司专

---

① 杨翮:《佩玉斋类藁》卷二《唐县尹生祠记》:至正五年……民食盐买之钱塘仓为便。影印文渊阁四库全书本。

② 《至正四明续志》卷三载:盐仓在鄞县东五里,设置仓廒三间。

③ 张之翰:《西岩集》卷一六《浙西盐仓记》,四库珍本。

④ 《元史》卷四〇《顺帝三》载:至正元年十二月增设嘉兴等处盐仓。

⑤ 陆居仁:《运司判官戴君章德政碑记》,见雍正《两浙盐法志》卷一六上。

⑥ 徐一夔:《始丰稿》卷一二《故元赠承务郎江浙等处行中书省左右司员外郎吴君墓志铭》,影印文渊阁四库全书本。

⑦ 《元史》卷一三《世祖十》。

⑧ 高荣盛:《元代海外贸易研究》,四川人民出版社 1998 年。

领盐课,其酒税课悉归有司为便。"①盐课提举司的设立标志着福建盐务管理机构的专门化。至元三十一年(1294),升福建盐提举司为盐转运司②。大德四年(1300),复为盐运司。八年(1304)五月,罢福建都转运盐司,以其课隶宣慰司③。其间或有反复。大德十年(1306),立福建盐课提举司隶宣慰司。至大四年(1311),升为福建盐运司,隶行省。从此稳定下来。

福建盐运司某段时间也设有分司。《元典章·盐场窠阙处所》载元代福建有福建、兴化两处盐司,当指分司④。《元史·百官七》则无记载,说明后来被撤销。古田曾设有分司。泰定二年(1325)因扰"江口商旅过者",齐履谦"立罢之"⑤。

《元典章·盐场窠阙处所》载元代福建盐运司有盐场十七,分别是海口、牛田、岭口、南乡、北乡、浔美、惠安、港据、东坂、马栏、梧洲监、吴惯、洒洲下里、涵头上里、中册木棱、长溪南乡和涟江等场⑥。但《元史·百官七》载福建有盐场七所,分别是海口场、牛田场、上里场、惠安场、浔美场、浯洲场和洒洲场⑦。此外,大德五年(1301)的一件文书《禁治砂盐》中称"切缘所辖十场,除煎四场外,晒盐六场"⑧。可见福建的盐场经过两次并析过程。元初为十七场,渐合为十场,最后整合为七场。这也是元廷规范盐务管理的重要措施。盐场始立管勾司,至大时改为司令司⑨。

---

① 《元史》卷一七《世祖十四》。

② 《元史》卷一八《成宗一》。

③ 《元史》卷二一《成宗四》。《元史·食货二》作大德九年,盖为具体改设时间。

④ 《元典章》卷九《吏部三·官制三·场务官·盐场窠阙处所》。

⑤ 苏天爵:《滋溪文稿》卷九《元故太史院使赠翰林学士齐文懿公神道碑铭》,中华书局1997年。

⑥ 《元典章》卷九《吏部三·官制三·场务官·盐场窠阙处所》。

⑦ 《元史》卷九一《百官七》。

⑧ 《元典章》卷二二《户部三·盐课·禁治砂盐》。

⑨ 《嘉靖惠安县志》卷八《公宇》:惠安场盐课司隶都转运司,在县南玉埕,元至元十六年始置惠安场管勾司,至大二年改为司命司。天一阁藏明代方志选刊本。

福建盐运司设立盐仓早于两淮和两浙。至元时赵执中“以竹器如法实盐，而效福之南台”，在漳、泉、兴化等地列仓贮盐，以便出纳①。可见南台仓较之其他盐仓为早，且一直存在。其地位十分重要。南台盐仓岁入九万引，占据福建盐运司所产盐的绝大部分。但南台仓“甚偏小，实可贮者二万耳，余悉在船，动涉旬月，往往陷于风涛，耗于盗窃，公私俱病”。郭郁乃劝率盐商助木石，“乐从者如雨”。“是岁买引者乐助不下万缗”，“才阅月，广仓屋五十间，不支官帑，不劳民力”。需要指出的是，元代东南地区修建和维护盐仓的费用大多来自盐商。修造南台盐仓时，有盐商对郭郁说：“淮浙两漕，每岁商人于买盐正价外一引别入宝币一贯为修仓钱。”②

六 广东、广海盐务管理机构的设置

广东的盐务管理较为复杂。至元十三年(1276)，因宋之旧，立提举司煎办盐课。十六年(1279)，立江西盐铁茶都转运司，所辖盐使司六，合剌普华此时任广东道都转运盐使，兼领诸蕃市舶③。二十二年(1285)，分江西盐隶广东宣慰司，次年并广东盐司及市舶提举司为广东盐课市舶提举司，仍隶广东宣慰司。大德三年(1299)，罗璧改广东道宣慰使都元帅，有请增盐额，置转运司者抑而屏之。可见，此时广东盐额仍置于广东宣慰司管辖之下④。大德四年(1300)八月，改广东盐课提举司。

---

① 黄溍：《金华黄先生文集》卷三一《福州路总管赠嘉议大夫太府卿上轻车都尉追封天水郡侯谥景惠赵公墓志铭》。

② 《运使复斋郭公言行录》;《新建南台盐仓之记》,《编类运使复斋郭公敏行录》元刊本。

③ 黄溍：《金华黄先生文集》卷二五《广东道都转运盐使赠推诚守忠全节功臣资德大夫河南江北等处行中书省右丞上护军追封高昌郡公谥忠愍合剌普华公神道碑》;《元史》卷一九三《合剌普华传》。

④ 程钜夫：《雪楼集》卷二〇《元都水监罗府君神道碑铭》。

此外，广东盐司设有东莞、惠州、潮州小江和南恩州等分司①。同时还设有都盐仓，在冲霄门外，大德五年（1301）创建；广盈库，在本司廨舍内，至元三十一年（1294）重建②。

广海盐课提举司于至元十三年（1276）设立，专职盐课③。至元三十一年（1294）设置广西石康盐课提举司，当为分司。秩正四品。

七 河东盐务管理机构的设置

有元一代，河东管理解盐的盐司机构经历了由解盐司到陕西（四川）转运司，再到河东陕西都转运盐使司的变化。河东解盐最初设解盐司，并置从宜所于京兆中粮，以作为军储的主要来源。此时，解盐司只负责解盐的生产，解盐的销售则由从宜所负责。从宜所在阿蓝答儿钩考时曾一度废罢，后复立，再次废罢的时间当为中统二年（1261）。这一年立陕西转运司，设于路村的解盐司作为其下属机构存在。至元二年（1265），罢运司，由有司管理。至元四年（1267），立陕西四川转运司。《元史·世祖四》载至元八年（1271）三月丙子，改陕西路盐课都转运司为都转运盐使司。二十三年（1286）改立陕西都转运司，其所掌包括盐、酒、醋、竹等诸色税课。二十九年（1292）五月，以陕西盐运司的酒税等课程入州县，罢诸子盐司，止存盐运司，专掌盐课④。王纬称至元廿九年改为都转运盐使司⑤。这是元代解盐专门化管理的开始。延祐改元时，也称陕西都转运盐使司⑥。这

---

① 《元典章》卷八《吏部三·官制三·场务官·盐场窠阙处所》；黄溍《金华黄先生文集》卷三二《赠太常博士危府君墓志铭》称：危龙友"入皇朝为潮州小江等处盐司提举"。

② 广州市地方志编纂办公室：《元大德南海志残本（附辑佚）》卷一〇《局务仓库》，广东人民出版社 1991 年。

③ 《元史》卷九一《百官七》载广海盐课提举司设置的时间为至元三十一年，误。

④ 《元史》卷一七《世祖十四》。

⑤ 王纬：《池神庙碑》，《山右石刻丛编》卷三二，历代石刻史料汇编本，北京图书馆出版社 2000 年。

⑥ 王纬：《池神庙碑》，见《山右石刻丛编》卷三二。

个名称一直延续到延祐六年(1319)。这一年,盐司更名为河东陕西等处都转运盐使司,隶属中书省①。《河东盐法志》编者认为"河东陕西都转运盐使之设始于元仁宗延祐六年"②。之后情况则因史料阙如而无法稽考。

我们注意到,解盐在中书省辖境内,然观其盐司名称数次改易,均有"陕西"字样。实际上,蒙古国时期忽必烈经略川蜀时,即"割河东解之盐池归陕西",置从宜所中粮以赡军③。中统二年(1261),因从宜所旧置设陕西转运司。至元四年(1267),立陕西四川转运司管理解盐盐务。然中统三年(1262)便设立陕西四川行省,这更多是基于伐宋战争的考虑。至元二十三年(1286),四川、陕西分立行省后,运司机构相应改为陕西都转运司。可见,盐司和行省名称的相应变易绝不是巧合。由此推知,河东盐司在延祐六年(1319)之前由陕西行省来管辖,待到西部战争结束以后,延祐六年改由中书省直接控制。

姚行简设路村盐司,管理东池的盐业生产④,而此时西池的生产并未恢复,故解州并未设司。解州州尹说解州未立盐司的原因在于主盐之官与州官有隙,当为一面之词。中统二年(1261),仍置解盐司于路村。至元七年(1270),有人指出移解盐司事,省部议得"据解盐司既是路村设置三十余年,廨宇、仓库、料堆俱备,又便于食盐地面,依旧不动,似为相应",遂未得更移。但解州显然为此受到影响,"闾井萧条,居民鲜少"。至元二十年(1283),吴某监榷盐课时,首以复迁解州为便,并得到陕西行省的允许,重新将运司治所迁到解州。

---

① 《元史·百官一》:"延祐六年,更为河东陕西等处都转运盐使司,隶省部。"《元史·仁宗三》载是年二月戊戌,"改陕西转运盐使司为河东陕西都转运盐使司,直隶省部"。

② 《河东盐法志》卷六《官职》。

③ 姚燧:《牧庵集》卷一五《中书左丞姚文献公神道碑》,四部丛刊初编本。

④ 《解州厅壁记》,《山右石刻丛编》卷二五。

吴某因盐课羡余“不啻倍蓰”而改授承事郎①。二十二年(1285)秋八月又复东场。至元二十九年(1292),徙回路村②,似如至元七年(1270)省部所说,出于便于食盐地面行盐的考虑。

中统二年(1261)置提举解盐司,此后解盐司在世祖初期一直存在。《元史·世祖九》称至元十九年(1282)罢解盐司及诸盐司。所谓“诸盐司”应为解盐司同一级别的分司机构。王纬称至元廿九年(1292)罢解盐使司。《百官一》中也称此年解盐司罢。可以认为,解盐司在至元十九年罢,后复置,直到至元二十九年最终罢去。延祐二年(1315),在李守中的提议下分司解盐③。延祐六年(1319),别铸分司印二,改提领所二,即河东等处解盐管民提领所和安邑等处解盐管民提领所④。

此外,元代解盐产地大体上分东西两池。元初分为八场:方集、常满、鹽北、青鼻、分云、紫泉、下封、资国。后为四场:东池两场,即常满、鹽北,西池两场,即紫泉、会商⑤。河东盐司还设有京兆路解盐仓⑥。

八 四川盐务管理机构的设置

最初对川峡井盐进行管理,当始于蒙古国时期拘搉课税所的设立。其管理四川井盐课程,官府分拨灶户五千九百余隶之,从实办课。当然,蒙古国时期对四川的控制仅限于部分地区。后来由于盐

① 王利用:《复立解州运司碑》,见《重修河东运司志》卷八,北京图书馆古籍珍本丛刊本。

② 王纬:《池神庙碑》,《山右石刻丛编》卷三二。

③ 苏天爵:《滋溪文稿》卷一一《元故嘉议大夫工部尚书李公墓志铭》。

④ 《元史》卷八五《百官一》。

⑤ (清)光绪《山西通志》卷七一《盐法略下》;《重修河东运司志》卷二。

⑥ 同恕:《榘庵集》卷九《司竹监提领郑君墓志铭》载郑均曾为京兆路解盐仓使。影印文渊阁四库全书本。

井废坏，产量急剧下降，四川民户吃盐问题需要倚靠解盐来解决，故而没有必要设立管理机构。正式管理机构的设立应始于至元二年(1265)。是年，置兴元四川转运司，修理盐井，专掌煎熬办课等事。而这一年移秦蜀行省于兴元，兴元四川转运司当隶属于秦蜀行省①。至元三年(1266)，朝廷令陕西四川以所办盐课赴行制国用使司输纳。次年立陕西四川转运司。至元八年(1271)，罢四川茶盐运司②。四川茶盐运司不知设于何时。至元十六年(1279)，复立之。十八年(1281)，并盐课入四川道宣慰司。次年，复立陕西四川转运司，通办盐课。二十二年(1285)，分京兆运司为二，改立四川盐茶运司。从此四川茶盐运司开始独立出来。由于实际需要，它不仅负责管理井盐的产销，也统辖茶的产销。

元统三年(1333)，运司的名称仍为盐茶转运使司。因西南地域辽阔，出于管理需要还设有分司。这一年分司运官指出"四川盐井，俱在万山之间，比之腹里、两淮，优苦不同，又行带办余盐，灶户由此疲矣"③，即是明证。《元史·王约传》载王约曾按治成都盐使不法④，此处"成都盐使"可有两种理解，其一说成都盐使即是四川盐茶使，其二似可理解为在成都设有盐茶分司，经理盐茶等事。

据《元史·百官七》载四川盐场有：简盐场、隆盐场、绵盐场、潼川场、遂实场⑤、顺庆场、保宁场、嘉定场、长宁场、绍庆场、云安场、大宁场。《元史·地理三》称四川等处行中书省有"盐场十二处，俱盐井所出"⑥。而《元典章》记载四川茶盐运司有一十所，并没有绵盐

① 《元史》卷六《世祖三》。

② 《元史》卷九四《食货二》。

③ 《元史》卷九七《食货五》。

④ 《元史》卷一七八《王约传》。

⑤ 《元典章》"遂实场"当为"遂宁场"之误。按《元史·地理三》载四川行省有遂宁州，属潼川府，故以为是。

⑥ 《元史》卷六〇《地理三》。

场和遂宁场①。可以理解为《元典章》所载盐场数当在《元史·百官七》所载数之前，绵盐场和遂宁场是后来才逐渐增加的。所谓盐井九十五也并非元初的数目。程龙刚先生认为元代还存在闰盐场，其根据是"至元二十七年(1290)并普乐、润盐二州为闰盐县，以境内有盐井也"②。我们知道，元代四川有盐场一十二，为井凡九十有五，"在成都、夔府、重庆、叙南、嘉定、顺庆、潼川、绍庆等路行管州县万山之间"③。对比海盐的场灶体系，四川的场井当与之相似，盐井是最为基本的生产单元，而若干盐井又由一盐场来管理。因而闰盐县因其境内有盐井而得名，并不等于说就存在闰盐场。其他材料中也没有见到关于闰盐场的记载。且闰盐县属云南等路行中书省管辖，是否与四川茶盐运司存在隶属关系尚有疑问。

总体说来，固然四川的盐业生产远比不上海盐各盐运司，其财政意义也没有海盐生产重大。四川盐务管理机构的品秩和盐使与次官的人数均较之海盐产区低少。但管理模式并没有大的变化。四川盐运司机构由行省统辖，同时形成了四川茶盐运司—分司—盐场（十二个）—盐井（九十五个）的管理模式，与淮浙盐务管理基本一致。

此外，辽阳路设有瑞锦等处、邙蒙场和大宁盐引等④。

综上所述，中统元年(1260)，忽必烈设立十路宣抚司，盐业官榷及盐使所等在宣抚司管辖之下。河间盐即由宣抚司提领沧清深盐使所来管辖⑤。此时的宣抚司当指真定路宣抚司⑥。其他地区的盐业，由于资料的缺失，不知所属，似也在宣抚司辖下。最早见于变化的是河东陕西地区。中统二年(1261)，设立陕西转运司，仍置解盐司于

---

① 《元典章》卷九《吏部三·官制三·场务官·盐场窠阙处所》。

② 《元史》卷六一《地理四》；程龙刚：《元代四川盐业生产》，《盐业史研究》2000年第3期。

③ 《元史》卷六〇《地理三》。

④ 《元典章》卷九《吏部三·官制三·场务官·盐场窠阙处所》。

⑤ 《元史》卷九四《食货二》。

⑥ 《元史》卷四《世祖一》。

路村①。解盐司无疑是盐业的专司机构。可见,此时的陕西转运司经营的并非仅有盐课。中统三年(1262),山东课税隶山东都转运司②,此处的都转运司显为地区性的税务机构,除课税之外,或有其他职能,盐课的征收只是其职能之一。一段时间内,山东盐课由地方有司兼办③。负责专门经营盐课的盐业专司机构当为中统四年(1263)所设立的河间转运司,它由沧清深盐提领所改设而来④。至元二年(1265),河间、山东、四川分别设立都转运司和转运司⑤。这一举措是否与河间和山东及四川在赋税征收中的地位变化有关,不得其详。至元四年(1267),辽阳地区设开元等路运司管理课程,西部地区设陕西四川转运司⑥。可见,此时盐课均置于转运司或都转运司的管辖之下。这与制国用使司所说"诸路盐场、酒税、醋课额原委转运司管领"⑦是相同的,而转运司的业务范围不仅包括盐课,还有酒税醋课等。值得注意的是,至元三年(1266),陕西四川所办盐课被要求到行制国用使司输纳,盐引则由制国用使司给降。行制国用使司,具体状况不详。但此时转运司当在制国用使司管辖之下。至元六年(1269),新设立的太原提举使司即直隶制国用使司。至元八年(1271)三月丙子,改山东、河间、陕西三路盐课都转运司为都转运使司⑧,说明在至元八年之前有所谓盐课都转运司之设,即当时河间、山东、陕西四川、开元等都转运司和转运司已经是专业化的盐业管理机构,只不过兼管酒税醋课而已。所称改三地盐课都转运司为都转运司,误。当时只有河间盐运司为都转运司,山东、陕西四川等

① 《元史》卷九四《食货二》。
② 《元史》卷九四《食货二》。
③ 《元史》卷八五《百官一》。
④ 《元史》卷九四《食货二》;《元史》卷五《世祖二》。
⑤ 《元史》卷九四《食货二》。
⑥ 《元史》卷九四《食货二》。
⑦ 《元典章》卷二二《课程·洞冶·立洞冶总管府》。
⑧ 《元史》卷七《世祖四》。

地盐司均为转运司，遂有至元十二年（1275）河间、山东分别设立都转运使司和山东都转运司①。此时，辽阳盐课因其转运司由辽东开元等路总管府兼领，即由地方政府管理②。

至元十三年（1276），南宋灭亡，南宋所辖东南沿海海盐区的淮浙闽广等地尽为元廷所有。广海广东地区在当年即设立提举司，这种提举司很大程度上"因宋之旧"③。马里范张即"依宋旧制"提举淮盐，两淮盐司机构的设立应以次年两淮都转运使司为标志④。两浙也是次年立运司。福建盐课并入市舶司兼办。值得注意的是，《元史》卷九《世祖六》称：至元十四年（1277）正月，置江淮等路都转运盐使司。至元十三年（1276），初置江淮行省，治扬州。当时江淮行省辖境包括两淮、两浙及江东西地。至元十四年（1277），另置江西行省，遂有立江西诸路转运盐使司之设，福建盐司当在江西行省管辖之下⑤。江淮等路都转运盐使司盖因行省而设，同年设立的两淮都转运使司和两浙运司当为江淮行省的辖下机构，似因置司扬州而设两淮都转运使司，却在两浙设立运司，江浙行省设立之后才升两浙运司为都转运司。置司扬州的两淮盐运司由河南行省管辖⑥。这种情况是至元二十八年（1291）以后的事情了⑦。之后两淮、两浙盐司保持了稳定。福建运司则变化频繁。大德三年（1299），罢福建行

---

① 《元史》卷九四《食货二》。

② 《元史》卷七《世祖四》。

③ 《元史》卷九四《食货二》。

④ 《元史》卷九四《食货二》。

⑤ 《元史》卷一七《世祖十四》：［至元二十九年正月］江西行省左丞高兴言："福建盐课既设运司，又设四盐使司，今若设提举司专领盐课，其酒税课悉归有司为便。"获得允准。可以推知当时的福建盐司在江西行省的管辖之下。卷九四《食货二》：二十九年，罢福建盐运司及盐使司，改立福建盐课提举司。

⑥ 《元史》卷一七《世祖十四》：［至元三十年正月］河南江北行省伯颜言："……扬州盐转运一司设三重官府，宜削去盐司，只留管勾。……"此处所说扬州转运一司当指两淮都转运使司，伯颜的上奏得到允准。可见两淮都转运使司应在河南江北行省管辖之下。

⑦ 《元史》卷一六《世祖十三》：［至元二十八年正月］立江东两浙都转运使司，即指盐司而言。

省，归属江浙行省，福建盐司相应改隶江浙行省，从而江浙行省拥有了两大盐司机构。次年仿照两浙盐司设立福建盐运司，后不久并入本道宣慰司。大德年间又立盐课提举司。至大四年（1311），立福建盐运司，对福建盐业进行管辖。

元统一全国后，元廷对于北方的管理更为严格。至元十九年（1282），罢河间都转运司，改立清沧盐使司二。与此同时，陕西四川的盐课由新设立的陕西四川转运司通办。至元二十二年（1285），终于形成了河间、山东、陕西、四川四大都转运盐使司。次年又改都转运司，所办课程则远远超过盐课，酒税、醋课、竹税、铁冶等均成为盐运司的重要管理对象①。至元二十八年（1291）九月圣旨称："盐运司只管盐，其余酒醋税课的勾当，新年为始，依在先体例里交路官人每管者。"②这样盐运司得以专营盐课。更为重要的是，大德七年（1303），大都盐司与河间运司合并，成立大都河间都转运盐使司，成为明清该地盐务管理的典范。延祐六年（1319），改陕西运司为河东解盐都转运盐使司直隶中书省。

这样北方四大盐运司与东南盐运司一起构成九大区域性都转运盐使司（或盐课提举司）。与南方盐运司归于行省管理不同，北方的盐运司多归属于中书省户部，同时摆脱了辽金代盐务管理过于细碎的状况。元廷真正从全国入手，设立了功能比较稳定的几大盐运司。元代中后期，这种情况基本没有变化。由此，明清时期盐务管理的模式已经基本奠定。

---

① 《元史》卷九四《食货二》：[至元]二十三年改立河间都转运司，通办盐酒税课；改立陕西都转运司，兼办盐、酒、醋、竹等课。卷一五《世祖十二》：[至元]二十五年以河间等路盐运司兼管顺德、广平、綦阳三铁冶。同卷：[至元二十六年四月]以莱芜铁冶提举司隶山东盐运司。

② 《元典章》卷二二《课程·常课·民官管课程事》。

第二节 盐运司机构的职能①

其一，元代盐运司机构主要对盐业的产销进行管理。与前代相比，其控制力度似有所加强，强制化色彩更为浓厚，对盐业产销的管理也更为谨密。盐运司的这种管理特点是通过严格限制盐业产销的各环节来实现的。转运司、分司、司令司（管勾司），加之盐仓、批验检校所分别在盐的产销中发挥着重要的作用。本节我们对各盐运司诸机构的功能进行分析。

盐场是盐业生产的重要地点。成吉思汗时期，刘敏就被委命管理北方的盐场。1230 年，河间、山东"置盐场"，开始盐业生产。1236 年，大都地区"设熬煎办"。陕西河东的盐业生产则始于 1233 年。元世祖统一南北的至元十三年（1276），南方盐场也相继收入元廷囊中。从此，南北盐场都归元廷统治。起初，盐场设管勾司②，元贞元年（1295），各处盐使司盐场改设司令、司丞③，遂在以后的文献中称司令司，但管勾依然存在。司令司的职责首先是管领"灶户火丁"④，组织生产。"灶户火丁"即盐户，因煮盐过程中须用灶烧煎⑤而得名。有元一代，朝廷根据不同的职业把百姓分成诸色户计，盐户即其中之一。盐户主要集中于盐场，故其具体管理当归于盐场。盐场对盐户的控制往往通过团来实现。南方的淮浙盐场都设有"团"，广东盐场设有"栅"。《熬波图》给我们展现了团的状况，"归并灶座，建团立

---

① 盐运司的职能除经营盐课外，还有酒醋、铁冶、茶课、市舶等课。本节仅考察盐运司对盐的管理。

② 《元典章》卷九《官制三·场务官·盐管勾减资》。

③ 《元史》卷一八《成宗一》。《大德昌国州志》卷五《盐司》：宋熙宁六年，析[富都]监为三，曰正监、曰东江、曰芦花……归附后置管勾，每场各三员。至元三十一年朝廷议汰冗官，遂以东江属正监、高亭属岱山，隶浙东盐使司。元贞元年废各道盐使司，改场为司，置司令、司丞、管勾各一员，铸从七品印以重其事。

④ 《元史》卷九七《食货五》。

⑤ 陈高华：《中国盐业史（古代编）》，人民出版社，第 454 页。

盘,或三灶合一团,或两灶为一团"。团是一个封闭的生产单元,"四向筑叠围墙,外向远匝壕堑。团内筑凿池井,盛贮卤水,盖造盐仓柈屋,置关立锁"①。这样,盐业生产便处在官府严格的监视之下。盐场的修造和盐业生产主要由盐户来完成,并由司令司或管勾司调度和控制。约束盐户也是盐场官员的任务。"亭户多强梗,不受约束",常常借助盐运司的势力胡作非为。徐沂之任两浙都转运盐使司仁和场盐司管勾后,"不急于威刑,惟以理化之","其风乃变,岁课既登,平民亦免株连之患,公私咸以为便"②。此外,盐场官也应对亭户抢劫船只的行为予以约束③。

其二,"催督趋办"④。元代盐课由盐运司来办理。朝廷往往给盐运司下达一个总额,具体的数额则由各盐场分担。盐场官员据盐运司下派的数额分派任务。元代方志中记载了昌国州、四明一带各盐场的额办盐课数目。司令司的主要任务即完成上司下达的课额,"周岁合办盐额,严立限次,监督煎、晒"⑤。盐场官员在遇雨影响生产时,禳灾祈晴。海口场岁办一万引以上,额数颇多,"时当八九月之间,工程犹少,老幼登程而就役,僚属随地以分催",但天不假人,"土汛当收而连朝霖雨不止,火伏已迫而列灶烟焰暂停",场官认为自己"莅政不谨",祈求天气晴朗,以求"邦课之登"⑥。此外,场官或"躬历诸团,广积土盐,增办如额,且补煎前数暨别场所亏盐数"⑦,或

---

① 陈椿:《熬波图》卷上"各团灶座",影印文渊阁四库全书本。

② 黄溍:《金华黄先生文集》卷三七《承务郎建德路建德县尹致仕徐君墓志铭》。

③ 《元典章》卷五九《工部二·造作二·船只·禁治抢劫船只》。

④ 王祎:《王忠文公文集》卷二三《元故中山府判官(王铉翁,字中实)致》,北京图书馆古籍珍本丛刊本。

⑤ 《元典章》卷二二《户部八·课程·盐课·禁治砂盐》。

⑥ 卢琦:《圭峰先生集》卷下《分司海口场祈晴》,北京图书馆古籍珍本丛刊本。

⑦ 汪克宽:《环谷集》卷八《元故将仕郎全州路清湘县主簿陈君(龙)墓碣铭》,影印文渊阁四库全书本。

“有余盐课每岁报最,公心制事,户不烦扰”①,“赋报无所隐”②。为保证生产,盐官不得不体恤灶户。至元十年(1274)秋霖,三汊沽被浸,亭户狼藉,饥饿之甚。董孝良为管勾三汊沽盐官事,申明上官赈济,待水退后,户抽亭户,推土障场,从而保证了生产的正常进行③。盐场吏员往往“核故所积盐”,“以代亭户不能输赋者”。这样减少了灶户的继续逃亡,流亡的逃户“相率复还”,从而保证了正常的盐业生产和盐额的顺利完成。一些场官则因“盐赋病民”而屡屡上奏,以致用辞官来劝谏④。一些不能按时完成盐课者要受到惩罚。杨维桢任绍兴钱清场司令时,“坐损盐”⑤。

其三,教化亭户。值得注意的是,盐场设有儒学教谕⑥一职。周嗣德补海口场盐司令后,因龙江书院距离治所很近,久废,“公初至谒先圣,立劝灶户亲之,柱悉易以石,不半岁告成,亭民颂德”⑦。

其四,巡禁私盐,审理词讼。元官府在盐团的周围“拨官军守把巡警”⑧。“各场俱差把团军人日夜巡禁”⑨,以防止私盐生发。巡盐范围限于盐场附近。延祐二年(1315)三月中书省的一件文书保存了很有价值的资料。固堤场司令司申:“弓兵杨义状呈:‘延祐元年四月十一日探马赤索郎古歹驱口吴自当对义首告:有使索郎古歹自煎熬私盐,盐合用,将上项私盐呈发到官。取讫索郎古歹招伏。不

---

① 邵亨贞:《野处集》卷三《故忠翊校尉徽杭等处榷茶提举唐公(昱)行状》,影印文渊阁四库全书本。

② 张养浩:《归田类稿》卷一〇《赠中顺大夫河中府知府上骑都尉颍川郡伯陈公(安)神道碑铭有序》,影印文渊阁四库全书本。

③ 王恽:《秋涧集》卷五五《顺德路同知宝坻董氏先德碑铭有序》,四部丛刊初编本。

④ 宋濂:《宋文宪公全集》卷一〇《元故奉训大夫江西等处儒学提举杨君(维桢)墓志铭》,四库珍本。

⑤ 贝琼:《清江贝先生文集》卷二《铁崖先生传》,四部丛刊初编本。

⑥ 《嘉靖惠安县志》卷一一《职制》。

⑦ 苏伯衡:《苏平仲文集》卷一二《故元中奉大夫江浙等处行中书省参知政事周公墓志铭》,四部丛刊初编本。

⑧ 《熬波图》卷上《各团灶座》。

⑨ 《元典章》卷二二《户部八·盐课·禁治砂盐》。

合。煎熬私盐八斤,除食用外,有盐二斤。及取到首盐人吴自当不合告使索郎古歹招伏。'"后由山东盐运司申刑部定夺①。由文书中"固堤场运盐弓手"可见,巡盐弓兵当由司令司管辖。

其五,盐产的征收、储放与出纳。如《熬波图》所示,灶户生产成盐后,由团内主户代为征收,储存于团内便仓,并付给工本,然后由灶户运到盐场官缴纳。赴场纳盐,需"置簿,明白附写某字号一廪,自几年月日灶户某人纳盐为始,至几年月日灶户某人纳盐为尾,计盐一千引各开备细花名盐数",以备支给工本支用②。《至元新格》明文规定:"诸灶户中盐到场,皆须随时两平收纳,不得留难。"可见盐场官司有征收盐产的义务,同时交付工本。这里的"诸灶户"似指团内主户。盐袋的存储也很有讲究,以千字文为号,如法编垛,"须于高阜、水潦不能侵犯去处如法安置","若积垛不如法,防备不用心,以致损败者,并勒[盐场官]赔偿"③。最初盐商到场支盐。盐商从盐运司买引后,倒换勘合,到指定的盐场支盐;盐场官司要比对勘合抄写字号相同,将引给付盐商,并将抄贴收留毁抹,每月缴申所属运司。如果发现盐引上没有填写盐商姓名、年月日及批凿关防盐场月日,盐场官以私盐法科断、罢职④。法令规定场官、秤子人等要依法每引盐四百斤出场⑤,不得刁蹬盐商。

大德四年(1300)两淮盐运司改法立仓。延祐七年(1320),两浙"比两淮之例",改法立仓。这样存储与发卖之间多了一道程序。浙江三十场各场置监运官一员,负责"招募船户,照依随场日煎月办课额,官给水脚钱,就场支装所煎盐袋",前赴指定盐仓交纳。监运赴场支盐,就廪装打硬袋,每引带席索通秤四百一十斤。除此之外,还要支取十斤,以充折耗。"一廪支尽,积出余盐数目,场官与监运连

① 《元典章》卷五三《刑部十五·首告·驱口首本使私盐》。
② 《元典章》卷二二《户部八·盐课·新降盐法事理》。
③ 《元典章》卷二二《户部八·课程·至元新格十一款》
④ 《元典章》卷二二《户部八·盐课·改造盐引》。
⑤ 《元典章》卷二二《户部八·盐课·盐袋每引四百斤》。

御保结,随即开申运司,置簿销附”[①]。纲船运盐到仓后,要同仓官一起过目交收。每岁住运之后,监运还要督责船主趁时修船,不得擅自离开。

盐仓在元中后期的盐也产销售中起着重要的作用。其职能有五:1. 兴造修缮盐仓。2. 收支装盐席索。仓官若不以运司勘制原样交收,受钱滥收或故意为难席户,都要受到处罚。3. 收纳盐袋。监运运盐到盐仓后要与仓官一同交收。4. 储存盐袋,所有盐货都要排垛收贮。5. 出纳盐袋。盐仓设立后,盐商要到盐仓支盐。如遇盐商支盐,盐仓要重新包装,然后才能出纳[②]。此外,盐仓对于不经批验所而径卖的盐商还要代收牙钱[③]。

批验所见于记载者主要在淮盐司。批验所多设于交通便利、商旅辐辏的城市。其“专责批凿盐引,发运办课,欲使无扰盐商,交易快便”[④]。盐商由盐场或盐仓支盐后,均须经批验所批凿引目,“每日卖过盐数,牙人、盐商赍引同赴批验所批凿”。批凿时,批验所官员征收牙钱,于盐引背面盖上关防青印,交给盐商。此外,批验所每月将盐商姓名、支盐数、每月花名月日、收到官钱数在盐商名下销附,送运司勘验。批验所还有稽查私盐的任务。只有点检后发现盐商确未夹带私盐,才将盐商放行[⑤]。两浙运司,最初盐商由盐场支盐时,也设批验所。大德二年(1298),设改检校所,“称检出场盐袋”,以“钧其权衡,以公出纳”[⑥]。延祐六年(1319),改法立仓,遂罢检校所。至正二年(1341)中书右丞相脱脱等讲究盐法,主张改盐场支盐,相应设立检校批验所,直隶运司。从而将批验所和检校所的职能合二为

① 《元典章》卷二二《户部八·盐课·新降盐法事理》。
② 《元典章》卷二二《户部八·盐课·新降盐法事理》。
③ 《元史》卷九四《食货二·盐法》。
④ 《元典章》卷二二《户部八·盐课·新降盐法事理》。
⑤ 《元典章》卷二二《户部八·盐课·新降盐法事理》。
⑥ 邓文原:《巴西集》之《故建昌路南城县尹王君墓志铭》。

一,“如遇客商载盐经过,依例秤盘,均平袋法,批验引目”①。

盐运司是负责盐业产销的专司机构,以恢办盐课为务,“催煎分办,事务繁重”②。具体说来,其职能主要有三。

1. 恢办盐课。盐课是中央政府财政收入的重要支柱之一。有元一代,根据不同的地域及生产条件,朝廷设立盐运司机构管辖盐业产销。其主要目的是恢办盐课,以增加财政收入。中书户部根据各盐运司的不同情况,指派相应的盐课额。盐运司的主要任务是承办盐课,按时完成户部所设定的盐课额。至正二年(1342),河间运司申户部,“本司岁办额余盐共三十八万引,计课钞一百一十四万锭”③。后至元六年(1346),两淮运使指出“本司自至元十四年创立,当时盐课未有定额,但从实恢办,自后累增至六十五万七十五引”④。盐运司除办额定正课外,还要承办余盐。两浙盐运司的课额至元十五年(1278)办盐十五万九千引,此后累增至四十五万引,元统元年又增余盐三万引⑤。盐运司在接受任务后,根据本司盐额和各场的生产能力,“更定各场盐户”⑥,将课额分配给各场。延祐时昌国州有盐场三,正监场原额办六千三百六十一引三百六十九斤,岱山场额办盐七千五引一百八斤,芦花场额办盐六千八百七十一引,慈溪县鸣鹤场额办盐则高达二万八千引⑦。由于天气恶劣和灶户逃亡等诸多因素,盐业生产有时达不到盐额。延祐时昌国州正监场因灶户逃亡,仅办得盐课六千二百一十六引,鄞县大嵩场因饥荒所办盐课不到应办盐额的一半⑧。这种情况下,盐运司只得如实申报,甚至奏减盐额。元

① 《元史》卷九七《食货五·盐法》。关于批验所的设置情况见本章第一节。
② 《元典章新集至治条例·刑部·诉讼·追理·茶运司与盐运司事体不同》。
③ 《元史》卷九七《食货五·盐法》。
④ 《元史》卷九七《食货五·盐法》。
⑤ 《元史》卷九七《食货五·盐法》。
⑥ 贡师泰:《玩斋集》卷一〇《义士周光远墓志铭》,影印文渊阁四库全书本。
⑦ 《延祐四明志》卷一二《赋役考·盐课·本路合属盐场周岁额煎盐数》。
⑧ 《延祐四明志》卷一二《赋役考·盐课·本路合属盐场周岁额煎盐数》。

统三年(1335)四川盐茶转运使司即申告四川行省"于所办余盐一万引内,量减带办两浙之数"①。

盐课额具体由灶户在盐场上生产完成,因而盐运司还有管理盐户、组织生产和巡查盐场的任务。灶户往往"以丁多少输盐"。贫富的不同,所负担的盐课额也应不同。为此,盐运司"验物力多寡,比次甲乙以均之"②。但因灶户贫富不恒,盐运司要时常"更定"灶户盐额③。为保证盐额的顺利完成,盐司需对受灾盐户加以优恤。前述至元十年(1273)盐运司在董孝良的申请下发廪米四千余石赈济因秋霖而饥的灶户④。此外,灶户的工本由盐运司分给各场,由运官一员给付⑤。盐业生产因恶劣的天气而无法进行时,盐运司官员即委派分司,而分司到任之后往往祈求天晴,以恢复生产⑥。两淮辖下的富安场"距海远,潮不时至,盐丁负水取卤,力疲而赋不充",盐司书吏王某"相其地形,凿渠以通海潮"⑦。煎盐柴地盐运司要严加禁治,豪民不许典卖,亦不许人租佃耕种。盐运司不时派人到场催煎,盐袋由判官监装,"须要斤重均平,无有余欠"⑧,还不时检察盐货储放情况。此外,纲船、工脚、铸盘、织席之家,盐运司常加照管⑨,其中席索的编织需盐运司"较勘样制",于立仓拘该州县拨户织造⑩。元末盐运司还有保护盐场的义务。至正三年(1343),刘铎提举广东盐使事,亲自率灶户与黎德对抗,"官场赖以安,所储庤盐得存,以斤计

① 《元史》卷九七《食货五·盐法》。

② 《元史》卷一七六《谢让传》。

③ 陈旅:《安雅堂集》卷一二《贾治安墓志铭》,影印文渊阁四库全书本。

④ 王恽:《秋涧集》卷五五《顺德路同知宝坻董氏先德碑墓铭有序》。

⑤ 《元典章》卷二二《户部八·课程·至元新格》。

⑥ 卢琦:《圭峰先生集》卷下《分司海口场祈晴》。又见王旭:《兰轩集》卷一四《河平王庙祈晴文》,影印文渊阁四库全书本。

⑦ 黄溍:《金华黄先生文集》卷三四《中宪大夫淮东道宣慰副使致仕王公墓志铭》。

⑧ 《元典章》卷二二《户部八·课程·至元新格》。

⑨ 《元典章》卷二二《户部八·盐课·申明盐课条画》。

⑩ 《元典章》卷二二《户部八·盐课·新降盐法事理》。

者八万”①。

盐课的办集不仅限于盐产达到朝廷所规定的盐额，盐运司还应将其榷卖，向朝廷缴纳盐钞。首先，盐运司从户部领取盐引，然后发卖。发卖时，盐运司所收盐钱中除正课钞外，还带收纲船水脚、装盐席索和仓场子脚等钞，并置立文簿，以备批验关防②。待周岁卖讫盐课，盐运司向户部或行省申报文册③，并将盐课钞运往户部万亿宝源等库交纳。所称“本库先收各行省盐运司”即说明至少淮浙、福建、四川、广东、广海等盐运司所办盐课钞最终要收归万亿宝源库收管。至治二年(1322)二月，两淮盐运司即解到户部中统钞一百五十余万锭④。

2. 整治盐法和科断私盐案件。元代盐课“国家所甚重，故其立法至详至密”⑤。盐法的好坏直接影响着盐课额的办集。有元一代，由于诸多因素，各地盐法常常混乱不堪，课额逋负比较严重。因此，整治盐法就成了盐运司的一项重要职能。仁宗时，两浙盐法积弊日滋，转运司即受命与相关部门整治盐法。各地盐法混乱之时，新的盐运司官员往往被任命。赵师鲁天历中被任命为河间路转运盐使，“除害兴利、法度修饬，绝巡察之奸，省州县厨传赠遗之费，灶户商人，无不便之，岁课遂大增”⑥。两浙都转运盐使陈思济到任后，“禁私煎，抑权豪，弊革而利通，公私称便”⑦。曾履祥为福建转运使，“盐吏与盗为奸私，官课大侵”，“公密诘犯者，得利害兴除之，纵囚约勿再犯，私贩为绝，比去官盐积本羡三十万”⑧。赵执中为福建等路都

---

① 张伯淳：《养蒙文集》卷四《嘉兴路总管府推官刘君先茔碑》，影印文渊阁四库全书本。

② 《元典章》卷二二《户部八・盐课・新降盐法事理》。

③ 《元史》卷九七《食货五・盐法》。

④ 《元典章新集至治条例・户部・钱粮・关收・万亿库收堪中支持钞》。

⑤ 刘将孙：《养吾斋集》卷一八《李运副德政碑记》，影印文渊阁四库全书本。

⑥ 《元史》卷一七六《赵师鲁传》。

⑦ 虞集：《道园类稿》卷四一《陈文肃公神道碑》，元人文集珍本丛刊。

⑧ 程钜夫：《雪楼集》卷一六《曾履祥墓志铭》。

转运盐使，“患富商交场吏，受盐不以法，命以竹器如法实盐，而效福之南台，列仓于漳、泉、兴化以贮之。持引就受盐者，无所容其弊，岁得羡盐五千九百引”①。皇庆元年(1312)于九思为两浙都转运盐副使，斥去收受贿赂而破坏盐法的黄岩州判官、嘉兴检校、袁部场司丞各一人，“由是人知畏惮，所部肃然，亭户有实受之官本，商旅无浮费之事例，课日增羡，其以私贩坐逮者，不得他有攀引，民赖得以安”②。

盐课归政府所有，私盐的存在是朝廷不允许的。有元一代，“各处私盐及犯界盐货贩卖者众，盖因军民官失于禁治，以致侵碍官课，盐法涩滞”③。因而巡禁私盐也是盐运司的重要职能之一。盐运司设有巡盐官，其中大使一名、副使一名、司吏一名、弓手六名，“约会随处路府州县提点正官”④，一同依例巡禁私盐。诸处捕获私盐案件要申解运司。仅延祐三年(1316)一年各处解到两浙盐司的私盐没有犯人的案件就二百余起⑤。捕获私盐后，盐运司要审问明白，取得招伏，根据条例治罪⑥，或视情节拟定处理意见，然后申报行省乃至刑部、中书省裁定⑦。同时，还要追究相应官员的责任。若是盐场的问题，要罪及盐场官；若“经把隘去处”，罪及镇守军官；行盐地面捕获则罪及地方提点官。捕盗官若和私盐贩一起作弊或者有失觉察者，由运司根据已降圣旨科断。捕获私盐后，追得钱数由运司收管⑧。捕获私盐则“牒付某处运司收管去讫”⑨。告捕和捉获私盐的

① 黄溍:《金华黄先生文集》卷三一《福州路总管赵公墓志铭》。

② 黄溍:《金华黄先生文集》卷二三《元故中奉大夫湖南宣慰使于公行状》。

③ 《元史》卷九七《食货五·盐法》。

④ 《元典章》卷二二《户部八·盐课·巡禁私盐格例》。

⑤ 《元典章》卷二二《户部八·盐课·盐法通例》。

⑥ 苏天爵:《公谥文靖孛术鲁公神道碑铭并序》:“公谳囚保定、河间，民犯私盐法，当运司治罪。”见《菊潭集》卷四，藕香零拾本。

⑦ 《元典章》卷五三《刑部十五·诉讼·首告·驱口首本使私盐》。

⑧ 《元典章》卷二二《户部八·盐课·景绍华等私盐》。

⑨ 《元典章》卷一二《吏部六·吏制·儒吏·儒吏考试程式》。

人的赏钱，要由盐运司支付①。

3. 申报盐事和参与制定盐法。盐课重大，国之所系，所涉及的部门甚多，仅仅依靠盐运司的一己力量无法纠正盐弊，完善盐法。故盐运司的重要事情均需上报，或请求减免课额，或请禁治私盐，或指出盐弊，或提出整治盐法的意见，以便能使上司体覆，整治盐法，不致亏课。后至元五年(1339)，两浙盐运司向中书省申告盐弊，并提出整改方案。次年中书省不得不派遣官员前去整治盐法②。

盐法的制定和完善，并不仅仅是盐运司操办的。盐运司只是作为管理盐业的机构来参与讨论，并提出建议，并没有制定盐法的最终权力。元末，河间盐运司的盐法由河间盐运司及大都路一同讲究，结果他们同意监察御史所言，"原设盐局，合准革罢，听从客旅兴贩"③。后至元三年(1337)，陕西行省官、御史官、运司同知及巩昌、延安、兴元、奉元、凤翔等地方官员等约会，议论盐法，最终没有形成一致意见④。至正三年(1343)，山东盐运司在接到临朐、沂水等县申请改食盐法的文书后，即移文分司并益都路及下滕、峄等州讲究盐法，均言食盐为便⑤，后上报户部。同时灶户与军民的相关诉讼也由盐司官与管军、管民官一同审理。

综上所述，元代盐务机构对于盐业产销的各个方面进行了严格的控制。盐运司以恢办盐课为务，成为专司某盐区盐政的机构。盐业的生产在盐场上以团为单位来进行，而盐商或地方官支盐或由场，或由仓。盐场运往盐仓的盐产，设有监运来管辖。盐运司卖引后，层层置立文簿，以致盐商卖完盐后拘收退引。平时盐运司还要巡禁私盐。从各个角度来看，盐运司对于盐业产销的控制相当严格。南方几大盐运司有时并不通过行省而直接申报中书省。盐运司官员因其

① 《元典章》卷二二《户部八·盐课·盐法通例》。

② 《元史》卷九七《食货五·盐法》。

③ 《元史》卷九七《食货五·盐法》。

④ 《元史》卷九七《食货五·盐法》。

⑤ 《元史》卷九七《食货五·盐法》。

机构的特殊性而享有一定的特权。值得注意的是,元廷将盐务管理大权回收,盐运司严格说来仅是一个执行机构。

第三节 行政机构在盐务管理中的职责

盐课乃国家的重要财政来源。除设盐务专司机构管理外,中书省、户部、刑部等中央行政机构和行省及路府州县等地方行政机构在盐务管理和产销中的作用也不容忽视。

一 中书省①

中书省是元廷掌管全国事务的最高行政机构。中书省直接对皇帝负责,"条举纲维,著明纪律,总百揆,平万机,求贤审官,献可替否,内亲同姓,外抚四夷,绥之以利,镇之以静,涵养人材,变化风俗,立经国之远图,建长世之大议,孜孜奉国,知无不为,作太平之化,非中书不可"②。盐课在元代财政中占据重要的地位,故盐政为"当时大议"③。中书省臣奏称"国计莫重于盐策"④,因而盐政当在中书省管辖之下。中书省管理盐务的具体职能主要表现在议盐政和督盐政。

议盐政表现在奏闻盐事和主持廷议或集议,讲究盐法。中书省设立之后,一切盐事均须通过中书省奏闻⑤。至正时,由于大都盐局积弊甚深,户部等议革罢盐局,听盐商贩运,内府所用常白盐起运如故。同年二月初五日,中书省上奏,决定如户部所拟行之⑥。腹里地

① 参陈高华、史卫民:《中国政治制度通史·元代卷》第三章,人民出版社1996年。
② 陈祐:《三本书(至元五年十月上)》,《元文类》卷一四,国学基本丛书本。
③ 《元史》卷一七八《张伯淳传》。
④ 《元史》卷一八四《王都中传》。
⑤ 《元典章》卷二《圣政一·振朝纲》。
⑥ 《元史》卷九七《食货五》。

区的盐运司由户部直接管理,盐务须由户部申告中书省,由中书省奏闻。《元史·食货五》记载中书省多次根据河间盐运司上报而奏闻盐事,最终由皇帝定夺。东南地区盐运司的盐务虽由行省负责,但也须将重要盐务上报中书省,由中书省官员奏闻,乞降圣旨。如,延祐五年(1318),中书省奏:"诸处盐课,两淮为重。大德四年改法立仓,拨袋支发,定立条画,宣谕诸司各另遵守。比来所司弛于奉行,宜申旧制宣谕,乞降圣旨。"①中书省的奏闻并不只是向皇帝反映情况,更重要的是拿出整治盐务的方案,因而主持廷议或集议,讲究盐法是中书省的盐务管理职能的重要表现。天历时,两淮盐法坏,中书省主持廷议认为"非有壬不能集事",最终皇帝根据申辩情况,任命许有壬为两淮都转运盐司使,整治盐法②。就现存文献来看,中书省主持的更多是集议。武宗时江南水灾,盐课折收米,赈济灾民。商人输米中盐导致米价高涨。大德十一年(1307),中书省集议,作出"茶、盐之课当如旧"的结论③。英宗时,丞相拜住招集官员"会议中书堂",议论前政,左司都事王克敬称两浙煎盐灶户牢盆之役害民而应免其役,最终集议讨论出结果后由中书宰臣奏闻④。此外,中书官员往往奉旨讲究盐法。至正二年(1342),中书省奉旨讲究盐法,奏准于杭州等四处置检校批验所,直隶运司⑤。延祐五年,司农丞曹伯启奉旨至江浙议盐法⑥。中书省还有封驳的权力。至大四年四月,诏以永平路盐课赐祥哥剌吉公主,中书省坚持认为不可行,此事遂依中书,祥哥剌吉公主并没有得到赏赐⑦。

中书督查盐政主要表现在制定盐务细则、设定盐额、辟用盐官、

① 《元典章》卷二二《户部八·盐课·申明盐课条画》。
② 《元史》卷一八二《许有壬传》。
③ 《元史》卷二二《武宗一》。
④ 《元史》卷一八四《王克敬传》。
⑤ 《元史》卷八五《百官八》。
⑥ 《元史》卷一七六《曹伯启传》。
⑦ 《元史》卷二二《武宗一》。

监督盐法执行情况。其一,盐务细则常由中书省制定。皇帝诏敕等的发布必须通过中书省下达给行省或盐运司等机构。圣旨多为对某种情况的宏观性指导意见。中书省在诏敕的基础上"通行参考,议立条画",通过劄付公文,将圣旨的指导思想细化为具体的盐务实施细则传达给行省或盐运司①。其二,盐额由中书省制定。中统元年(1260),世祖忽必烈将宣课盐铁之事委付王文统,元代盐额的制定始于此时。中书省还会根据具体情况增减盐额。后至元元年(1335),山东、河间、两淮、福建四处增盐课十八万五千引,中书请求权且罢征,止令催办正额②。至正八年(1348),减少河间余盐五万引③。其三,盐运司官的任命需经中书省。元代正七品以上官员的任命均须经中书省④,"诸外路居民钱谷之官"由中书省通行迁转,"其赏罚黜陟,一听于中书"⑤。盐运司秩正三品,其长官转运使为正三品、同知为正四品,副使为正五品。三者均由中书省选拔,皇帝"宣授"。运判为正六品,东南诸盐运司所设批验所提领官是正七品。两者均由中书省选拔,皇帝"敕授"。其四,中书省有监督盐法施行的义务。如,至正二年(1342)十一月,中书省议立四检校批验所,直隶运司,以掌批验盐商引目、均平袋法秤盘⑥。中书省有审计地方盐课的权力。至元十一年(1274),中书会计陕西运司盐课所入⑦。同时中书省还要拨盐课收入赈济灾民。天历年间,陕西闹饥荒,中书省拨江浙盐运司岁课十万锭赈济灾民⑧。

① 《元典章》卷二二《户部八·盐课·新降盐法事理》。
② 《元史》卷三八《顺帝一》。
③ 《元史》卷一八六《归旸传》。
④ 《历代名臣奏议》卷六七《治道》。关于元代官员的选拔的研究,参见陈高华、史卫民《中国制度通史·元代卷》。
⑤ 陈祐:《三本书(至元五年十月上)》,《元文类》卷一四。
⑥ 《元史》卷九二《百官八》。
⑦ 《元史》卷二二《武宗一》。
⑧ 《元史》卷一七七《张思明传》。

二 户部、吏部及刑部

中书省所辖包括吏、户、礼、兵、刑、工六部①之中，户部及吏部、刑部在盐务管理中的作用较为明显。

(一)户部

户部是主管财政的机构，“掌天下户口、钱粮、田土之政令。凡贡赋出纳之经，金币转通之法，府藏委积之实，物货贵贱之值，敛散准驳之宜，悉以任之”②。盐课是当时财赋的主要来源之一，因而全国盐务必受到户部的管辖和约束。其一，户部要印造盐引，并按课额分配给各盐运司使用。至元二年(1265)，户部造山东盐引③，至元二十四年(1287)，户部置立印造盐茶等引局，掌控印造腹里、行省盐、茶、矾、铁等引。大德十一年(1307)，中书省因“国用甚多，帑藏已乏，用及钞母”，建言让户部鬻盐引八十万，补足国用④。可见，户部还有鬻卖盐引的义务。至元三十年(1293)，户部改造引样，重新印造盐引，用以兑换旧引，腹里地区盐运司将换回的旧引送到户部处理⑤。同时，户部制定盐引条画。《元典章》记载中书户部降到盐引一款：“伪造盐引者皆斩，首告得实者，犯人家产并付告人充赏，失觉察邻首，杖一百。”⑥其二，定拟盐法。盐运司或行省将相关盐务奏报中书省后，中书省将相关盐务下到户部参详议拟。元统初，山东盐运司和济南路商定改设巡盐官一十二员，然后上报中书省，中书省令户部复议，最终户部作出山东盐运司“今既比(河间盐运司)例添设巡盐官外，

---

① 关于六部的研究参见陈高华、史卫民《中国制度通史·元代卷》。

② 《元史》卷八五《百官一》。

③ 《元史》卷九四《食货二·盐法》。

④ 《元史》卷二二《武宗一》。

⑤ 《元典章》卷二二《户部八·盐课·改造盐引》。

⑥ 《元典章》卷五二《刑部十四·诈伪·伪造盐引》。

据原设奏差内减去一十二名”的决定，并呈中书省，“如所拟行之”①。后至元六年(1340)，中书省将江浙行省所申福建运司要求将海口等七场积下余盐作正额事，送户部参详②。其三，管理盐务。《元史·百官一》称河间、山东、河东三都转运盐使司属户部管理。腹里地区盐运司的盐务有时由户部直接管理。至元十九年(1282)，朝廷罢大都、河间及山东三盐运司，设户部尚书、员外郎各一员直接管辖③。此外，一些官员还以户部尚书衔兼任盐运司官职，整治盐法。郝景文受诏行户部尚书整治两淮盐法，“既至，督淮南转运司漕挽廪盐之在盐官者输仓，氏主之，阅其书之次以为先后，贩者不得贿吏，破其囊橐，均利于众”④。元统初，朝廷以两淮盐法久坏，诏命王都中以正奉大夫、行户部尚书、两淮都转运盐使，前去整治盐法。此外，户部不定时差官巡行地方盐务，“但有答带余盐、或剋除斤重及支给失次、刁蹬盐商者，随即追问，是实，各依所犯轻重理罪”⑤。其四，催办盐课与收储盐课钞。盐运司所办盐课额有相当部分送缴户部经管。盐运司不时派出官员催办起京盐引。大德十一年(1307)，户部司计杨元催办河间盐运司盐货⑥。一般说来，元代所办盐课收钞。所办盐课钞送万亿宝源库收储。至治元年(1321)，两淮盐运司将一百五十余万锭解运到万亿库⑦。

(二)吏部

吏部掌天下官吏选授之政令。“凡职官铨综之典，吏员调补之格，勋封爵邑之制，考课殿罪之法，悉以任之。”⑧盐司官员的铨选，吏

---

① 《元史》卷九七《食货五·盐法》。
② 《元史》卷九七《食货五·盐法》。
③ 《元史》卷九四《食货二·盐法》。
④ 马祖常:《石田先生文集》卷一二《故荣禄大夫大司农卿郝公墓志铭》。
⑤ 《元典章》卷二二《户部八·课程·至元新格十一款》。
⑥ 《元典章》卷三六《兵部三·使臣·出使筵会事理》。
⑦ 《元典章新集至治条例·户部·钱粮·关收·万亿库收堪中支持钞》。
⑧ 《元史》卷八五《百官一》。

员的调补以及盐运司官吏的考课均由中央吏部具体掌管。其一，盐官的选任由中书吏部具体负责。法令规定“从七以下属吏部，正七以上属中书，三品以上非有司所与夺，由中书取进止”①。但盐官的选任都离不开吏部。盐运使（正、从三品）和盐运司的同知（正四品）、副使（正五品）、判官（正六品）等均在正七品以上，三品以下，当由中书省负责。但其选任的前期工作仍由吏部负责。虽然“从七以下属吏部”，但吏部并没有最终决定权，只有建议权。盐运司的经历（从七品）、知事（从八品）、照磨（从九品）、盐场官司令（从七品）、司丞（从八品）和管勾（从九品）诸官位居从七品以下，东南地区所设批验所大使（正八品）、副使（正九品）也是如此。这些盐官选任由吏部决定。但元朝施行宣敕制度，“自六品至九品为敕授，则中书牒署之。自一品至五品为宣授，则以制命之”②。也就是说，盐运使和同知、副使的任用均由吏部拟定，上报中书省，然后由中书省奏闻，最终由皇帝裁决是否使用，并用制书公布任命结果。判官、经历等六品及六品以下盐官选任的关键在于吏部，但吏部并没有最后的用人权，需上报中书省裁定。无疑吏部的最初建议是相当重要的。其二，吏员的设置和选任一听于吏部。延祐二年（1315），吏部针对河间盐运司盐场吏员设置情况，指出“河间运司所辖场分今既改升从七品，其司吏有阙，拟合比依各县人吏一体于附近各处巡尉、捕盗司吏、不系灶户人内换次上名勾捕，再历一考之上，与各处县吏互相迁调”。并送中书省裁定，最终由中书省准拟。至治元（1321），两浙盐运司盐场司吏的选任依河间盐运司例③。其三，盐官考课法令均由吏部制定，报请中书省批准后生效。至元三十一年（1294），中书吏部应中书省分付，议两淮盐运司管勾于流官内选注，“任回别无帖带，拟减一资

① 《元史》卷八三《选举三》。

② 《元史》卷八三《选举三》。

③ 《元典章新集至治条例·吏部·吏制·令史·盐场司吏》。

升转”,最终中书省同意了吏部的建议[1]。至治元年(1321)四月,吏部约会户部及刑部,根据各处煎捞难易不同,制定了盐场官升降条例[2],报请中书省,获得批准。

(三)刑部

刑部掌管全国刑名、法律之政令,“凡大辟之按覆,系囚之详谳、孥收产没之籍,捕获功赏之式,冤讼疑罪之辨,狱具之制度,律令之拟议,悉以任之”[3]。盐课征收过程中要涉及一些刑狱和法律事件,因而刑部在其中发挥着较重要的作用。其一,讲究刑名。延祐元年(1314),两浙盐运司因每日各处解到违犯私盐起数甚多,其中有些事关“该载未尽”之刑名,于是将相关事宜上报中书省,中书省转送刑部议拟。刑部针对私盐事,提出“私盐事发到官,取讫招伏,合以赦后为坐。其三犯者与再犯一体断罪。蒙古、色目人发付两广、海南;汉人、南人发付辽阳屯田。色目人煎贩私盐者依例科断。妇人有犯,单衣受刑,例合免徒。转行货卖、博易诸物者,不以物巨细、价之多寡,依例全科相应”[4]。捕获功赏私盐及犯界盐货之事也由刑部议拟。延祐六年(1319),刑部根据两浙盐运司所申盐事,制定了赏获私盐的条例:“诸各首亲获私盐之人,拟合将各家没官财产依例一半付告人充赏,其辗转指出者不在诸赏之限。外,据不及引者,无问多寡,同一引给赏相应。”[5]其二,酌量具体刑狱案件。延祐元年(1314),驱口吴自当首告本使探马赤索郎古歹自煎私盐,山东盐运司呈中书省,转发刑部议拟。刑部提出:“吴自当所招违别禁例,不应告讦本使索郎古歹扫割减土煎熬私盐情罪,其索郎古歹合同自首,原免。吴自当所犯量情拟决七十七下,分付伊使。”并申请中书省将

① 《元典章》卷九《吏部三·官制三·场务官·盐管勾减资》。

② 《元典章新集至治条例·吏部·官制·运司官·盐场官升等》。

③ 《元史》卷八五《百官一》。

④ 《元典章》卷二二《户部八·盐课·盐法通例》。

⑤ 《元典章》卷二二《户部八·盐课·盐法通例》。此外,《盐法通例》诸条款都是由刑部拟定。

其所拟"以为通例,遍行照会相应"①。此外,《元典章·盐课》所记刑部明断私盐案件很多②。其断过的案件往往由中书省作为盐法通例来参考施行。其三,讲究盐法。刑部还和户部官员等一同约会商议有关盐事。当然,刑部所参与者往往与刑名狱讼有关。延祐五年(1318),刑部与户部一同商议有关越界鱼鲞之事,最后确定越界鱼鲞不拘③。

除户部、吏部、刑部在盐务管理中的作用比较明显外,其他三部的官员也常常被朝廷派往各地讲究盐法。至顺二年(1331),中书省派遣兵部郎中井某与陕西行省官讲究解盐及韦红盐的食用范围④。当然这种派遣只是临时性的。

三 其他财政机构

中央机构除中书省及六部外,一些财政机构在元代盐务管理中起着相当重要的作用。中统之初,户部职能并不完善,诸盐司机构由诸路都转运使来负责。诸路都转运使"专总财赋",是"诸路转运司的总长官"⑤,只是一使职,由领中书左右部兼任,然并没有见其衙署。见于记载的仅有阿合马和阿里两人⑥。至元三年(1266),阿合马奏立制国用使司,专掌钱谷,"通漕运、谨出纳、充府库、实仓廪、百姓饶富、国用丰备,此制国用之职也"⑦。作为由诸路都转运使演变而来的机构,诸路转运司所管辖的盐课、酒税、醋课的收纳和支出相

---

① 《元典章》卷五三《刑部十五·诉讼·首告·驱口首本使私盐》。

② 《元典章》卷二二《户部八·盐课·引盐不相离》,第921页。又同书《犯界食余盐货》。

③ 《元典章》卷二二《户部八·盐课·越界鱼鲞不拘》。

④ 《元史》卷九七《食货五·盐法》。

⑤ 杨志玖:《元代回族史稿》四《地位编》之三《回回人与元代政治——元世祖时期》,南开大学出版社2003年,第185页。

⑥ 《元史》卷五《世祖二》。

⑦ 陈祐:《三本书》。

应地由制国用使司管理。这一年,陕西四川以所办盐课赴行制国用使司输纳,盐引由制司给降①。

财政机构中对盐政影响最大的当属尚书省。元代曾三设尚书省。第一次始置于至元七年(1270)正月。它由制国用使司改立而来。至元九年(1272)尚书省并入中书省。至元二十四年(1287)又立尚书省,存在时间不长,至元二十九年(1292)再罢。武宗至大二年(1309)复立,分理财用,四年仁宗即位,罢不复设。最初设置之时尚书省只不过是一理财机构,"综理财用"而已。盐课是财用的重要来源之一,尚书省既然"综理财用",盐课的经营当由尚书省掌管。尚书省对盐课的管理表现如下:其一,增减课额。至元八年(1271),尚书省奏请增太原盐课,岁以钞千锭为额,仍令太原路兼领之②。其二,讲究盐法。至元二十六年(1289),尚书省指出:"南北盐均以四百斤为引,今权豪家多取至七百斤,莫若先贮盐于席,来则授之,为便。"③桑哥建议盐课每引由当时的中统钞三十贯增为一锭④。至大二年(1309)十二月,尚书省制定盐价并请增工本:"盐价每引宜增为至大银钞四两,广西者如故。其煮盐工本,请增为至大银钞四钱。"⑤其三,钩考盐课。钩考钱谷是桑哥所立尚书省的一项重要职能。所谓"自立尚书省,凡仓库诸司无不钩考",至元二十五年(1288),置征理司,秩正三品,"专治合追财谷"⑥。显然,盐课收支在尚书省钩考范围之内。尚书省不仅从中书省手中分离了财权,同时将用人权从中书省中分离出来⑦,"凡铨选各官,吏部拟定资品,呈尚书省,由尚

---

① 《元史》卷九四《食货二》。关于制国用使司的研究,见本章所附《元代制国用使司述论》。

② 《元史》卷七《世祖四》。

③ 《元史》卷一五《世祖十二》。

④ 《元史》卷二〇五《奸臣传·桑哥传》。

⑤ 《元史》卷二三《武宗二》。

⑥ 《元史》卷一五《世祖十二》。

⑦ 关于尚书省的研究见陈高华、史卫民《中国政治制度通史·元史卷》。

书省咨中书闻奏”[①]。盐官的任命由吏部拟定资品，经由尚书省咨中书省闻奏。桑哥时，“凡铨调内外官，皆由于己”[②]。至元二十六年(1289)，江淮省平章沙不丁增置浙东二盐司，与前所立浙东西盐司共为七所，“乞官知盐法者五十六人”，即由尚书省奏闻[③]。

四 地方官府

蒙元时期，行中书省经历了由中央临时派出机构到固定化或半固定化地方行政机构的转变。世祖末年，行省已成为地方行政的最高机构[④]。随着元朝统一全国，南方盐课归属行省管辖。隶属行省的盐运司主要是两淮、两浙、福建、广东、广海和四川。陕西盐运司在元朝中前期由陕西行省来管辖，延祐六年(1319)后归属中书省。行省在盐务管理中的作用是不可忽视的。除此之外，地方的路府州县和宣慰司等也在盐务管理，特别是盐产销售及巡禁私盐中起着重要作用。

(一)行省

业师李治安先生曾将行省对辖区盐课的管理职能归纳为三：某种程度地节制都转运盐使司、整顿盐法和掌管榷卖数额。又进一步指出，行省节制盐运司包括综领盐务过程中的一些统属关系：第一，重要盐务需盐运司随时禀报行省，“照勘议拟”，获得批准后，才能付诸实施[⑤]；第二，盐运司上奏朝廷，需先申行省，由行省明白定拟，然后咨呈中书省参详，中书省作出指示后须回咨行省，再转发盐运司执行[⑥]；第三，实施中书省相关盐务命令时，朝廷多半要责成行省派官

---

① 《元史》卷二〇五《奸臣传·阿合马传》。
② 《元史》卷二〇五《奸臣传·桑哥传》。
③ 《元史》卷一五《世祖十二》。
④ 李治安：《行省制度研究》，南开大学出版社2000年，第3～17页。
⑤ 《元典章》卷二二《户部八·盐课·巡禁私盐格例》。
⑥ 《元典章新集至治条例·户部·课程·盐课·私盐赏钱》。

吏赴现场坐镇督察;第四,行省可承制迁除盐场等下级官吏,事后再申朝廷批准。除此之外,行省尚可介入整顿盐法等事宜,并直接负责汇总审核转运盐使司的岁办盐额①。这样分析是很有道理的。行省作为诸盐运司的上级主管机构,地方盐务事宜的上传及中央政令的下达均由行省来处理。鉴于盐课在中央财政中的重要地位,行省自然不可怠慢。委派官吏整治盐法和检校盐课成为他们管理盐务的重要举措。

具体说来,行省派出的官员主要是次官或理问所、照磨所官员。至元三十年(1293),昔里哈剌以金河南江北等处行中书省事治盐法于淮东,厘革宿弊,增课二十余万②。崔良为江浙省理问所知事,时行省以两浙盐法之弊为病,崔良循行诸场,"推见隐诎而因以时弛置之,法既不烦,赋亦易羸"③。冯某迁鄂省照磨,往海北参议盐茶法④。行省对盐法的整治不仅限于盐业生产区。行省常派官员一名于行盐地面"专一提调"盐法⑤。此外,行省常常受命与监察御史和行盐地面官员一同讲究盐法⑥。

行省有检校盐课的职能。"诸钱谷之计,其各处行省每岁须一检校。"盐课当然是行省每岁检校的重要内容。"凡理财之法或有未尽,蠹财之弊或有未去,生财之道或有未行,逐一议拟,咨省、户部该管去处。"行省还有检会原降盐法条例的义务。凡近年官吏违犯禁条、营谋私利、侵损官课、阻碍商人者逐一出榜,严行禁治,同时选差廉干人员不时暗行体察。如有夹带私盐,或剋除斤重及支给失次,刁

① 李治安:《行省制度研究》上编第三章《行省与地方财政收入》。

② 虞集:《道园类稿》卷四二《昔里哈剌襄靖公神道碑》。

③ 柳贯:《柳待制文集》卷一一《元故奉政大夫佥岭北湖南道肃政廉访司事崔公墓碑铭并序》,四部丛刊初编本。

④ 王礼:《麟原前集》卷一二《高州通守冯公哀辞》,影印文渊阁四库全书本。

⑤ 《元典章》卷二二《户部八·盐课·新降盐法事理》,第897页;《申明盐课条例》。

⑥ 《元史》卷九七《食货五·盐法》。

蹬盐商者,随即追问。是实,各依所犯轻重理罪①。行省还要用心约束,巡捉私盐。至元二十八年(1291),江淮行省言:"盐课不足,由私鬻者多,乞付兵五千巡捕。"得到朝廷允准②。元贞元年(1295),完者都为江浙等处行中书省平章政事。"浙盗猖獗,煮海为盐,为公私害。公下车收捕,籍为军,民以无事。"③朝廷还命行省择万户巡历私盐。仁宗时,两浙盐法积弊日滋,朝廷"命行省择万户岁一巡历,以申明巡禁"④,同时对抢夺运盐纲船车辆和办课官吏及巡盐弓手马疋的,由行省定罪。拘收的退引每季度缴申行省照勘。不为用心拘刷,导致私盐出现的官员,由行省治罪⑤。

盐课钞除部分收归中央外,还有一部分留在盐运司的广盈库中,以应付不时之需。因而调配盐课成为行省的另一项职能。至顺元年(1330),元廷命陕西行省以盐课钞十万锭赈流民之复业者⑥。七月,元廷命四川行省于明年茶盐引内给钞八万锭增军需,以讨云南⑦。次年,元廷诏令四川行省以盐给云南行省亦乞不薛之地牧马⑧。

(二)路府州县⑨

路府州县在盐业管理中的职能主要体现有二。

其一,领卖食盐,纠正盐弊。食盐法,是由五代时的蚕盐法发展而来。"比屋计口配盐,入其值以防民私,谓之食盐"⑩。需要地方路

---

① 《元典章》卷二二《户部八·课程·至元新格十一款》。

② 《元史》卷一六《世祖十三》。

③ 程钜夫:《雪楼集》卷六《林国武宣公神道碑》。

④ 黄溍:《金华黄先生文集》卷二七《沿海上副万户石抹公神道碑》。

⑤ 《元典章》卷二二《户部八·盐课·立都提举司办盐课》。

⑥ 《元史》卷三四《文宗三》。

⑦ 《元史》卷三四《文宗三》。

⑧ 《元史》卷三五《文宗四》。

⑨ 关于地方行政机构的研究,参见李治安:《元代政治制度研究》,人民出版社2003年;张金铣:《元代地方行政制度研究》,安徽大学出版社2001年。

⑩ 刘敏中:《中庵先生刘文简公文集》卷二《益都路总管李公去思碑》,北京图书馆古籍珍本丛刊本。

府州县按照所辖民户多少到运司场(或仓)支盐,设立盐局发卖,向民户征收盐钱。各路府州县的食盐根据民户的户口来领取。民户应买盐引,所在官司置立文簿。调配盐袋卖完后,征收退引①。有时盐司为了按时办得盐课,不考虑地方百姓的生活程度是否允许,强行摊派,从而造成民户的贫困。地方官为此申请奏减所配盐额,或改变散盐支价的方式。绍兴总管王克敬,以计口食盐不便,尝言于行省,没有获得允许②。元贞元年(1295),王显祖为滨州州尹,"究悉一州利害,知百姓苦食贵盐,申请所司今后先散盐而后支价,较之常年,可省民钱一万二千余锭,官亦无不利焉",得到盐运司的允许③。大德三年(1299),益都路总管李谔上任,悉知食盐法所造成的众多弊端,奉命与朝廷委任官审定盐法时指出:"居寔濒海者食盐如旧,而遏其吏弊。其益都、临朐、莒、临沂四县及青之录司,益都县之颜神凡六处可官局发鬻,滕峄二州,邹滕峄二县及沂水之新寨凡六处听商贩往来。"④

盐产主要销给民户,故诸路总管也有参与议论盐法的权力。张国维以德安屯田总管出议山东盐法⑤。桑哥集诸路总管三十人,以趋办财赋之多寡为殿最,议增盐课,马绍独力争山东课不可增⑥。后至元三年(1337),巩昌、延安、兴元、奉元、凤翔、邠州等地官员与陕西行省、盐运司等官员讲究解盐与韦红盐的行盐范围⑦。

其二,巡禁私盐。法律规定巡禁私盐者,附场百里之内,从运司选委相应人员巡捉。其余府州司县行盐去处,择盐运司正官与管民正官一同巡捉。同时对行盐地面路府州县私立盐牙,行大秤,有坏盐

---

① 《元典章》卷二二《户部八·盐课·改造盐引》
② 《元史》卷一九二《王艮传》。
③ 陆文圭:《墙东类稿》卷一四《总管王公行状》,元人文集珍本丛刊本。
④ 刘敏中:《中庵先生刘文简公文集》卷二《益都路总管李公去思碑》。
⑤ 柳贯:《柳待制文集》卷一二《张公墓碑铭有序》。
⑥ 《元史》卷一七三《马绍传》。
⑦ 《元史》卷九七《食货五·盐法》。

法的行为,地方政府要限期除去,否则便捉拿到官治罪[①]。行盐地面,由行省与宣慰司官各一员专一提调,路府州县则由各地提点正官巡禁。为防止盐商用卖完盐引再次支盐,"影射私盐"。路府州县还有拘收退引的职能。拘收退引后,"当官随即毁抹",并申盐运司收管[②]。

值得说明的是,地方路级及以下官府还有直接管理盐课的职能。蒙古国时期和元朝初期,政府所控制的主要为河间、山东与解池三地盐课。中统元年(1260),设立十路宣抚司,河间盐课设有宣抚司提领沧清深盐使所,显然是在宣抚司的管辖之下。盐法的制定,也与宣抚司有关。中统二年(1261),诏谕十路宣抚司并管民官定盐酒税课等法[③]。至元初,各路总管府成为真正意义上的地方机构[④],最初其职能只不过是"管领民讼差税"[⑤]。盐课,酒醋税均由转运司管理。至元四年(1267)才成立洞冶总管府管理随处洞冶出产之物[⑥],但之后不久,并入转运司。转运司遂成为掌管"酒税、醋税、仓库院务、工匠造作、鹰房打捕、金银铜铁、丹粉、锡碌、茶场、窑冶、盐、竹等课并奥鲁诸军"的财政机构。尔后并转运司入总管府[⑦],盐课的征收相应归并到总管府。至元二年(1265)所设的河间、山东转运司后来并入总管府,直到至元十二年(1275)改立河间、山东都转运司时才成为独立负责盐课的机构[⑧]。需要指出的是,盐课不多的盐产由地方官府

---

① 《元典章》卷二二《户部八·盐课·立都提举司办盐课》。

② 《元典章》卷二二《户部八·盐课·申明盐课条例》,第897~900页。

③ 《元史》卷四《世祖一》。

④ 关于总管府的研究,参见李治安:《元代政治制度研究》,第104~177页。

⑤ 王恽:《秋涧先生大全文集》卷八五《为运司并入总管府选添官吏事状》,王晓欣点校《宪台通纪(外三种)》,浙江古籍出版社2002年,第320~321页。

⑥ 《元典章》卷二二《户部八·洞冶立洞冶总管府》。

⑦ 王恽:《秋涧先生大全文集》卷八五《为运司并入总管府选添官吏事状》。

⑧ 参见《元史》卷九四《食货二·盐法》。

负责。辽阳之盐即由合懒路和恤品路管理①。山西小盐由太原路经办②。至元二十年(1283),位于隆兴府昌州的盖里泊盐池隶属隆兴府③。

此外,地方路府州县官员还有疏通渠堰,保证盐业生产及运销的职责。延祐五年(1318),河东解盐池因雨破坏,生产骤减,与解池相邻的路府州县正官均兼知渠堰事④。

(三)宣慰司⑤

中统年间,宣抚司是北方的主要地方管理机构,发挥着"监司"的功能。中统元年(1260),河间设立宣抚司提领沧清深盐使所,说明河间盐业在宣抚司的管理之下。中统三年(1261)李璮之乱后,改立十路宣慰司。宣慰司是宣抚司的变易。河间盐业相应的归宣慰司管理,只到次年才改为转运司。至元十五年(1278)以后,宣慰司成为行省等属下分治机构,与路总管府互为补充。成功转型的同时,其职能也发生了变化,不再是原来的临时处理军政事务,而是"掌管民政,兼都元帅府者综领军民"⑥。四川、广东、福建等地的盐课分别在至元十八年(1281)、至元二十二年(1285)和大德九年(1305)改由本道宣慰司管理⑦。此外,宣慰司官员还往往被派往盐运司机构理算盐课。至元十九年(1282),浙西道宣慰司同知刘宣等奉命理算各盐运司出纳之数⑧。

---

① 《元史》卷九四《食货二·盐法》。
② 《元史》卷二〇五《奸臣传·阿合马传》。
③ 《元史》卷一二《世祖九》。
④ 《元史》卷九四《食货二·盐法》。
⑤ 关于宣慰司的研究,参见史卫民《元朝前期的宣抚司和宣慰司》,《元史论丛》第五辑;李治安:《元代宣慰司建置沿革与性质辨析》,《元代政治制度研究》,第91~104页。
⑥ 李治安:《元代宣慰司建置沿革与性质辨析》,《元代政治制度研究》。
⑦ 《元史》卷九四《食货二·盐法》。
⑧ 《元史》卷二四三《世祖九》。

第四节 盐务管理中的舞弊行为与监察机构的职能

上节考察了各级行政机构在盐务管理中的职能及运作情况。可知,元代盐务管理系统之缜密。然盐务管理中部分官员往往并不完全遵从朝廷法令,而营私舞弊,败坏盐法,获取私利,从而使中央财政遭受了巨大的损失。且负责巡盐的地方行政机构并非时时尽职。大德四年(1300),中书省称"诸人盗卖私盐,权豪多带斤重,办课官吏贿赂交通,军官、民官巡禁不严,以致侵衬官课"①。针对这种情形,御史台等监察机构在纠查盐务舞弊和盐官考课中发挥着重要作用。

一 盐务管理中的舞弊行为

(一)盐运司官吏的舞弊行为

盐司官吏的舞弊行为体现在盐业产销的各个环节。盐运司官吏是盐业产销的直接管理者。盐业产销完全处于盐运司的掌控之下。纲场仓官任非其人,"惟务掊克"。盐司官吏往往根连上下,盘根错节,官府政令难以施行,盐法败坏可想而知。其主要表现如下。

其一,控制盐袋的收储和支拨。众所周知,元代盐袋由盐场或盐仓收储,并由盐商到盐场或盐仓支拨。某些场官或仓官常常迟滞灶户的收纳期限。收纳后需由相关机构给予灶户工本,而克扣工本成为元代盐务中的常事。至元十二年(1275),新制未定,夤缘苟且,因为欺蔽和克削工本,造成寒馁瘠乏和官盐生产不足②。或因"纲场仓官任非其人,惟务掊克",延缓了盐商的支盐日期,使盐商蒙受不必要的损失。以河间盐司运往大都之盐为例,运司所遣之人,擅作威

① 《元典章》卷二二《户部八·盐课·新降盐法事理》。

② 胡祗遹:《紫山大全集》卷一七《承直郎江西等处榷茶都转运司副使李公神道碑》。

福，南抵临清，北自通州，所至以索截河道，舟楫往来，无不被扰。他们索重贿而放行，贫弱无力的盐商则被其拘留。即使到了大都，盐商也不能按时发卖，以致“淹延岁月，困守无聊，鬻妻子，质舟楫者，往往有之”①。两浙改法立仓后，仓官“肆其贪欲，出纳之间，两收其利。凡遇纲船到仓，必受船户之贿，纵其杂和灰土，收纳入仓。或船户运至好盐，无钱致贿，则故生事留难，以致停泊河岸，侵欺盗卖。其仓官与监运人等为弊多端，是以各仓积盐九十余万引，新旧相并，充溢廊屋，不能支发”②。

其二，官商勾结，导致盐法败坏。官商勾结是历代盐法败坏的重要原因之一。元代也是如此。由于利润驱使，某些盐运司官员往往从盐商处受贿，进而多支盐给盐商③，两者均能从中得到好处。至元二十六年(1289)，尚书省称当时权豪之家每引盐多取至七百斤④，几乎是标准盐袋的二倍。至元二十九年(1292)，两淮运使纳速剌丁接受商贾贿赂，多给之盐。不仅官员如此，一些盐司机构的吏员更甚。两淮盐法败坏，吏员因缘大贾相为奸。百姓操钱售不得食，盐益翔贵⑤。曾履祥为福建转运使前，盐吏与盗为奸私，官课受到严重侵犯⑥。

其三，官吏参与买引销盐。王恽早就指出盐运司官员买引的弊端。他说：盐官买引，“盐价贵则官吏尽数拘买，客旅不能得买；盐价贱则官吏并不收买，客旅为曾赴场不能得买，尝被耽误，又知盐价迟涩，亦不兴贩。亏损官课，皆此之由。又官吏买盐，先拣离场近便去处，次拣洁净干白好盐，又不依序，先行掺支，使客旅人等无所措

① 《元史》卷九七《食货五》。

② 《元史》卷九七《食货五・盐法》。

③ 虞集：《道园类稿》卷四五《任氏先茔碑》载任德麟为御史时山东盐司受贿之事。

④ 《元史》卷一五《世祖十二》。

⑤ 马祖常：《石田先生文集》卷一二《故荣禄大夫大司农卿郝公墓志铭》。

⑥ 程钜夫：《雪楼集》卷一六《曾履祥墓志铭》。

手”①。盐司官吏买盐严重破坏了盐业的销售秩序，更为重要的是，导致盐课的亏办。“盐运司里勾当的官吏人等，休买要盐引者”的禁令早已存在，所谓“运司官他每缘亲临官有，自来有禁例”。大德七年(1303)，又不得不进一步重申②。

其四，盐运司官吏盗卖食盐。延祐改法立仓后，增添了由场到仓的程序。“凡遇到场装盐之时，私属盐场官吏司秤人等，重其斤两，装为硬袋，出场之后，沿途盗卖，杂以灰土，补其所亏。及到所赴之仓，而仓官司秤人又各受贿，既不加辨，秤盘又不如法”③。监运等官借用职务之便，与盐场官相勾结，从而多斤重，从中获利，同时又贿赂盐仓官，以免除惩罚。这样三者均从中获利。

其五，隐匿盐课、盗用钱物。至元三年(1266)，济南益都转运使王明因隐匿盐课伏诛④。

其六，虐使州民。盐运司机构直接隶属户部或行中书省，与地方路府州县并不统属。一些盐司官员常常借此虐使州民，使他们或身服重役，或多买盐袋，一些民户因此倾家荡产。元贞间，两浙盐运司同知范某阴贼为奸，州县吏因贿赂都听他驱使，由是数次侵暴百姓⑤。山东盐司遣奏差至颍执法，巡禁私盐，奏差却恃势为不法事。时州县奉盐司甚谨，颐指气使，辄奔走之⑥。场官倚仗转运司势力，虐使州民，导致州民倾家荡产⑦。《元典章》所载盐法文书中，禁止盐司官员扰民的条令随处可见。如，至大四年(1311)《巡盐不便》即规定“所据巡盐人等请差有职役、请俸人员每处不过二名巡禁，不许滥

① 王恽：《秋涧先生大全集》卷九〇《论盐法》。
② 《元典章》卷二二《户部八·盐课·盐司人休买要盐引》。
③ 《元史》卷九七《食货五》。
④ 《元史》卷六《世祖三》。
⑤ 《元史》卷一三一《拜降传》。
⑥ 《元史》卷一八六《归旸传》。
⑦ 《元史》卷一八五《干文传传》。

差白身、无禄之人,生事扰民"①。某种意义上,说明盐官常借巡盐之名而行扰民之实。

(二)其他官员沮坏盐课

各级行政官员买盐引的状况也很多。大德七年(1303)盐法文书中称"今后俺都省官不买,户部官并行省官也休买要者"②。但其余各地行政部门官员并无禁约,即他们可以买引,经商。事实上也是如此。行盐地面的诸路官府多将上司官员并自己贩到盐货添答价钱,掺先发卖,使普通盐商不得成交,盐商因此亏折钱本。这在某种程度上沮扰了盐袋的销售。不仅如此,御史台、宣慰司、廉访司等监察部门官员也有收买盐引者③。

至元二十三年(1286),诏令禁沮扰盐课④。至元二十八年(1291),诏令毋沮扰山东转运使司课程⑤。大德十年(1306),诏谕各道禁沮扰盐法⑥。至正十六年(1356),诏谕山东盐法军民毋得沮坏⑦。如此众多的诏令显示,各地军民官沮坏盐法的现象普遍存在,几乎贯穿于有元一代。

各地军民官主要负有巡禁私盐的职责。他们或不尽职守,奉行不公,导致私盐和犯界盐货发生⑧。至正二年(1342),因古北口等处把隘官及军人不用心诘捕,大都路所属有司,亦不奉公巡禁,致使东北的疙瘩盐越界行销。

---

① 《元典章》卷二二《户部八·盐课·巡盐不便》。

② 《元典章》卷二二《户部八·盐课·盐司人休买要盐引》。

③ 《元史》卷二一《成宗四》:[大德十年]禁御史台、宣慰司、廉访司官,毋买盐引。

④ 《元史》卷一四《世祖十一》。

⑤ 《元史》卷一六《世祖十三》。

⑥ 《元史》卷二一《成宗四》。

⑦ 《元史》卷四四《顺帝七》,第930页。

⑧ 《元典章》卷二二《户部八·盐课·申明盐课条画》。

二 监察机构在盐务管理中的职能

有元一代形成了以御史台为中心,行御史台为重点,各道宪司为经纬的严密监察网①。御史台、行台及各道宪司在保证盐法正常运行及纠察盐弊中发挥着重要作用。

(一)御史台和行御史台

御史台置于至元五年(1268),其职能是"掌纠察百官善恶、政治得失"②。举凡盐司文卷、盐官非违、沮坏盐法、讲究盐法等事均在御史台纠察之列。其一,御史台要检核运司文卷。至元十六年(1279)法令规定,运司文卷听御史台检核③。其二,纠察盐官和盐政。延祐五年(1318)所颁布的圣旨指出:"运司官若有非违,申台呈省。"④盐运司官及巡捕私盐等官禁断不严,缉捕怠慢,以致私盐生发者要由监察御史来纠察⑤。其三,那些"纵令歹人虚桩饰词,妄行煽惑、骚扰沮坏"的诸衙门官吏由监察御史等监察官纠弹⑥。其四,御史台经常参与讲究盐法。大德八年(1304),也可扎鲁忽赤与行省、枢密院以及御史台官人们商议私盐法⑦。元统二年(1334),监察御史对元大都的食盐问题指出,"大德中,因商贩把握行市,民食贵盐,乃置局设官卖之……及泰定间,因所任局官不得其人,在上者失于钤束,致有短少之弊。于是巨商趋利者营属当道,以局官侵盗为由,辄奏罢之,复从民贩卖。自是钞一贯,仅买盐一斤。无籍之徒,私相犯界,煎卖独

① 郝时远:《元代监察制度概述》,《元史论丛》第三辑,中华书局1986年。

② 《元史》卷八六《百官二》。

③ 《元史》卷一〇《世祖七》。

④ 《元典章至治新格·户部·课程·盐课·盐法》。

⑤ 《元典章》卷五《台纲一·设立宪台格例》。

⑥ 《元典章至治新格·户部·课程·盐课·盐法》;又见《元典章》卷二二《申明盐课条画》。

⑦ 《元典章》卷二二《户部八·盐课·盐法通例》。

受其利，官课为所侵碍，而民食贵盐益甚，贫者多不得食，甚不副朝廷恤小民之意”，并提出建议：“如朝廷仍旧设局，官为发卖，庶课不亏，而民受赐矣。”①御史台只是监察机构，因而没有最终决定权，需要御史台将所指出的盐弊及改革建议具呈中书省，由中书省奏闻，最终由皇帝裁定。

元代在御史台设立后又分别设立了南台和西台，负责地方官员及事务的纠察。就盐务而言，西台主要负责陕西盐务的纠察，而东南盐务的纠察则由南台来负责。实际上，行台施行纠察的职能更多倚仗肃政廉访司来实现，其作用更多是表现在对所属诸道廉访司的节制指挥②。行台所作的更多是将肃政廉访司所反映的情况上达御史台，并由御史台送中书省及户部定拟③。此外，行台还有与其他官员讲究盐法的职责。后至元三年(1337)，陕西行台李御史与陕西行省官及河东运司同知和巩昌、延安、兴元、奉元、凤翔等地官员讲究河东解盐与韦红盐的行销范围④。

(二)廉访司

肃政廉访司的前身是提刑按察司，相当长的时间内仍属于随朝官⑤。它以“提刑纲狱”为己任。胡祗遹指出“提刑之职，一官吏、二风俗、三狱讼、四农桑、五学校、六文案、七人才”⑥。其纠察盐务的职能更多表现为照刷盐司文卷和纠察盐司非违。至元六年(1269)，按察司初立时，转运司的文案由按察司半年照刷⑦，至元十九年(1282)四月，仍令按察司磨刷运司文卷⑧。次年申私盐之禁，许按察司纠察

① 《元史》卷九七《食货五·盐法》。
② 李治安：《元代行御史台述论》，《元代政治制度研究》。
③ 《元史》卷九七《食货五·盐法》。
④ 《元史》卷九七《食货五·盐法》。
⑤ 李治安：《元代肃政廉访司研究》，《元代政治制度研究》。
⑥ 胡祗遹：《紫山大全集》卷二一《政事》。
⑦ 《元典章》卷六《台纲二·体察·察司体察等例》。
⑧ 《元史》卷一二《世祖九》。

盐司①。各路官民所犯私盐巡盐官吏及弓手人等巡禁不严,或私下拷问的,由按察司纠察②。

至元二十八年(1291),改提刑按察司为肃政廉访司。廉访司"分临监治",由原来的随朝官变为外任官。盐课的得失,盐法的好坏成为肃政廉访司体察的重要内容③。廉访司对盐法的纠察主要有如下几个方面。其一,照刷盐司文卷。大德二年(1298),御史台下令:"诸转运司案牍,例以岁终检覆。金谷事繁,稽照难尽,奸伪无从知之。其未终者,宜听宪司于明年检核。"④"宪司"即指廉访司。哈扎为海南道廉访副使时,随时出司照刷石康盐课提举司文卷⑤。同年,广西道廉访司照刷广海盐课都提举司文卷,并将相关情况申御史台⑥。山东盐运司的文卷则由山东廉访司照刷⑦。其二,按治赃罪。成宗时,张珪为浙西肃政廉访使,得盐司奸吏事,根连上下,最终天子遣省台官杂治之,"得行省大小吏及盐官欺罔状,皆伏罪"⑧。后至元三年(1337),赡思佥浙西肃政廉访司事,即按问都转运盐使等官赃罪⑨。廉访司按问的范围不仅是盐官,批验官阻滞客旅者也由廉访司官纠察究治⑩,行盐地面行省所派提点官、宣慰司官、路府州县提调正官、镇守把隘军官以及巡盐捕盗等官,"若有奉行不至者",均由廉访司纠弹⑪。其三,体察盐务。《至元新格》规定灶户工本的发放

---

① 《元史》卷一二《世祖九》。

② 《元典章》卷六《台纲二·体察·察司体察等例》。

③ 《元典章》卷六《台纲二·体察·改立廉访司(至元二十八年)》。

④ 《元史》卷一九《成宗二》。

⑤ 许有壬:《至正集》卷七五《纠副使哈只等》。

⑥ 《元典章》卷四九《刑部一一·诸盗一·流配·囚徒配役给粮》。

⑦ 《元典章》卷五三《刑部一五·诉讼·约会·灶户词讼约会》。

⑧ 虞集:《道园学古录》卷四六《中书政事张公墓志铭》,四部丛刊初编本;《元史》卷一七五《张珪传》。

⑨ 《元史》卷一九〇《赡思传》。

⑩ 《元典章》卷二二《户部八·盐课·改造盐引》。

⑪ 《元典章》卷二二《户部八·盐课·新降盐法事理(大德四年)/申明盐课条例(延祐五年)》。

需肃政廉访司差人暗行体察。此外,廉访司还有纠察盐弊的职能。后至元二年(1336),廉访司将山东盐运司违背户部命令,桩配百姓食盐等事申告至御史台,并由御史台转至中书①。同年,陕西汉中道肃政廉访司除揭露出盐弊外,还提出更定盐法的措施②。廉访司有时同诸官员讲究盐法。至正元年(1341),朝廷下令行省、监察御史、有司官员和廉访司官一同讲究福建山东俵卖食盐事③。其四,赈济灾民。至治初,买奴为江北淮东道肃政廉访使,通泰二州盐灶毁于风涛。他招谕富商捐钞七千八百三十锭用于救灾,“公私咸赖以济”④。

第五节 盐运司官员的设置

至元十三年(1276),元廷统一了南北。但由于南北盐务管理各异,如何管理统一局面下的南北盐务便成为元政府面临的重要课题。作为具体践行管理盐务的官员对户部或行省负责,又直接与盐业生产者和盐商发生关系,是影响盐务好坏的重要因素,故盐官的设置成为盐政的重要内容之一。探察盐官设置的过程,不仅有助于我们追寻元政府对盐务管理的态度和策略的变化,而且能探明元代盐务管理制度的特点。由于蒙古国时期以及元初盐务管理机构变化无常,从盐官的设置入手,探讨元代的盐务管理更彰显出其重要意义。对于元代盐官制度的研究,早在20世纪30年代曾仰丰先生便给予了肯定⑤,之后陈高华先生对元代盐运司官员的设置有所涉及⑥。有元一代,南北盐运司官员的设置逐渐趋于同一化,且层次分明,权责明

① 《元史》卷九七《食货五·盐法》。

② 《元史》卷九七《食货五·盐法》。这种情况又见《南台备要》之《建言盐法》,王晓欣点校《宪台通纪(外三种)》。

③ 《元史》卷九七《食货五·盐法》。

④ 黄溍:《金华黄先生文集》卷二四《宣徽使太保定国忠亮公神道第二碑》。

⑤ 曾仰丰:《中国盐政史》,第104~108页。

⑥ 郭正忠.《中国盐业史(古代编)》,第441、443~444、449页。

确。这昭示着统一局面下,元代盐务管理日趋规范和严密。本节试图对元代盐务管理中起着重要作用的盐运司官员和盐场官员的设置过程略作分析,以揭示元政府所作的努力、盐务管理制度的特点及其对于明清盐务管理的重要影响。

一 盐运司官的设置

蒙古国时期朝廷所控制的盐产主要是北方的河间、山东海盐以及解州池盐。当时并没有系统而完善的盐官名称和体系。所谓“国初草创,盐政未立,任土之贡一付京官”①。成吉思汗曾任命刘敏为安抚使,“便宜行事、兼燕京路征收税课、漕运、盐场、僧道、司天等事”②。但刘敏并不是严格意义上的盐官,掌管盐场税课只是其安抚使职能的一部分。窝阔台时期,耶律楚材奏设十路课税所,盐课作为最重要的财政收入亦相应由课税所管理③。“举近世转运司例,经理十路课税,易司为所,黜使称长。”④近世即指金代,也就是说十路课税所的设置是依金代转运司例略有改易。课税所往往要通过下属的盐务专司机构,如盐运司、提举盐榷所、提举盐课使所等来管理盐务。在盐官设置方面,金代盐官的设置制度遂成为重要的参考因素。有金一代,曾设山东、宝坻、沧、解、辽东、西京、北京七盐使司,各盐使司一般设盐使、副使、判官,“掌幹盐利以佐国用”⑤。课税所下属机构盐官中,首要官员称盐使。庚寅年(1230),始立平阳府征收课税所。癸巳年(1233),命盐使姚行简等修理盐池损坏处所。程恒蒙古国初为沿边监榷规运使、解州盐使⑥。辛卯年(1231),肇置征收课税所于

① 徐世隆:《越支场重立盐场碑记》,《全元文》。
② 《元史》卷一五三《刘敏传》。
③ 赵琦:《大蒙古国时期十路征收课税所考》,《蒙古史研究》第六辑。
④ 杨奂:《还山遗稿》卷上《耶律楚材改课程制》,北京图书馆古籍珍本丛刊本。
⑤ 《金史》卷五七《百官三》。
⑥ 《元史》卷九四《食货二 · 盐法》;卷一六三《程思廉传》。

河北东西道,辟荣祐为沧盐办课官①。

中统元年(1260),忽必烈登汗位,设立以中书省为中心的中央管理机构,地方上则设立十路宣抚司,“悉革前弊”。盐运司机构相应归宣抚司来管理,河间盐运司的名称改为宣抚司提领沧清深盐使所,首要官员仍称盐使。由于众盐运司的机构名称并不一致,当时并没有统一的盐运司官员的选任及管理机制,盐官的任命多带有随意性。元初北方盐官的设置与当时财政机构的设置相关联。至元二年(1265),立随路转运司,管理各地财赋,盐务成为其管理的重要内容之一。转运司有使、同知、副使之设。随路转运司,其首称使,次称同知使事和副使。倪德政即于至元二年(1265)为中都路转运使,提领税司事答木丁同知使事,宝坻盐使崔岩臣副之②。至元四年(1267),陕西四川转运司设有使二员、副使一员、同知一员③。盐务管理是转运司的重要职责之一。至元十二年(1275),改立河间、山东转运司,专掌盐务。在相当长一段时间之内,北方的盐业生产具体是由细化的盐司来完成的。以河间为例,它主要由清、沧盐司来管理,其官员的设置为盐使、副使、判官。潘琚自始辟转运司知事,历滨、莱两盐司判、副,至转运司经历④,可见盐司判官较副使略低。至元十三年(1276),郝从为清盐使副,后升为正使⑤。山东也是如此,李松曾为山东东路乐盐使⑥。

南方盐官的设置最初延续宋代之旧,所任用人员多为南宋旧官。两淮之盐由提举马里范张依宋例办课⑦。李瑞在江南平定之初即被

① 姚燧:《牧庵集》卷二二《金故昭勇大将军行都统万户事荣公神道碑》。

② 徐世隆:《越支场重立盐场碑记》。

③ 胡聘之:《山右石刻丛编》卷二八《运城孔子庙记》;卷三二《池神庙碑》。

④ 刘敏中:《中庵先生刘文简公文集》卷七《奉训大夫淮东淮西都转运副使潘公神道碑铭》。

⑤ 袁桷:《清容居士集》卷二九《河间清盐使郝君墓志铭》,四部丛书刊初编本。

⑥ 许有壬:《至正集》卷六一《元故中顺大夫同知吉州路总管府事李公神道碑铭并序》。

⑦ 《元史》卷九四《食货二·盐法》。

委任为提举浙西盐使司事①。与此同时,浙东也出现了提举浙东盐使司事②。故无论是盐司还是盐场,官员都是依宋之旧,设提举。元政府针对广东、广海两地盐产产量有限,盐额较少,故仍依照宋旧例设立提举司。广东提举司设提举一员,从五品,同提举一员,从六品,副提举一员,从七品。广海提举司品秩较广东为高,秩正四品,所设官员有都提举二员,从四品;同提举二员,从五品;副提举,从六品;知事一员、提控案牍一员。福建在至元二十九年(1292)立提举司,大德十年(1306)立都提举司③,前后所设职官应与广东、广海同。

《元史·百官志》载大都河间、山东、陕西河东诸盐司与两淮、两浙以及福建等几个产量较高的盐产区盐运司的官员设置完全相同,均设有使二员,正三品;同知一员,正四品;副使一员,正五品;运判二员(山东盐运司仅一员),正六品;经历一员,从七品;知事一员,从八品;照磨一员,从九品。说明元政府将北方转运司官员的设置推广到南方。全国主要盐运司的盐官设置趋于一致是随着南北统一而进行的,这一过程大约持续了十年之久。至元十二年(1275)设立的河间、山东盐运司官员设置成为淮、浙、陕川以及福建盐运司官员设置的母本。两淮盐司官员与河间、山东盐运司官员设置的趋同当始于平宋初的至元十四年(1277)两淮都转运使司的设置。《谨正堂记》提到运使张彬修饬都转运使司廨宇④。两浙盐官的设置当在至元十四年两浙盐运使司设立之时。至元二十三年(1286),改陕西四川都转运司,兼办盐、酒、醋、竹等课,设有盐使二员、同知一员、副使二员、判官经历二员、知事一员、提控案牍兼照磨承发架阁一员⑤。至元二十四年(1287),福建等处转运盐使司设立,其职官是使、同知、副使、

① 胡祗遹:《紫山大全集》卷一七《承直郎江西等处榷茶都转运司副使李公神道碑》。

② 王元恭:《至正四明续志》卷三。

③ 《元史》卷九一《百官七》,第2314~2315页。

④ 许有壬:《至正集》卷三六。

⑤ 胡聘之:《山右石刻丛编》卷三七《祷盐池记》。

运判、经历、知事、照磨①。这一过程反映了元政府对于推行盐运司官员设置统一化的谨慎态度。

元政府在管辖元代盐务时有所侧重。盐官设置的统一化主要是针对大都河间、山东、陕西河东诸盐运司与两淮、两浙以及福建等几个产量较高的盐产区，反映了其对这几个大盐运司的重视和统一管理盐务的努力。这是元政府对盐务管理进行宏观调控的结果，与此同时，元政府施行抓大放小的盐务管理政策。广东、广海提举司沿袭宋旧，元政府又将金时的小盐司（西京、辽东等盐使司）的相关官员罢免，盐务由地方政府来管理。至元二十五年（1288）五月，减隆兴府昌州盖里泊管盐官吏九十九人，以其事隶隆兴府②。

当然，元政府并没有一刀切。根据盐产的地域特点，盐官的设置也不尽不同。如河东和两浙于延祐时分别增设判官一名。两浙由于地形复杂，私盐易发，延祐元年（1314）六月增设判官一名，以巡禁私盐为能事③。河东陕西盐运司的判官当于延祐七年（1320）增设。这一年增河东陕西盐运司判官一员，给分司二。这是由于陕西的行盐地面远较河间、山东盐运司广大，且售盐较为复杂。此外，河东陕西转运司置有提领所二，即当指《元史·百官一》所提到的河东和安邑两解盐管民提领所，官各两员④。

与前代相比，元代盐运司官员的分工也更为明确。“国制：二使总凡司事，同知、副使、判官岁出分司，涖校其煮盐之次第，而下上其赏罚，冒禁而私煮者即议寘于法，任专责重，则虽同知、副使、判官职有等著，固视二使而与之侔焉。”⑤运使“职专恢办”⑥。一般说来，运使留守运司，而“余（同知、副使、判官——笔者按）则行司其境而

① 《元史》卷九一《百官七》。
② 《元史》卷一二《世祖八》。
③ 《元史》卷二五《仁宗二》。
④ 《元史》卷二六《仁宗三》。
⑤ 柳贯：《柳待制文集》卷九《嘉兴盐运分司纪惠颂有序》。
⑥ 《元史》卷九七《食货五·盐法》。

督成焉"①。同知、副使协助运使经管盐务,有时被派出充当分司官员。运判则负责巡禁私盐,监装盐袋。经历、知事、照磨等是首领官,负责盐运司文书等日常琐碎的事务。

二 盐场官员的设置

元代盐官设置变化还表现在盐场官员设置的同一。最初,北方各盐场设管勾来管理盐场事务。这是吸收了唐乃至金朝的职官制度。以宝坻场为例,历唐讫金,"尝设提举司于宝坻……所辖诸场,越支课当其半,特除管勾一员以莅之"②。可见从唐到金,宝坻盐场的管勾仅设一名。但从现有文献来看,元代初期河间、大都、山东等地盐场"俱设管勾",官员设有正管勾、同管勾和副管勾三名,"管勾正九,同管勾从九,副管勾根脚浅短者量授部札"③。较之唐、金两代,管勾的数量增加了两名。这并不仅意味着管理人数的增加,更可看出元政府对盐业生产的重视程度。

宋代东南盐区盐场似未见有管勾司之设。福建盐运司盐场官设管勾司及管勾在至元十五年(1278)④。两淮、两浙盐场管勾司及官员的设立当在元代。至元三十一年(1294)的文书显示两淮、两浙此前设有管勾三员,为正管勾、同管勾和副管勾⑤。似说明元代东南盐场的管勾之设应以北方河间、大都和山东等地盐场官之设为母本。这应与元政府将北方盐务管理机构和官员的设置向南方推广是联系在一起的。值得说明的是,管勾司官员并不与盐运司直接发生关系,而是接受盐使司的管理。

---

① 张养浩:《归田类稿》卷九《朝散大夫同知山东东路都转运使盐使司事恭古行司惠政碑有序》。

② 徐世隆:《越支场重立盐场碑记》。

③ 《元典章》卷九《吏部三·官制三·场务官·盐管勾减资》。

④ (明)黄仲昭:《八闽通志》,福建人民出版社2006年。

⑤ 《元典章》卷九《吏部三·官制三·场务官·盐管勾减资》。

至元三十一年(1293),中书省议两淮盐运司盐场管勾拟升正管勾作从七品、同管勾作从八品,副管勾作从九品,中书吏部考虑"其余运司所辖盐场管勾指例升等铨注,岂惟铨选不一,有碍迁调",并未允行①。但这一事情显然得到中书省和皇帝的重视。元贞元年(1295)废两浙各道盐使司,改场为司,置司令、司丞、管勾各一员,铸从七品印,以重其事,足资证明②。这样盐场官员中,司令为从七品,司丞从八品,管勾从九品③,与至元三十一年(1294)吏部所说省札拟升正管勾、同管勾以及副管勾相同。两浙改管勾为司令等事与元代的盐务改革有关。这一变动废掉了盐运司下辖的盐使司,从而使盐场官员直接接受盐运司官员的领导,原盐场管勾也由原来的九品升为从七品和八品。司令司的建立和升等使盐场原三名管勾的级别有了区分,突出了司令在盐场管理中的领导职能,司丞和管勾的辅助作用更加明确。

全国性盐场管勾司改为司令司当有着一个漫长的过程。两淮之变当在两浙同时。山东、广东盐运司盐场的官员变更当在两淮两浙之后。即使在一个盐运司所辖的不同盐场,官员设置调整的时间也并不相同。以福建盐运司为例,浔美场于至大二年(1309)改为司令司,而上里场于延祐二年(1315)改设司令司④。而司令、司丞和管勾等的设置和司令司的设立是一致的。

北方盐运司有些虽由管勾司改为司令司,但盐场官的设置并不与东南一致。《元史·百官一》记载河间盐运司盐场官并未见管勾,山东盐运司盐场官中管勾的品秩与司丞一样,也是从八品。河东盐运司的解盐场仍设管勾、同管勾各一员,管勾品秩为正九品,同管勾则为从九品。值得注意的是,《元典章·场务官·盐场窠阙处所》列

① 《元典章》卷九《吏部三·官制三·场务官·盐管勾减资》。

② 冯福京:《大德昌国州志》卷五《盐司》,宋元方志丛刊本。

③ 《元史》卷九一《百官七》。

④ (明)黄仲昭:《八闽通志》。

有辽阳路盐司、山东盐运司、两淮盐运司以及广东盐运司下场管勾品秩。两淮盐运司盐场上一级没有盐使司,因而其场司令、司丞、管勾分别为从七、从八和从九品,山东、广东、辽阳路等各盐运司,其管勾品秩为正九品。这体现了元代盐务管理的地域性特征。

三 余 论

虽然元代管理盐务的官员还有仓官(监支纳、大使)、监运官、批验所官(提领、大使、副使)、巡盐官(大使、副使)等,但盐运司官(运使、同知、副使、判官)和盐场官(司令、司丞和管勾)构成了盐官体系的核心内容。由上可知,元代盐官体系是整合金代盐官制度和元初转运司官设置而来,待统一后推行到南方淮浙及福建等盐区。南北盐官设置的统一并不是灭掉南宋就开始的,而是经过了一个相当长的过渡期,这个过渡期大概为十年左右。可以看出,元政府在推行盐运司官设置和盐场官设置统一化的过程中是相当谨慎的。元代早期北方盐运司官的设置是金代盐使司和早期转运司官员设置基础上的变种,而南方沿袭了南宋时期盐官的设置。至元二十三年至二十四年(1286—1287),南北方的盐官设置终于趋于一致。盐场官的设置也渐进施行。元贞元年(1295),两浙盐场管理机构由管勾司改称司令司,盐场官员由管勾改称司令、司丞和管勾,福建上里场直至延祐二年(1315)才完成这一转变。河间、山东盐运司的盐官设置成为各大盐区盐官设置的标尺和范本。北方所建立的这一盐官体系带有试点的性质。这种先试点、后推广的盐官设置,从制度建设上来说,应该是合理的。想见这种简单有效的盐官设置总体来说是成功的,所以就有了向全国重大盐区推广的可能。

还应看到,上述盐官体系主要针对大都河间、山东、河东、两淮、两浙及福建等盐产量较大的盐区,是元政府宏观调控政策的集中体现。原来金代盐使司的生产规模不是很大,但均设专司来管理。元代金之后,即取消了规模不大的西京、辽东等若干个盐使司,罢黜了专门负责盐务管理的盐务官员，将其盐务归由地方官来管理。原金代所属的宝坻盐使司在元代改归河间盐运司。应该说，元政府这种宏观调控、抓大放小的政策有其合理性。这些盐产区的规模不大，罢免掉盐务专官，转而注重管理产量较大的盐区，从而提高盐务管理的效能。此外，各地盐运司官员和盐场官的员数和品级略有区别，这是各盐区的产盐特点决定的，是元统治者根据不同的地域特点而进行的必要调整。

元代盐运司官和盐场官设置的整合和统一，是全国统一局面下的客观要求。五代、宋、辽、金时期，全国范围内多个政权鼎立，各据一方，盐务管理制度各异。金和南宋两个政权呈南北对峙之势，占有全国绝大部分盐产，而南北盐官的设置有相当的差异。有金一代，盐务管理部门开始出现专署化的倾向，盐官的设置有盐使司使职、副使和判官，而盐场设管勾管理。宋代盐官的设置则比较复杂，各盐区所设盐官不尽相同。蒙古统治者灭掉金政权后，吸纳金旧盐官管理原金辖境内的盐课收入，盐官的设置也承袭了金代。但元初的盐官设置是对金代盐官设置以及元初的转运司官设置整合的结果。之后，元政府又灭掉南宋，建立了统一的多民族国家。统一局面下，如何管理南北盐务是统治者面临的重要课题。如果仍按照南北分治的情况来设立不同的盐官管理盐务，显然不合适。因不同的盐官设置会造成盐务政策的地域化，纷繁复杂的盐官名目和职能的不同也会增加盐务管理的成本，降低盐务管理的效能。全国大统一形势下，统一盐官设置进而统一管理盐务成为客观要求。元统一全国之前，蒙元统治者在整合金代盐官设置以及元初转运司官设置基础上形成的盐官体系已运行有年，虽然盐务管理机构的名称多有变化，然盐官体系基本保持稳定，即设有盐使、副使、判官和同知，盐场设管勾。可以说经过一段时间的试行，这种盐官体系因其存在一定的合理性而被元统治者所倚重。南宋后期的盐官设置比较复杂。如果以南宋的盐官体系来取代业已定型的北方盐官体系，显然是蒙古统治者和大多在元政权中占重要地位的北方汉族官员所不熟悉和不宜接受的。所以，将已经运行有年且被倚重的北方盐官体系来代替复杂的南宋辖区内盐区的盐官设置，进而实现南北盐官体系的统一便很自然了。

全国范围内盐官体系的确立是元代榷盐制度施行的结果，是元政府中央集权政治的重要体现之一。元代榷盐制度的施行源于统治者对盐课收入在财政收入中重要意义的认知。早在成吉思汗时，就曾派刘敏管理所辖地的盐场。窝阔台时期，耶律楚材所建立的十路课税所的年收入中，除粮食外，绝大部分都来源于盐课。这使窝阔台开始重新审视盐务管理。有元一代，盐课收入占财政收入中钱钞部分的半数以上，因此从元世祖忽必烈始，元朝历代皇帝，都比较注重盐课收入，于是施行了榷盐制度。榷盐制度的实质是政府垄断盐的生产和销售。元政府将盐场置于国家管辖之下，从而控制了盐业生产。盐引制度的完善是元代榷盐制度的核心内容。盐引成为成盐购销的凭证。商人由买引、支盐、批引，最后退引，使元统治者将盐的销售也纳入自己的掌握之中。元代榷盐制度中，具体负责盐务的管理体系是盐运司—分司—盐场①。盐官体系是建立在盐务管理体系基础上的。前已述及，分司官员为盐运司的同知、判官、副使，盐场官有三名管勾以及后来的司令、司丞和管勾各一员。由此，盐官体系的一致化推行的目的是具体践行榷盐制度，以使政府垄断盐业收入，集中财权。元代榷盐制度全国范围内的推行有其可行性。与税粮制度南北各异不同，盐业作为一种工业，虽说也受地域条件的影响，但它还比较容易操作，遂使推行盐务管理制度和盐官体系的统一性和规范化成为可能。

元政府盐官体系的设立是我国古代统一局面下政府统筹盐务的重要事件。有元一代形成的“盐运司—分司—盐场”的管理体系成为明清时代的典范。盐官简约而层次分明的体系设置也为明清两代所遵循。在这种体系下，盐运司官员和盐场官的职责更为专一和明确，盐运司官负责恢办盐课、整治盐法、科断私盐案件、申报盐事和参

① 郭正忠:《中国盐业史(古代编)》,第448页。

与制定盐法等事务，而盐运司各官员之间又有详细分工；盐场官则负责组织灶户火丁生产、催督趋办、教化亭户、巡禁私盐、审理词讼、盐产的征收、储放与出纳等项事务。盐官明晰的职责无疑提高了盐务管理的效率。明代前期的盐官设置基本维持了元代的模式，明代中后期和清代的盐官设置尽管名称不尽相同，但不可否认均是沿袭元代盐官体系并在其基础上的变易。

第六节 盐运司官吏的选任和管理

盐课是中国古代政府最为重要的财政来源之一，因而受到历代政府的重视。有元一代，所谓“天下每年办纳的钱，盐课办着多一半有”①，可知其财政意义。盐司官吏上承皇命，下与灶户、盐商以及百姓发生联系。其选任是否得人是影响盐务好坏的重要因素，也关乎元廷财政和百姓生活。“惟得人焉而尸之则财阜民康，经用不蹷；非其人往往挟权骫法，殖私以厉民，不致敓爵丧躯而不已。”②故探讨元代盐官的选任和管理制度可明晰元代盐务管理的真实状况，也可透析元政府的财政政策及社会实态。

前辈学者对蒙元时期官吏选任及管理制度的宏观研究多有卓见③。业师李治安先生对总管府、县级官吏、巡检、行御史台和廉访司官吏选任和管理进行的考察，是对具体部门官吏选任和管理制度

① 《元典章》卷二二《户部八·盐课·盐司人休买要盐引》。

② 张养浩：《归田类稿》卷九《大都河间等路都转运使约约惠政碑》。

③ 参见唐长孺：《蒙古前期汉文人之进用途经及其中枢组织》，《学原》1948 年，2：7；陈高华、史卫民：《中国政治制度通史·元代卷》第九章《人事管理制度》，人民出版社 1997 年，第 352 ~ 405 页；周清澍：《元代职官》，《元蒙史札》，内蒙古大学出版社 2001 年，第 726 ~ 750 页；许凡：《元代吏制研究》，劳动人事出版社 1987 年。

的探讨①。然关于盐运司官吏选任及管理制度尚无专文论及。本节拟对蒙元时期盐运司官吏的选任、考核、俸禄及迁除等各项制度逐一进行考察,试图探寻元代盐务管理的实态。

一 盐运司官吏的选任

蒙古国时期,官僚体系尚未形成,盐官的选任制度更无从谈起。成吉思汗曾命刘敏为安抚使便宜行事,兼管燕京路盐场。刘敏并非盐官,掌管盐场只是其安抚使职能的一部分。窝阔台时期,设立十路课税所,"于时妙选士人之廉干者,咸荐诸朝,俾分掌诸道钱谷之政"②。当时课税所长官的选任权在中央。时人认为课税所官员多来自士人中的廉干者。赵琦博士则指出课税所官员人选早期即已呈现出多样性,其中既有金朝名士和官员,又有出身军伍者和怯薛官③。"盐司隶征收课税所"④,河东池盐设解盐使,隶属平阳征收课税所。陈元忠所谓"解盐使太原姚公行简亦其一焉",说明姚氏当为士人,其被起用因其廉能⑤。由课税所人选推知,盐官当以廉干士人为主,多由课税所长官辟选⑥。

---

① 《元代总管府研究》,《南开大学图书馆八十周年纪念集》,南开大学出版社 1999 年;《元代县官研究》,《中国社会评论》第一卷,天津古籍出版社 1999 年;《元代巡检司考述》,《来新夏教授学术研讨会纪念集》,新疆大学出版社 2002 年;《元代行御史台述论》,《蒙元的历史与文化:蒙元史学术研讨会论文集》,台湾学生书局 2001 年;《元代肃政廉访司研究(下)》,《文史》第 54 辑。以上论文均复见于《元代政治制度研究》,人民出版社 2003 年。

② 陈元忠:《建置盐司历年增课记》,转引自〔日〕古松崇志《元代河东盐池神庙研究序说》录文,《东方学报》第 72 册,2000 年,第 352 页。

③ 赵琦:《大蒙古国时期十路征收课税所考》,《蒙古史研究》第六辑,第 34 ~ 37 页。

④ 徐世隆:《越支场重立盐场碑记》。

⑤ 陈元忠:《建置盐司历年增课记》。关于姚行简的小传见刘晓:《耶律楚材评传》,南京大学出版社 2001 年,第 194 页;又见〔日〕古松崇志《河东盐池神庙碑研究序说》。

⑥ 姚燧:《牧庵集》卷二二《金故昭勇大将军行都统万户事荣公神道碑》;刘敏中:《中庵先生刘文简公文集》卷七《少中大夫同知南京路总管府事赵公神道碑铭》。

蒙古国后期和元中统时,课税所受到诸王分封和汉人世侯割据的影响,实际成为地方机构①。相应地域的税务(包括盐课)由诸王和各地世侯来管理。课税所官员的选任多控制在诸王和世侯手中。盐官的选任也是如此。辟选仍为盐官选用的主要方式。辟选不限出身。如宪宗三年(1253),白身人魏信因"通群书、尤精吏事",被济南世侯张荣辟为乐盐司判官②。中统三年(1262),元世祖将益都路的盐务管理大权委以李璮③。李璮事件后,元世祖着手加强中央集权,重新考虑盐官的选任问题。

我们注意到,自窝阔台时期直至李璮事件发生前,课税所长官均为汉人。作为课税所下属的盐司官员也主要是汉人。这与耶律楚材、王文统等汉人在财赋管理中的地位有关。随着课税所的地方化,地方的财赋大权都掌握在世侯手中。即使作为忽必烈封地的陕西,财赋也由其原潜邸的汉人经办。李璮、王文统事件之后,阿合马负责财赋,使更多的蒙古人和色目人成为盐司机构的重要官员。

李璮事件后,直至元统一全国之前的十多年间,朝廷控制的盐产主要是大都、河间、山东海盐和河东池盐。四盐区所设盐务机构不尽相同。盐课虽一度归地方有司,但更长时间里仍由随路转运司管理④。至元二年(1265),河间、山东、河东盐区均设转运司,形成"转运司—盐使司—盐场"的管理体系。转运司设有运使、同知、副使、判官等司属官,及经历、知事、照磨等首领官,盐使司则设有盐使、盐副和盐判。从时任盐使的仕宦经历推知,盐官主要由中书铨调。这

① 陈高华:《大蒙古国时期的东平严氏》,《元史论丛》第六辑,第10页。

② 刘敏中:《中庵先生刘文简公文集》卷五《故山东转运详议魏公墓志铭》。

③ 《元史》卷五《世祖二》。

④ 王恽:《秋涧集》卷八五《为运司并入总管府选添官吏事状》。关于元初转运司的研究,可参见张帆《金朝路制再探讨——兼论其在元朝的演变》(《燕京学报》新12期);温海清《元代初期诸路转运司考述》(《中国史研究》2007年第3期);陈志英《由元初转运司设置概况看元初的政局》(《兰州学刊》2006年第6期);同氏《元代财赋转运机构——转运司的变迁》(《晋阳学刊》2006年第6期)。

与至元元年始“罢诸侯世守,立迁转法”①相关。至元五年(1268),陈祐建议“诸外路军民钱谷之官,宜悉委中书通行迁转”②。至元十三年(1276),“敕管民及理财之官由中书铨调”。该敕令强调盐官选任权归中书省。盐官属“理财之官”,“外路钱谷之官”,当由中书铨调。迁官之法,从七以下属吏部,正七以上属中书,三品以上非有司所与夺,由中书取进止③。如此,盐运司经历以上的官员由“省选”,经历以下的盐官由吏部推荐并由中书省批准,即所谓的“部选”。至元十一年(1274),董孝良任三汊沽场盐司大使,三年后,用荐钦受宣命,官奉训大夫,兼提举芦越盐司事④。三汊沽场盐司大使应为五品以上,故董孝良有钦受宣命之事。其中大臣举荐至关重要。盐使司副使、判官和盐场管勾任前或为吏,或白身,多由地方或转运司举荐。

元统一全国之初,曾宣谕东南之民,从实恢办茶盐等课程。东南盐官系统仍沿袭宋代。至元十三年(1276),命提举马里范张依宋旧例办课;瞿霆发归元初“以资雄”被委以两浙运使;危龙友入元后被任命为广东潮州小江等处盐司提举⑤。这些人或因宋旧盐官熟悉盐法,或善理财。任用他们为盐官,既能更好地经理财赋,以补充国家府库,又不会造成财赋管理和东南社会的混乱。

元政权统一全国后,将“转运司—盐使司—盐场”的盐务管理体系推及江南各盐区。全国盐官设置渐趋一致。随着转运司督征职能的消弭和专司盐茶职能的强化,及盐使司的相继废罢,形成了“盐运司—分司—盐场”的管理体系。盐运司官员设置与元初转运司同,分司官员多为盐运司司属官。盐场官则经历了正、同、副管勾到司令、司丞、管勾的变化,品秩相应提高。

---

① 《元史》卷五《世祖五》。

② 陈祐:《三本书》。

③ 《元史》卷八三《选举三》。

④ 王恽:《秋涧集》卷五五《顺德路同知宝坻董氏先德碑铭有序》。

⑤ 《元史》卷九一《食货二》;郑元祐:《遂昌杂录》,《笔记小说大观》本,江苏广陵古籍刻印社1984年;黄溍:《金华黄先生文集》卷三二《赠太常博士危府君墓志铭》。

常选是元代统一后盐运司官的主要途径。据不完全统计,元统一后盐运司官任前官职有载者50例。见表1—1。

表1—1 盐运司官来源表

地方行政官员	监察官	钱谷官	中央行政官员	军官
25	9	7	7	3
信合世礼、*僧家讷、范忠、李仲常、赵元谅、合剌普华、*护廉实、*苏天爵、郭郁、王显祖、于九思、邢温、喇嘛丹、李守中、贡师泰、王侠、赵执中、卢克治、*梁曾、陈思济、卜颜帖木儿、张伯颜、吴绎、忽辛、王都中	彻里帖木儿、约约、铁木尔不华、自当、王克敬、刘事义、敬俨、廉惠山海牙、田滋	刘铎、牛光祖、智受益、张弘纲、撒都丁、不鲁合散、孙桓	刘澍、王惟贤、成遵、月鲁帖木儿、*许有壬、张思明、田师孟	赵师鲁、恭古、王都中

说明:带有*号者为任盐官前曾还家。王都中曾两任盐运司官,第一次虽由路总管迁为两浙盐使,但未上。

由上表可以看出,盐运司官与路总管一样,内任官、外任官参用。不同的是,盐官中外任官的比例较大。地方行政官员成为盐运司官的主要来源,占所统计盐官的50%。盐转运司秩正三品,运使、同知、副使、运判均在七品以上,当由中书省"自除",奏请皇帝批准,发布宣敕①。由地方行政官员担任运使者的25人中皆由中书"选除"。担任盐运使的官员多由上路总管迁调而来,少许来自下路总管或宣慰司同知。同知则来自于知州、知府和路同知。副使多来自于知州、州达鲁花赤或知府。卢克治由江浙行省左右司都事迁为两浙盐都转运盐副使,由从七品骤升为正五品。这种情况在正常的迁转中并不

① 许有壬:《至正集》卷三八《记选目》。

多见,当是朝廷因两浙盐法“先是恒以岁赋减耗为忧”①而临时任命。元末,随着东南政局的恶化,行省便宜行事。贡师泰即由江浙行省以便宜版授两浙运使。广东、广海盐课提举司因产额有限,秩正四品,其盐官多来自县达鲁花赤②。

上表所列由钱谷官迁为盐运司官的7人,占所统计者的14%。元世祖时盐官的任命受到理财之臣的影响。元世祖先后任命阿合马、卢世荣和桑哥理财,盐官的选任权掌握在他们手中。阿合马在任时,“不由部拟,不咨中书”,“天下能规运钱谷者,向日皆在阿合马之门”。阿合马下台后,这些人员受到打击,“籍录以为污滥”。至元二十一年(1284),卢世荣上台后,“欲择其通才可用者”,得到皇帝允准。其“居中书才数月,恃委任之专,肆无忌惮”。前河间转运使张弘纲、撒都丁、不鲁合散和孙桓等即为河间、山东等路都转运盐使。可知,盐运司官的委任多出其手。至元二十四年(1287),桑哥专政后,“凡铨调内外官,皆由于己,而其宣敕,尚由中书,桑哥以为言,世祖乃命自今宣敕并付尚书省”③,这样将任免大权集于一手,盐官的任免自然也出于其手,直至至元二十八年(1291)下台。元中后期,刘铎由吉州路宣课提举迁为提举广东盐使司事(从五品),牛光祖和智受益分别由京畿都漕运使(正三品)和海道运粮万户(正三品)迁为河东陕西都转运使和两浙盐运使,属于正常的迁调。

与外任官为盐官相比,内任官转为盐运司官颇有一番政治意味。从统计来看,中央行政官员转为盐运司官的6人任前分别为工部尚书(正三品)、户部侍郎(正四品)、中书左右司郎中(正五品),其中4人任职盐官前为中书左右司郎中。当时“朝廷以钱谷为重,非精熟练达者不授”④。王惟贤因督漕运成绩卓著而获任命。临时任命是

① 黄溍:《金华黄先生文集》卷三一《亚中大夫汉阴知府致仕卢公墓志铭》。
② 许有壬:《至正集》卷五一《故忠翊校尉广海盐课司提举于阗公碑铭》。
③ 《元史》卷二〇五《奸臣传》。
④ 苏天爵:《滋溪文稿》卷一七《元故大中大夫大名路总管王公神道碑》。

中央行政官得任盐官的重要特征,或因盐法败坏,或因“朝廷更化,所入虞不给”①。盐官任用要廷议。许有壬即因“先是,(两淮)盐法坏,廷议非有壬不能集其事,故有是命”②。相比而言,月鲁帖木儿和成遵得任盐官则带有悲剧色彩,前者因得罪帖木迭儿被贬,后者因与丞相脱脱关于修治黄河的意见不合而出为盐使。此外,由军官迁为盐运司官者虽少,但也不可忽视③。

上表所列盐运司官中由监察官迁转而来者9例,占所统计盐运司官的18%。其中内台监察御史左迁者1例,行台官员迁任者5例,廉访司官员调任者3例。彻里帖木儿由内台监察御史左迁盐官是因其得罪帖木迭儿,而“会山东水,盐课大损”仅是其外调的借口④。行台官迁任盐官者多非常选,或左迁。至大时,敬俨因“忤宰臣意”由南台治书侍御史左迁为两淮盐使;顺帝时,自当由西台侍御史转福建盐使,实为降等任用⑤。或因盐法败坏而临时获命。廉惠山海牙和铁木尔不华皆因山东、两浙“盐法大坏”,“官非得人”,朝廷择“中外臣有能者任之”而被选任⑥。省台共选模式下,廉访司官任满后由中书“通行”迁调⑦,故有田滋、王克敬等廉访司官员迁调为盐官。

盐运司官的任用反映出元代政治制度蒙汉二元制的特点。我们注意到,表1—1所列元代盐运司官中,蒙古人和色目人计16例。其中忽辛、廉惠山海牙、自当、铁木儿不华、撒都丁、不鲁合散、合剌普

---

① 《元史》卷一八四《王都中传》;张养浩:《归田类稿》卷一〇《山东都转运盐使刘公神道碑铭有序》。

② 《元史》卷一八二《许有壬传》。

③ 《元史》卷一七六《赵师鲁传》;张养浩:《归田类稿》卷九《恭古行司惠政碑有序》。

④ 《元史》卷一四二《彻里帖木儿传》。

⑤ 《元史》卷一七五《敬俨传》;《元史》卷一四三《自当传》。

⑥ 《元史》卷一四五《廉惠山海牙传》;贝琼:《清江贝先生文集》卷一《送两浙转运司副使分司西路归武林序》。

⑦ 李治安:《元代肃政廉访司研究》,《元代政治制度史研究》。

华、喇嘛丹、卜颜帖木儿、僧家讷、约约、护廪实等11人担任运使和提举(广东)之职,西域人恭古为盐运司同知,蒙古人彻里帖木儿、月鲁帖木儿为盐运司副使。蒙古、色目人在盐运司中究竟处于怎样的地位呢?《山右石刻丛编》卷二八《运城孔子庙记》末按地位由低到高列有大德三年(1299)河东盐运司时任官员:"承事郎陕西等处都转运盐使司副使吴恕、奉议大夫同知陕西等处都转运盐使司事太昔不花、中顺大夫陕西等处都转运盐使耶律世楷、中议大夫陕西等处都转运盐使马合麻沙。"耶律世楷和马合麻沙均为盐使,前者为汉人(契丹人),阶中顺大夫,而后者为蒙古人,阶中议大夫。后者官阶高出前者二等,后者地位无疑较世楷高。这并非个别现象。同书卷三七《祷盐池记》文末列有至正七年(1347)盐运司事官员:"昭信校尉河东陕西等处都转运盐使司判官何至道、奉议大夫河东陕西等处都转运盐使司副使程明德、朝散大夫前河东陕西等处都转运盐使司副使荆思德、朝列大夫同知河东陕西等处都转运盐使司事普卜察、太中大夫河东陕西等处都转运盐使知渠堰事郑衍、中大夫河东陕西等处都转运盐使知渠堰事盖忒弥实普化。"蒙古人盖忒弥实普化阶比汉人郑衍高一等,其地位较郑衍高。大都河间盐运使约约得同使郝某的"协心辅治"①。可见,郝某同样作为盐运使,主要职责是辅佐约约。约约的地位显然较郝某高。由上可知,盐运司与地方行政机构一样采用蒙古人为长而参用色目人、汉人。其中作为运使的蒙古人为"监官",而具体负责全体事务者是色目人和汉人。色目人多任司属官,也有担任盐运司"监官"者。表1—1所载盐官中,南人仅有贡师泰和王都中,且均在元后期。这是南人在元代官僚结构中的地位决定的。

首领官中经历从七品,知事从八品,照磨从九品,均在正七品以下,由"部选",但运司经历大德四年(1300)改由中书省选注②。首

① 张养浩:《归田类稿》卷九《大都河间等路都转运使约约惠政碑》。

② 《元典章》卷九《吏部三·首领官·敕牒提控案牍》。

领官的来源趋于多元化。据统计,明确记载前职的盐运司首领官有12例,其中6例由官员迁转而来,5例由吏入官。此外,至元二十年(1283),白身人安松由名臣荐,起家江淮转运司知事①。可见,常选是盐运司首领官选任的重要方式,然因首领官的品秩较低,吏员入职者占相当比例。常选为首领官者或来自县尹、县主簿、州提控案牍,甚至路总管府首领官。由吏入盐官者任前均为行省、宣慰司或宪部等机关高级吏员。

盐场官的选任呈现出阶段性和多元化的特点。至元三十一年(1294)之前,盐场官的来源比较复杂,除部分盐场官由流官迁转外,还有白身②和吏员。至元三十一年(1294),中书吏部参详两淮盐司管勾于流官选注③。随着司令司取代管勾司后品秩的提高,流官成为盐场官最为主要的来源。盐场司令主要来自于县尹、州判官和仓使,盐场司丞由县尉、主簿和巡检迁转而来者为多,而管勾除县尉和巡检迁转之外,还有部分来自地方税使,乃至总管府管勾④。除流官迁调外,荫补是盐场官选任的重要补充方式之一。大德荫例明确规定:"正六品子,杂职于省札钱谷官内用,从六品子近上钱谷官,正七品子酌中钱谷官,从七品子近下钱谷官。"韩人傑、周嗣德均以荫补为盐场官⑤。纳粟补官成为元中后期盐场官选任的重要补充方式。

---

① 苏天爵:《滋溪文稿》卷一四《安先生墓志铭》。

② 同恕:《榘庵集》卷五《从仕郎李君墓表》;刘岳申:《申斋集》卷十一《承德郎武昌路推官马君墓志铭》,影印文渊阁四库全书本。

③ 《元典章》卷九《吏部三·官制三·场务官·盐管勾减资》。

④ 贝琼《清江贝先生文集》卷二《铁崖先生传》;《安雅堂集》卷一二《贾治安墓志铭》;王祎:《王忠文公文集》卷二三《元故中山府判官墓志铭》;《正德莘县志》卷九《赠冠州知州韩君墓志铭并序》,天一阁藏明代方志选刊本。苏天爵:《滋溪文稿》卷二〇《元故两浙运司浦东场盐司丞杨君墓志铭》;张养浩:《归田类稿》卷一〇《陈公神道碑铭有序》;黄溍:《金华黄先生文集》卷三七《承事郎建德路建德县尹致仕徐君墓志铭》。

⑤ 《通制条格》卷六《选举·荫例》"大德四年八月十八日"条,中华书局2003年;黄溍:《金华黄先生文集》卷三五《中大夫延平路总管韩公墓志铭》;苏伯衡:《苏平仲文集》卷一二《元中奉大夫江浙等处行中书省参知政事周公墓志铭》,四部丛刊初编本。

纳粟补官是天历三年(1330)因内外郡县亢旱严重,太师答剌罕燕帖木儿等建言施行的。江南、陕西、河南等处定为三等,令富户入粟纳官。陕西每石八十两,河南并腹里每石六十两,江南三省每石四十两,实授茶盐流官。先已入粟,遥授虚名,如再入粟,验其粮数,照依资品,实授茶盐流官。先已入粟,实授茶盐流官,如再入粟者,验其粮数,加等升除。至顺元年(1330),唐昱、张仲和均因入粟得任盐场官①。

作为盐务管理主体的吏员,因其不入品,且各级名目众多,其来源比较复杂。盐场司吏最初来自煎盐灶户。因其"影避盐课,久占衙门,侵渔久弊,细难枚举",延祐二年(1315)改由吏部选任。巡尉及邻县人吏是其主要来源。这一年河间运司所辖场分改升从七品,其司吏有阙,"一体于附近各场巡尉、捕盗司吏,不系灶户人内换次上名勾补,再历一考之上,与各处县吏互相迁调"。至治元年(1321),中书省要求两浙盐运司比附河间运司场吏一体施行②。此外,还有以儒补吏者和职官为吏者③。

值得注意的是,元代盐官出身大相径庭。其中的蒙古、色目盐官多出身宿卫,并在盐务管理中担任"监官",既是元代中央集权的反映,又渗透着皇帝与宿卫的主从领属关系。盐务管理主要由汉人来具体负责,其大多由吏入官。盐官中,科举出身者仅有廉惠山海牙、许有壬、成遵三人。盐官中虽有如郭郁④等很有见识的儒士,但总体而言,文化素养相对较低。加之作为盐务管理主体的吏员,来源复杂,其文化素质参差不齐。官吏低下的文化素质影响了盐务政策的

---

① 《元史》卷九六《食货四·赈恤》;邵亨贞:《野处集》卷三《故忠翊校尉徽杭等处榷茶提举唐公行状》;贡师泰:《玩斋集》卷一〇《福建等处盐运使司判官张君墓志铭》。

② 《元典章新集·至治条例·吏部·吏制·令史·盐场司吏》。《元史》卷八三《选举三》载有延祐二年劄付节文,文字与《元典章新集》略有差别。

③ 黄溍:《金华黄先生文集》卷三七《从仕郎绍兴路诸暨州判官致仕蒋府君墓志铭》;贡师泰:《玩斋集》卷一〇《赠天台郡君王氏墓志铭》。

④ 《编类运使复斋郭公敏行录》,元刊本。

推行，进而造成盐务管理不善，无法从根本上改变盐法败坏的局势。

二 盐运司官吏的考核

窝阔台时期，盐官的考核由课税所长官负责。随着课税所的地方化，盐司官吏的考核由地方世侯和诸王操控。盐司官吏的任期没有一定的时限。姚行简担任解盐使“积功满十考”。这种情况直到李璮事件后才有所改变。至元五年（1268），陈祐建议外路钱谷官“赏罚黜陟，一听于中书；其善恶能否，一审于御史”①，被接受。吏部考课，监察部门纠察以及朝廷派遣官员勾考，构成了元代钱谷官考核的重要内容。盐官的考核也是如此。这种多途考核体系在全国统一后推及江南。

吏部考课是盐官考核的重要方式。其中资格是主要考核原则，潜移默化地发挥着巨大的作用。两浙盐运副使卢克治以“最”除官，赵执中秩满后迁为他职②，都是循资格的例证。盐官在职有一定的期限，即考满。盐官的考满期限有一个变化过程。桑哥当政前盐官以三周岁考满。至元二十六年（1289）桑哥当政后，以运司官任期太长，常“做贼说谎”为由，改为二年一考。《元史》卷八二《选举二》载中书省与行省所辖各处都转运使司官、司属官和首领官均以二周岁为满，即由桑哥拟定。至元二十八年（1291），法令规定钱谷官以得代为满，然此规定考满时限不明确，不易施行。钱谷官的考满期限逐渐与外任管民官趋于一致。元贞元年（1295），诏茶盐转运司仍以三年为代③，盐官考满期限仍为三年。大德三年（1299），进一步强调运司官员，包括首领官考满为三周岁④。

---

① 陈祐：《三本书》。

② 黄溍：《金华黄先生文集》卷三一《亚中大夫汉阳知府致仕卢公墓志铭》；《福州路总管赵公墓志铭》。

③ 《元史》卷一九《成宗二》。

④ 《元典章》卷八《吏部二·官制二·月日·运司官等月日》。

提控案牍初非钦受朝命,不由中书或户部来任命,故三十月交代[①]。运司吏员与提控案牍考满时间不同,多以九十月为满。至元二十三年(1286)规定,转运司书吏年四十五以上,历俸六十月充吏目,任期为九十个月。若非由各路散府上州司吏补充者,虽有役过月日,别无定夺[②]。至元二十八年(1291)规定吏员以九十月出职。奏差最初没有具体的考满期限,"从行省斟酌月日"。次年,中书省议山东、大都盐司奏差的任期亦为九十个月[③]。大德六年(1302),法令规定河间运司的巡盐官与奏差同[④]。成宗初,大都运司令史和通事也以九十月为满[⑤]。

吏部在盐官考满后"考其功状,加之访察,以类注籍,时备选择之用"[⑥]。铨注过程中,解由是吏部考核盐官的重要依据。没有解由者是不能铨注的。任满官员由上级部门开写解由。关于元代盐官的解由体式,《元典章》有载:

一。某官任内提调盐法。如是提调,照依坐去体式开写;如不系提调官员,止云不曾提调,不须开写款内项目。提调官拘收盐引,自几年月日到任,至几年月日得替,计总盐货若干。

交割到前官某人界内盐商未卖若干,本界内贩到若干,簿籍若干。

交割到前官某人几扇,本界内置到几扇,卖讫盐货若干。

解讫上司盐退引若干,获到是何官司几年月日收管为照。

见在盐货、盐引、簿籍交割代官某人收管,取到几年月日关文为照。[⑦]

---

① 《元典章》卷八《吏部二·官制二·月日·运司官等月日》。
② 《元典章》卷一二《吏部六·司吏·路吏运司吏出身》;《元史》卷八三《选举三》。
③ 《元史》卷八四《选举四》;卷八二《选举二》。
④ 《元史》卷八三《选举三》。
⑤ 《元史》卷八四《选举四》。
⑥ 《元典章》卷八《吏部二·官制二·选格·至元新格》。
⑦ 《元典章》卷一一《吏部五·职制·给由·解由体式》。

可见,解由上开写的除在任时的一些情况外,还包括到任时所接收的盐货、盐引以及簿籍;和现有盐货、盐引以及簿籍。实际上,解由就是盐官的离任审计报告。但盐官离任时不按规定书写解由的现象普遍存在。大德四年(1300),湖广行省要求湖南宣慰司“遇有提调盐引官员给由照依体式开写”①。

元廷制定了权责明确的量化考核标准。至元七年(1270),尚书省奏准运司官吏“岁终,较其增损而加黜陟”②。元贞元年(1295),中书省曾称各处“钱粮勾当里委付自的当该人每,去年勾当里在意向前比合办额外增余的也有,办上额的也有,办不上额、亏了的也有”,并以两淮盐运司和山东盐运司为例要求亏者罪过,增课者予赏③。至治元年(1321)一件文书详细而明确地交代了盐官的考核内容④。办纳盐课和发卖盐袋是盐官考核的主要内容。办纳盐课中所说“原额”即朝廷下达给各盐司机构的课额,在“原额”基础上的增亏是盐官考课的重要标准。我们注意到,盐官考核的内容不尽相同,源于盐官内部职能不同。运使及首领官负责发卖盐袋和盐课钞的办纳,故以“原额”为基准的盐袋发卖的增亏为其考核内容。而盐场官和司属官的职能是恢办盐课,故以煎办盐课在“原额”基础上的增亏为其考核内容。这种以原额为十分,据办课增亏比例确定盐官升降的量化考核细则简单易行,反映了元廷务实的特点。

元廷相应建立了盐官赏罚制度。吏部根据考核的标准确定功罪与升迁黜降,“若犯赃黜降,或廉能升迁,事迹昭著者,皆下随处照会”⑤。至元二十八年(1291),圣旨称:“转运司官人每在意,办出增余呵,升迁;不在意,增余出来课程不尽数纳官,煎盐灶户每的工本偷

① 《元典章》卷一一《吏部五·职制·给由·曾提调盐官解由开写》。

② 《元史》卷七《世祖四》。

③ 《元典章》卷九《吏部三·官制三·场务官·恢办钱粮增亏赏罚》。

④ 《元典章新集·吏部·官制·运司官·盐场官升等》。

⑤ 《元典章》卷八《吏部二·官制二·选格·至元新格》。

呵，有罪过者。”[①]元贞元年(1295)，中书省奏请对至元三十一年(1294)两淮盐司办课亏办原额的“合自居役的交居役者，合罢了的交罢了”；“比额多办出一万五千二百余锭来”的河东盐运司“做记验，与袄子”，“向前干办来的人每根底，添与散官呵”；济南运司在盐课额外多办出四千余锭，赏赐给济南运司的长官别思哈一个袄子，并建议“其余各处钱谷勾当里委付自的人每，向前办出增余来的根底，斟量自事体，添名分，或与赏的斟酌与呵”，而“勾当里怠慢、办不上额有亏的呵，斟酌自轻重，合要罪过的要了罪过，合罢的罢了”。成宗允准，明确表示“向前在意来的每根底添名分，更与赏者”[②]。“添与名分”，即添与散官。可见，此时包括盐官在内的钱谷官的赏罚体例基本定型。增办盐课者添散官，并给与袄子等物质上的奖励，而亏办者居役或罢官。次年中书省奏称“管办钱的人每办上额外中增一分呵，与赏，更添与名分”，“如今各省里的去年办到的虽有增余呵，不及赏的分数，唯京兆省、福建省这两处的呵到赏的分数”[③]，可见，包括盐官在内的钱谷官的赏罚标准按增亏占原额的比例来确定，但恢办盐课增亏所占原额比例与赏罚的关系并不明确。

至治元年(1321)公布的一件文书给出了具体而细致的盐官赏罚标准[④]：

> 至治元年四月　日中书吏部约会户部、刑部郎中一同议得：运司盐课已有定额，各处煎捞难易不同，拟到增亏升降等第，开坐照详。得此。都省准拟，除外，开坐前去，仰依上施行。
>
> 各处运司亲临场分得替人员，煎办盐课以原额十分为率，增及一分，从优定夺；二分，减一资；历三分，升一等；四分之上，升

① 《元典章》卷二二《户部八·盐课·恢办盐课》。

② 《元典章》卷九《吏部三·场务官·恢办钱粮增亏赏罚》。

③ 《元典章》卷九《吏部三·场务官·增余课钞迁赏》。

④ 《元典章新集·吏部·官制·运司官·盐场官升等》。《至正条格·断例》卷一〇“增亏盐课升降”条与《元典章新集·盐场官升等》为同一件文书，但“增亏盐课升降”条作“至治元年正月”。

二等。亏及一分,添一资;二分,降一等;三分之上,降二等,皆须追陪断罪。

运司守司运官、首领官总行措办,发卖盐袋,验课钞到官,盐袋出场,方许结课。以十分为率,增卖及一分者,给赏;二分之上,优加升用;三分,减一资;四分之上,升一等。亏及一分,添一资;二分之上,降一等;三分者,降二等,厘勒倍偿,断罪。

煎盐其间,立法关防,恢办务要有增,若是亏煎,比例一体黜降断罪。分催煎办官验各场分除增亏相补外,十分为率,增及一分,从优定夺;二分之上,减一资;三分,升一等;四分之上,升二等;亏一分,添一资;二分,降一等;三分之上,降二等,亦行追陪,断罪。

河东陕西运司捞盐,即与其余去处煎造不同,除另行议拟外,据发卖盐引,验课钞到官,盐袋出场,以十分为率,若有增亏盐课,比例一体升赏、追陪、断罪。

可见,盐官赏格分四等,据其增办占原额的比例,奖励措施有给赏、从优定夺、优加升用、减资、升等五项。根据职责的不同,盐运使和首领官有给赏、优加升用、减一资和升一等,盐场官和司属官则有从优定夺、减一资、升一等、升二等。处罚方式有添资,降等、追赔、断罪。河东生产条件因与煎盐区不同,其盐官赏罚也有所不同。这件文书没有明确交代,但盐官赏罚"比例一体升赏、追陪、断罪"。升降等、增减资与盐官的绩效相关,由中书吏部来执行。给赏则需中书奏闻。奖赏往往是象征性的赐予,以"袄子"等织物为多,也有金币、上尊等①。追赔、断罪则交由刑部来执行。

元代盐官处罚制度中最严重者要承担刑事责任,断罪方式有明确的记载。大德四年,两淮盐运司改法立仓,即规定自大德五年(1301)为始,监运到场支盐运仓,"一廪支尽积出余盐数目,场官、监运连御保结,随即开申运司……通同漏报者……场官、监运各决三十

① 《元史》卷一四五《廉惠山海牙传》。

七下,解见任,期年后别行求仕"①。另外,关防私盐是盐官的一项重要职能。断罪依据私盐生发的地点来确定。若在盐场出现,场官要断罪。视场官故意或无意,初犯或惯犯,规定盐官失觉察者"初犯,笞四十,再犯,杖八十,三犯,杖一百,除名"②。

与吏部考课循资格不同,监察机构的纠察更注重"纠劾非违",体现了循名责实原则。御史台、肃政廉访司(前身为提刑按察司)"以纠察百官为职"③。办课官吏贿赂交通者以及盗取官钱者实为不少,纠察和按治赃罪是监察官的重要职能。至元二十年(1283),许按察司纠察盐司④。至元二十四年(1287),监察御史王约按治成都盐运使王鼎不法。后至元时,佥浙西肃政廉访司事赡思按问都转运盐使等官赃罪⑤。但监察机构的考察并不一定顺利。成宗时,张珪得盐司奸利事,反被盐司官员诬告沮扰课程,朝廷派员审核后才得以平反⑥。此外,盐运司文卷中有很多涉及盐官恢办盐课的内容,故照刷盐运司文卷也是监察机构考察盐官的重要方式。至元十六年(1279)法令明确规定:运司文卷听御史台检核。但运司文卷更多由肃政廉访司照刷。照刷的频度也有变化。至元五年(1268)《设立宪台条例》规定转运司文卷为每季照刷,因其间"错失不能尽知",次年颁布的《察司体察等例》改运司文卷每上下半年各照刷一次。至元二十一年(1284),卢世荣上台后,奏请按察司不得检察文卷。按察司照刷文卷的职能被废止。至元二十五年(1285),《察司合察事理》规定:转运司文卷年终照刷。年终照刷的规定一直延续到元末。针对盐运司文卷较多,"金谷事繁,稽照难尽,奸伪无从知之"的状况,

---

① 《元典章》卷二二《户部八·盐课·新降盐法事理》。

② 《元典章》卷二二《户部八·盐课·新降盐法事理》,第889~890页;《盐课·立都提举司办盐课》。

③ 《元史》卷一三《世祖十》。

④ 《元史》卷一二《世祖九》。

⑤ 《元史》卷一七八《王约传》,第4137页;卷一九〇《赡思传》。

⑥ 《元史》卷一七五《张珪传》。

元廷规定年终未能照刷尽的文卷,“宜听宪司于明年检核”。宪司照刷文卷后将相关情况申报御史台,御史台行移中书省,中书省奏闻,并会同吏部和刑部决定对盐官的处罚和断罪。

元廷还不定期地派官员对盐官进行钩考或审核。业师李治安先生认为,元代钩考是蒙古钩考旧例和唐宋“勾复”、“磨勘”遗制的结合体,其基本程序和内容往往是“检覆簿籍账册,追征逋负,必要时逮系当事官吏,强制执行赔偿”。这是阿合马、桑哥等敛财之臣所实行的重要财政措施之一①。由于钩考的对象主要是钱谷,盐课作为钱钞收入的主要来源亦在钩考之列。至元三年(1266),济南益都转运使王明因隐匿盐课而伏诛②。此时御史台尚未建立,王明隐匿盐课一事当由朝廷派员钩考。至元十九年(1282),朝廷遣浙西道宣慰司同知刘宣等理算各盐运司出纳之数③。这种钩考并未随着阿合马、桑哥的下台而终止。朝廷在得知盐运司亏课之后,时常派人审覆。元贞元年(1295),两淮盐运司亏办盐十万引,钞五千锭,于是派扎剌而带等往鞫实,“命随其罪之轻重治之”④。更多情况下,省台共同审覆盐司官吏侵盗官钱和亏办课额之事⑤。

元代建立了以吏部考课、监察机构纠察及照刷盐司文卷,朝廷派员钩考或审覆盐司的考核网络,制定了量化的考核标准,建立了层次分明的奖惩体系,将“循名责实”和“日月序迁”两个基本原则有机地结合在一起,反映出元代盐务管理政策的务实性特点。三者考核时间上的差异,使盐司官吏时时受到考核。考核标准据产盐地不同而有所差异。盐运司官、盐场官和首领官因职责不同,考核内容也不尽相同。权责明确的量化标准和层次分明的奖惩体系使盐官的考核简

① 李治安:《元世祖朝钩考钱谷述论》,见《元代政治制度研究》。

② 《元史》卷六《世祖三》。

③ 《元史》卷一二《世祖九》。

④ 《元史》卷一八《成宗一》;《元典章》卷九《吏部三·场务官·恢办钱粮增亏赏罚》。

⑤ 《元史》卷一七三《崔彧传》。

单易行。然盐官考核的量化标准及奖惩体系凸现出功利化的特点。吏部考课过分重视资格，权臣当政对监察机构作用的削弱，使盐官考核的效能大为降低。

三 盐运司官吏的俸禄

蒙古国时期，汉地曾有部分官员领取过俸禄[①]。《经世大典·站赤》载："旧尝有旨：令课税所官二员支粮，余官不曾令支。"[②]按课税所是太宗二年（1230）设立的用以增收税赋的地方财政机构，设有燕京等十路，每路课税所初设使二名[③]。"课税所二官"指课税所二使。可见，作为课税所下属的盐司官吏没有俸禄。其生活来源如其他官吏一样，多依靠大汗和上级的赏赐及向属下、百姓的勒索。这种状况一直持续到至元七年（1270）。

至元七年（1270），定转运司官禄秩，"其运司依民官例，于差发内支给"[④]。"转运司"所指仅限北方。即北方转运司官以管民官的标准于百姓差发内支取俸禄。这是李璮事件后，朝廷将财权收归中央的重要举措。运司官吏生活所依靠对象转移到中央。盐使司官和盐场官似相应给予俸禄。转运司官吏的俸禄标准当与至元二年（1265）十月所定随路州县官俸禄相对应，但此时随路州县官俸禄没有明确记载，故运司官吏的俸禄状况不得而详。至元十七年（1280），因定夺俸禄，"凡内外官吏皆住支"，这种状况一直延续到至元十九年（1282）左右。至元二十一年（1284），定江南行省及诸司职田时提及两个重要原则："合依中原迁转官，每俸钞五贯给公田一

① 沈仁国：《元代的俸禄制度》，《元史及北方民族史研究集刊》第12～13期，第37页。

② 《永乐大典》卷一六一四六。

③ 《元史》卷二《太宗》。

④ 《元史》卷九六《食货四·俸秩》。

顷”①,“江南行省及诸司职田比腹里减半”②。由此可以换算出当时盐官的俸钞数目。见表1—2。

表1—2 至元二十一年盐官俸钞额估略表 (单位:贯)

运司官							盐使司官			盐场管勾	
运使	同知	运副	运判	经历	知事	提控	盐使	盐副	盐判	正	同
80	40	30	25	20	10	10	20	20	10	10	10

当然上述仅为大概数目,只可作为时任盐官俸禄的参考。运副和运判,盐使和盐副,正、同管勾品秩不同,其俸钞理应有所差别。至元二十二年(1285)重定百官俸。沈仁国先生认为:“至元二十二年百官俸禄的制定,是至元二十年对随朝吏员的俸禄添支加五,及对‘大官人每’依事务繁简,添支加五的结果。”这次增俸只限于在朝官吏,“外任官似未能同时添给俸禄”,至元二十三年(1286)亦无增俸之事③。盐运使为外任官,其俸禄仍无明确数目。

《元典章·户部一·禄廪》卷首所列内外官吏俸禄表中列有转运司、盐使司及盐场管勾司官吏的支俸标准。如表1—3。

表1—3 《元典章》所载元代盐司官吏俸钞、米额表

各处都转运使司										各处盐司					各场管勾			
运司	同知	运副	运判	经历	知事	提控兼照磨	通译书吏	奏差	典吏	盐使	盐副	盐判	吏目	司吏	正	同	副	场司
60两	50两	35两	25两	30两	17两	13两	10两	8两	5两	20两	20两	12两	7两	4两	12两	10两	8两	4两
							米1石	米8斗	米5斗									

① 《通制条格》卷一三《禄令》。

② 《元史》卷九六《食货四·俸秩》。

③ 参见沈仁国前揭文,第43页。

上表中盐司属于都转运使司辖下,与“都转运使司—盐使司—盐场”的盐务管理体系一致。至元二十九年(1292)正月江西行省左丞高兴以“福建盐课既设运司,又设四盐使司”①,遂提议改设提举司专领盐课;次年,两淮都转运盐使司所辖盐司悉数罢除,“以其属置场官”②。之后各盐区盐使司相继被罢去,形成了“都转运司—分司—盐场”管理体系。盐场官设有正、副、同管勾等,这与元初盐场官的设置相符。《元典章·禄廪》所列固然是某一时段的俸禄标准,但必须注意到,各系统俸禄标准的制定时间有所差别。若沈仁国先生所认为至元二十三年(1286)无增俸之事无误,那么,自至元七年(1270)以来,运司官的俸额似未增加。可以推定,《元典章·禄廪》中所记转运司、盐司、盐场的支俸标准当为至元七年制定。此外,《元典章·禄廪》所载内外官俸表中尚有广南盐课提举司官员的俸禄标准:正提举 60 两、同提举 30 两、副提举 18 两、知事 20 两。广南盐课提举司指广东和广海。两地设提举司经营盐课始于至元十三年(1276),故该标准最早当行于至元十三年(1276)。

至顺本《事林广记》中也列有运司官、盐使司、广南盐课提举司官及盐场官的支俸标准。其中运司官和盐使司以及广南盐课提举司等官吏的支俸标准与《元典章·禄廪》基本相同,盐场官则列有司令钞 17 两,司丞钞 15 两,管勾钞 10 两③。这与盐场管理机构设置的变化有关。前述盐场官的变化经历了一个漫长的过程。盐场初设管勾司。元贞元年(1295),废两浙各道盐使司,改场为司,置司令、司丞、管勾各一员,铸从七品印④。福建盐运司浔美场于至大二年(1309)改为司令司,上里场则于延祐二年(1315)改设司令司⑤。随

---

① 《元史》卷一七《世祖十四》。

② 《元史》卷九一《百官七》。

③ (宋)陈元靓:《事林广记·别集》卷一《官制门·官员禄廪俸给》,中华书局 1963 年,第 20 页。

④ 冯福京:《大德昌国州志》卷五《盐司》。

⑤ (明)黄仲昭:《八闽通志》。

着盐场官员名称的变化和品秩的提高，其俸禄做了相应调整。可以认为，《事林广记·官员禄廪俸给》所载运司官俸禄支取标准当在《元典章·禄廪》之后。盐场设置改司令司前后运司官的俸禄并没有变化，只是盐场官俸做了相应调整。

大德六年(1302)，定各行省茶盐运司等官循行俸例。《元史·俸秩·内外官俸数》载有盐运司官员俸钞数目。如表1—4。

表1—4 《元史》所记盐运司官俸钞额表 （单位：贯）

	运使	同知	副使	判官	经历	知事	照磨	提控案牍
腹里	120	50	35	30	20	15	13	
行省	80	50	40	30	25	17		15

据官蔚蓝先生研究，《内外官俸数》系天历二年(1328)之后的支给额①。沈仁国先生认为《内外官俸数》所记是“从至大三年俸钞改支至元钞后的定制演变而来。它实际上代表了延祐七年折俸支米后内外官吏的实际支俸情况”，且“从延祐七年到至顺间，甚至到后至元三年，内外官吏的俸禄几乎没有什么变化”②。可以推定，此处盐运司俸钞数目为大德六年(1302)所定。首先，至大三年(1310)俸禄改支至元钞者仅限于随朝官员及军官，延祐七年(1320)三分折米的支俸者也仅限于随朝官员。盐运司不是随朝官员，至大二年(1309)和延祐七年(1320)的规定与其无关。其次，元初，转运司所管包括“酒税、醋税、仓库院务、工匠造作、鹰房打捕、金银铜铁、丹粉、锡碌、茶场、窑冶、盐、竹等课并奥鲁诸军”③。大德六年(1302)所定各处茶盐运司、铁冶都提举司、淘金总管府、银场提举司等官循行俸例。茶

① 官蔚蓝：《元代之薄俸、贪污与亡国》，《新中华》（复刊）1948年2月，第6卷第3期。

② 参见沈仁国前揭文，第48～49页。

③ 王恽：《秋涧集》卷八五《为运司并入总管府选添官吏事状》。

盐运司、铁冶都提举司、淘金总管府、银场提举司显然均已成为独立机构。大德时,各地形成了"盐运司—分司—盐场"的盐务管理体系。这次俸禄的调整是元廷在盐运司从转运司独立出来后进行的。

至正十年(1350),朝廷颁布圣旨条画,以均禄秩。河间、山东、河东、两淮、两浙、福建盐运使,与上路同,四川茶盐运使,与下路同,并于次年正月正式实施,"于各处诸名项钱内按月验数支给,如是不敷,预为申索"。上路和下路总管的禄秩,分别为480锭每年和420锭每年,即河间、山东、河东、两淮、两浙、福建盐运使的俸钞为480锭每年,而四川茶盐运使的年俸钞为420锭。同知等四品以下盐官的俸禄在次年拟定,基本原则与盐运使同。与路级行政官相比对,我们可以得出河间、山东、两淮、两浙、福建盐运司盐运使以下官员的俸额,如表1—5:

表1—5 至正十一年盐官俸钞额表 (单位:锭/年)

同知	副使	判官	经历	知事	提控案牍
240锭/年	180锭/年	150锭/年	120锭/年	90锭/年	60锭/年

四川茶盐运司同知以下官员的俸额,除同知为岁给210锭外,其他与河间等盐运司相同①。

如上所述,盐官俸钞的设立和发展经历了三个步骤。至元七年(1270)盐官尚处于转运司的管辖之下,其品秩相对较低,俸禄也相对较低,仅为中统钞60两。这是"转运司—盐使司—盐场"管理体系的产物。随着全国的统一,原仅限于北方盐使司的俸额标准也逐渐推及江南。大德六年(1302)所拟定的茶盐运司官吏的俸禄是"盐运司—分司—盐场"管理体系建立和完善的结果。但腹里盐运司运使与行省盐运司运使的俸禄有明显不同,前者为后者的1.5倍。腹

① 刘孟琛:《南台备要》之《均禄秩》,见《宪台通纪(外三种)》。

里盐运司与行省盐运司中作为盐运司贰官的同知、判官，待遇相同，但行省盐运司副使的俸禄要比腹里盐运司要多5贯，经历、知事、照磨等首领官均较腹里盐运司高。以上两次俸额均显示为月俸额数，即按月支俸。至正十年、十一年(1350—1351)所制定的盐官俸额为年俸额数，似说明支俸方式改为年薪制。若按月来计算，河间等地盐运使月俸为中统钞200两，同知月俸为100两。数额较前大幅度增长，这是元中后期通货膨胀，钞币贬值等经济因素在俸禄制度中的反映。腹里和行省盐运司长官的俸禄差别消失，而品秩成为俸禄的唯一标准。总体说来，盐官的俸禄一直在递增。

元代官员俸禄由俸钞和职田两个部分组成。盐官在享受俸钞的同时，还可获得职田。至元三年(1266)，职田之制既已颁行，但所受者限于北方随路府州县官员，盐官是否拥有职田没有记载。至元二十一年(1284)，各处行省及御史台拟定江淮、闽广官员职田，要求依照中原迁转官例，每俸钞五贯给公田1顷，最终，中书省拟定江南行省及诸司职田比腹里减半。《元史·俸秩》载有运司、盐使司、盐场等盐官的职田数额①。如表1—6。

表1—6 至元二十一年江南盐官职田表 (单位:顷)

运司官							盐司官			场管勾	
运使	同知	运副	运判	经历	知事	提控案牍	盐使	盐副	盐判	正	同
8	4	3	2.5	2	1	1	2	2	1	1	1

由上表推知，此前腹里地区运司运使职田当为16顷，同知8顷，运副6顷，运判5顷，首领官经历4顷，知事2顷，提控案牍2顷，盐

① 《元史》卷九六《食货四·俸秩》；又见《通制条格》卷一三《禄令》。按《元史》卷九六《食货四·俸秩》的点校者认为"各场正、同、管勾各一顷"，误。《通制条格·禄令》作"正管勾壹顷、同管勾壹顷"，当是。两者所载运判、知事、提控案牍职田数目有所不同，本书以《通制条格》为是。

司官:盐使职田4顷,盐副4顷,盐判2顷,盐场官:各场正、同管勾各2顷。职田数额自制定后似从未变动①。江南行省盐官职田较少,或因当时南方官员较多而职田较少。日本学者大岛立子认为“当是考虑到江南是水田地带,其农作物的收获量较高”,很有道理②。职田的来源为“无违碍系官荒闲地”③。值得注意的是,元代俸禄用纸币支付,纸币远较铜铁钱币所受市场影响大。盐官俸钞虽有所增长,但其增长速度与物价增速不成正比。元中后期通货膨胀加剧,其俸钞贬值程度可想而知,而“职田在货币价值不稳定的社会里是最稳定的俸禄形式”④。

元代俸禄制度的特点之一是吏员也给予俸禄。王恽曾提到“运司上下大小请俸人员近七百名,其中虚设者大半”,大部分请俸人员当为吏员。这段文字收入《秋涧集·便民三十五事·论盐法》中,是王恽任治书侍御史时完成的。王晓欣先生认为“此卷中各条内容亦均在至元十九年后”⑤。故王恽所述当为至元十九年(1282)前后之事。最初吏员仅支俸钞,通事、译史、书吏各钞10两,奏差钞8两,典吏钞5两当为最初拟定之数。吏员除俸钞之外,还有俸米。大德三年(1299),诏益小吏俸米。《元典章·禄廪》和《事林广记·官员禄廪俸给》载通事、译史、书吏米1石,奏差米8斗,典吏米5斗。《事林广记·官员禄廪俸给》载有盐场典吏钞7两、米7斗,场司吏钞6两、米6斗。显然吏员的俸米与俸钞的数额相对应。大德七年(1303)法令规定官员凡俸10两以下人员,“依小吏例”,每1两给米1斗⑥。此处“小吏例”十分明确,即“每两给米一斗”。吏员支俸例的制定时

---

① 参见沈仁国前揭文,第56页。

② 大岛立子:《元朝官僚俸禄考》,《中国史论集》,天津古籍出版社1994年,第271页。

③ 《通制条格》卷一三《禄令》。

④ 参见大岛立子前揭文,第277页。

⑤ 《宪台通纪(外三种)》,点校说明,第10页。

⑥ 《元史》卷九六《食货四·俸秩》。

间当在大德七年(1303)之前。似可认为《元典章·禄廪》和《事林广记·官员禄廪俸给》所载吏员俸米例当在大德三年(1299)制定。《元史·俸秩·内外官俸数》因吏员“其目甚多,不可胜书”,未详细记载运司吏员的支俸额,但支俸仍以“品级高下为则”。

元代盐官俸禄究竟处于一个什么水平呢?以运司官与其品秩对等的上路总管府相对照,至元二十一年(1284)所定江南上路总管府官员职田,达鲁花赤和总管8顷、同知4顷、治中3顷、府判25顷,首领官经历2顷、知事1顷、提控案牍1顷,与运司官员职田基本相同,根据“江南行省及诸司职田比腹里减半”的法令,腹里地区的盐运司和上路总管府的职田基本一致。两者的差别主要体现在俸钞。《元典章·禄廪》和《事林广记·官员禄廪俸给》所列上路总管府达鲁花赤和总管俸钞每月80两,运使每月60两,上路同知80两,运司同知50两,远低于上路俸额,但自运副以下(包括吏员在内),其他官吏俸额均较上路为多。《元史·内外官俸数》载盐官俸钞额见表1—4,而上路达鲁花赤与总管80贯,同知40贯,治中30贯,判官20贯,推官19贯,经历17贯,知事12贯,提控案牍10贯。盐官俸额显然较上路高。至正十年、十一年(1350—1351)所定河间等地盐运司官员的俸禄同上路,四川茶盐运司官员的俸禄同下路,两者俸禄才趋于一致。总体而言,盐官的俸钞,除元初期运使及同知的数额较上路为低外,大部分盐司官吏的俸禄较同品秩的上路官吏高。这种差距直到至正十年、十一年(1350—1351)才渐趋消弭。尽管如此,元代盐官的俸禄较宋代偏低①。

明清时所说盐官为“肥缺”,并非指俸禄很高,而指非法收入较多。因盐业专营,盐官直接接触钱钞,遂可利用这一职位上下其手,进而渔利。这种现象在元代普遍存在。盐官隐匿盐课者有之②;受

① 参见沈仁国前揭文,第61页。
② 《元史》卷六《世祖三》。

贿者有之①。作为盐务管理者主体的吏员或因俸薄,或由利益驱动,"纵横井邑,莫敢谁何,衣食所须,苞苴所入,盐课之外,他无藉手,巧为支破,公然克剥,利亏于官而不亏于此辈,客及于下而不及于汝曹"②。"夫盐斤二百为席为袋,国有定制。比闻赂则加多,否则加少。其司场官吏卒徒恒不下廿余人,一人弗慊,即勒不与发。"③勾结盐商从中渔利、操贾肥家的现象始终无法得到彻底改善,从而严重影响了盐业秩序。

四 盐运司官员的迁除

蒙古国时期,课税使决定盐官是否离职。后期,随着课税所的地方化,盐官是否改他官取决于世侯或诸王。李璮事件后,朝廷开始推行迁转法。解由是吏部铨注迁转盐官的重要依据。迁转法仅限于考满且无过失者。在任期间犯赃罪的盐官没有解由。盐官任满得代后,由吏部据解由考其功罪,迁转为他官。盐运司官吏中分盐运司官、首领官、盐场官以及盐运司吏员等。其品秩不同,各级盐运司官吏的迁除呈现出不同的特点。

我们对迁转法施行后见于文献记载的盐运司官的去向进行了统计。除部分辞官归田或去世者外,明确载有去向者33例。其中盐运使21例,同知4例,副使7例,判官1例。见表1—7。

表1—7 元代盐官迁转去向表

迁转时间	姓名	所属盐司	鹾职	迁转去向
至元十七年	董孝良	大都	提举卢越盐司事	同知顺德路总管府事

① 《元史》卷一七《世祖十四》。
② 陆文圭:《墙东类稿》卷四《流民贪吏盐钞法四弊》。
③ 张养浩:《归田类稿》卷九《恭古行司惠政碑有序》。

续表

迁转时间	姓名	所属盐司	鹾职	迁转去向
?	李秉彝	两浙	运使	工部尚书
?	陈思济	两浙	同知	陕西汉中道提刑按察副使
至元二四年	高源	河间	副使	江东道劝农营田使
?	陈思济	两淮	运使	岭北湖南道肃政廉访使
大德九年	梁曾	两浙	运使	云南行省参知政事
大德九年	王显祖	山东	同知	袁州路总管
成宗时	赵执中	福建	运使	福州路总管
皇庆元年	敬俨	两淮	运使	户部尚书
皇庆二年	张思明	两浙	运使	户部尚书
仁宗时	月鲁帖木儿	山东	副使	山南江北道肃政廉访副使
延祐三年	于九思	两浙	副使	江浙行省理问官
泰定元年	郭郁	两浙	同知	佥江西湖东道肃政廉访司事
泰定元年	马合谟	山东	判官	吏部尚书
泰定元年	范忠	福建	同知	佥江南浙西道肃政廉访司事
泰定二年	众家奴	陕西	运使	奉旨宣抚云南
泰定二年	杜德远	两浙	运使	奉旨宣抚云南
泰定时	王克敬	两浙	运使	湖南道廉访使
天历初	邢温	河间	运使	冀宁路总管
文宗时	牛光祖	陕西	运使	云南行省参知政事
至顺二年	许有壬	两淮	运使	参议中书省事
元统改元	王惟贤	两浙	运使	户部尚书
顺帝时	自当	福建	副使	浙西肃政廉访使
顺帝时	王都中	两淮	运使	江浙行省参知政事

迁转时间	姓名	所属盐司	鹾职	迁转去向
至正三年	廉惠山海牙	山东	运使	侍御史
至正十二年	苏天爵	两浙	运使	江浙行省参知政事
至正十四年	成遵	河间	运使	武昌路总管
至正时	铁木儿不华	两浙	运使	治书侍御史
至正时	贡师泰	两浙	运使	江浙行省参事
?	卜颜帖木儿	大都	运使	肃政廉访使
?	彻里帖木儿	山东	副使	刑部尚书
?	僧家讷	山东	运使	广东道宣慰使都元帅
?	卢克治	两浙	副使	知平江常熟州

由表1—7可以看出,盐运司官的去向主要有中书省、地方行政系统和监察系统,及接受临时派遣等。其中到中书省任职者7例,占所统计人数的21%。除许有壬一人到中书省任参议中书省事外,其余六例所任分别为户部、工部和吏部尚书。六部尚书为正三品,其迁转由中书省主持。盐运使与六部尚书品秩相同,属于外任官迁为内任官,理论上属正常迁转。户部掌天下钱粮之政令,"凡贡赋出纳之经、金币转通之法、府藏委积之实、物货贵贱之值、敛散准驳之宜,悉以任之"①,而盐事繁重,"朝廷以钱谷为重,非精熟练达者不授"②,盐运使担任户部尚书有其优势。然其中张思明、敬俨和王惟贤三人迁为户部尚书分别在仁宗和顺帝即位之初,当与仁宗和顺帝初中央行政机构人员的调整有关。马合谟由盐运司判官(正六品)迁为吏部尚书,并非担任实际职务,而是作为泰定帝的特使"奉即位诏"往

① 《元史》卷八五《百官一》。

② 苏天爵:《滋溪文稿》卷一七《元故太中大夫大名路总管王公(惟贤)神道碑铭》。

谕安南,更多出于外交方面的考虑①。彻里帖木儿由副使迁为刑部尚书,或因其为西域大族,宿卫出身②,而宿卫出仕的品级由皇帝直接决定,"由宿卫者言出中禁,中书奉行制敕而已"③。许有壬担任盐使只是朝廷的临时差派,仅为一年左右,待"国课遂登"即迁为参议中书省事④。须提及的是,众家奴、杜德远由盐运使奉旨宣抚云南行省,也是朝廷的临时差派。

地方行政官员是盐运司官的主要去向。表1—7所示盐官中,到地方行政机构任职者共14例,占所统计盐官的42%。其中任职行省者6例,5例均由运使迁为行省参知政事(从二品)。于九思由盐运副使迁为行省理问官(正四品)。任职路级行政长官者也有6例。运使的去向多是上路总管。同知的去向多为上路同知,然大德九年(1305)王显祖在任山东东路同知都转运盐使司事"前后六载"后,径升为袁州路(上路)总管⑤。副使离职后以知上州为多。行省、地方行政官员和盐运司官均由中书和吏部迁调,故地方行政与盐运司官员间的迁调很正常。此外,盐官与身为管民官的地方行政官不相统摄,彼此迁调相得益彰,有利于地方事务的管理。至元十五年(1278)以后的宣慰司及宣慰使都元帅府,逐步过渡成为行省属下的分治机构,且有了稳定的辖区,宣慰使都元帅府综领军民,具有"行省有政令则布于下,郡县有请则达于省"的承转作用⑥。盐运司和宣慰司间的相互迁调为常选⑦。需要补充的是,由于广东、广海两盐司设立提举,其品秩较盐运司低,其提举往往迁转为县尹等,如刘铎、萧

---

① 《元史》卷二九《泰定帝一》。

② 《元史》卷一四二《彻里帖木儿传》。

③ 姚燧:《牧庵集》卷四《送李茂卿序》。

④ 《元史》卷一八二《许有壬传》。

⑤ 陆文圭:《墙东类稿》卷一四《总管王公行状》。

⑥ 李治安:《元代宣慰司建置沿革与性质辨析》,见《元代政治制度研究》,第91~104页。

⑦ 虞集:《道园类稿》卷二六《广东道宣慰使都元帅僧家讷生祠记》。

宗大①等 。

监察系统也是盐运司官的重要去向之一。据表1—7,盐运司官迁为监察部门共10例,占所统计人数的30%,仅次于改任地方行政长官者。其中廉惠山海牙和铁木儿不华分别由山东和两浙盐运使升任侍御史(从二品)和治书侍御史(正三品),更多盐运使迁为肃政廉访使(正三品)。行台虽实行台察自选,但官员的来由并不局限于台察系统。廉访司官由省台共选,盐司官员迁转为廉访司官必须经过宪台奏报,皇帝钦定等程序②。值得注意的是,盐运副使(正五品)或迁为肃政廉访副使(正四品),或为肃政廉访使(正三品),而在盐运司中品秩较高的同知(正四品)却转为肃政廉访司佥事(正五品),这种现象令人费解。其中,郭郁由同知两浙都转运盐使司事迁为佥江西湖东道肃政廉访司事,其散官由中宪大夫(正四品)升为亚中大夫(从三品),应为擢升。廉访司佥事官品秩虽没有盐运司同知高,但散官品秩却较以前有所提升。这或因台察高级员缺,且廉访司代表朝廷监察按治一道,一些儒士甚至将其视为"荣迁",遂有郭郁、范忠等以较高品秩担任较低职务。

盐运司首领官的迁调呈现多元化的特点。或迁为高级机构掾吏,如盐使司知事史惟良被辟为大宗正府掾,崔良承被辟为江浙行省掾。或到其他品秩相当部门仍担任首领官,如两浙盐司经历王艮丁忧之后,擢为海道漕运都万户府经历。更多到地方行政机构中任职,如潘琚、安松③等。还有部分迁为监察官,如谢让即由河间等路都转运盐司经历擢升为南台御史(正七品)。

盐场官的去向以州县行政官和钱谷官为主。笔者曾对明确记载

① 张伯淳:《养蒙文集》卷四《嘉兴路总管府推官刘君先茔碑》,第2页;刘将孙:《养吾斋集》卷二八《登仕郎赣州路同知宁都州事萧公行状》。

② 李治安:《元代行御史台述论》、《元代肃政廉访司研究》,见《元代政治制度研究》,第275~280、327~341页;《运使复斋郭公言行录》。

③ 刘敏中:《中庵先生刘文简公文集》卷七《奉训大夫淮东淮西都转运副使潘公神道碑铭》,苏天爵:《滋溪文稿》卷一四《安先生墓志铭》。

有去向的盐场官进行统计,共16例。其中任后迁为州县官和钱谷官者各有7例,约占所统计盐场官的44%。盐场官迁为地方州县官的人员,有为同知州事、州判官者,也有为县尹和主簿者,周嗣德更由浙东道宣慰使以便宜命摄平阳州事,谢瑞改吉安路永新州升乡寨巡检①。迁为钱谷官的官员则比较复杂,大多脱离了盐务系统,如高明福改任河南府交钞库使,张元礼授江浙省富藏库使,陈龙改抚州路在城税课大使,砚续改监永济仓。而唐昱改授江西芦潭批验所提领,王元善擢绍兴等处检校所检校则仍在盐务系统之内②。对仍在盐司任职者,"盐场司令、丞、管勾任回,减一资"③。此外,还有由官入吏者,两浙管勾马某被浙西宣慰使史弼辟为掾吏。良好的私人关系是其被辟举为掾吏的重要原因。在福建时,他曾"见知参政史公弼,以治法征谋自任,然必咨访而后行"④。

盐运司吏员名目众多,其去向也比较复杂。盐运司书吏一般按照吏目、都目等迁升。至元二十三年(1286),省准:转运司书吏"年四十五岁以上,历俸六十月充吏目,九十月充都目,余有役过月日不用"⑤。此处所说的只是年龄在四十五岁以上的运司书吏。大德十年(1306),吏部议得:"运司书吏九十月于都目内任用,添一考升转。"这些转运司书吏仅仅限于由各路散府上州司吏补充者⑥。令

① 苏伯衡:《苏平仲文集》卷一二《故元中奉大夫江浙等处行中书省参知政事周公墓志铭》;黄溍:《金华黄先生文集》卷三七《许村场盐司管勾谢君墓志铭》;李治安:《元代巡检司考述》,《元代政治制度研究》,第231页。

② 王恽:《秋涧集》卷六一《故云中高君墓碣铭》;贡师泰:《玩斋集》卷一〇《福建等处盐运使司判官张君墓志铭》;汪克宽:《环谷集》卷八《元故将仕郎全州路清湘县主簿陈君墓志铭》;苏天爵:《滋溪文稿》卷七《元故国子司业砚公墓碑并序》;邵亨贞:《野处集》卷三《故忠翊校尉徽杭等处榷茶提举唐公行状》;邓文原:《巴西邓先生文集》之《故建昌路南城县尹王君墓志铭》。

③ 《元典章》卷九《官制三·仓库官·杂职依前考第品级迁升例》,第327页。

④ 刘岳申:《申斋集》卷一一《承德郎武昌路推官马君墓志铭》。

⑤ 《元史》卷八四《选举四》。

⑥ 《元典章》卷一二《吏部六·司吏·路吏运司吏出身》;《司吏·吏员出身》。

史、通事考满后于巡检内任用。元贞元年(1295)法令规定:大都运司令史九十月升提控案牍,通事则依本司令史,满考者于巡检内任用[①]。奏差往往在近下钱谷官内任用。至元二十九年(1292),中书省议:山东运司奏差,九十月于近下钱谷官内任用,大都运司据山东运司例定夺。大德五年(1301)则进一步强调此规定。次年,部拟河间运司的巡盐官,依奏差出身,九十月近下钱谷官内任用[②]。延祐二年(1315),规定盐场司吏历一考后,与各场邻县吏互相迁调[③]。此外,都提举万亿库和诸路宝钞提举司司吏有缺时也从转运司司吏中选取[④]。在实际操作过程中,有些吏员的迁调与上述政策并不一致。如纳速剌丁由两浙盐运司掾,辟为掾淮东宣慰司。王艮由两淮盐司吏员授庐州录事判官[⑤]。

盐运司官吏是盐务的直接管理者,其选任和管理是否得当关系到盐法好坏,而盐法好坏又与国计民生息息相关。为此,元廷在继承前代制度的基础上,建立了严密的盐官选任和管理机制,以维护盐业秩序,保证政府财政收入。从制度层面来看,元代盐官的选任、考核、俸禄和迁除表现出如下特点。

其一,元代盐运司官吏的选任由地方世侯或诸王辟选到中书吏部铨选,再到盐官的选任权逐渐下放至地方。常选是盐运司官吏选任的主要方式。和同品秩的地方管民官的来源不同,地方管民官等外任官成为盐官的主要来源,中央官员任盐官常与盐法败坏或政治局势有关。首领官由地方官员和高级官府吏员充任。盐场官由流官内选取,荫补以及纳粟入官成为重要补充。盐运司吏的选任表现出多元化的特点。从民族出身看,盐官与其他系统一样,以蒙古人为

① 《元史》卷八四《选举四》。
② 《元史》卷八二《选举二》;卷八三《选举三》。
③ 《元史》卷八三《选举三》。
④ 《元史》卷八三《选举三》,第2080页;卷八四《选举四》。
⑤ 《元史》卷一九四《纳速剌丁传》;卷一九二《王艮传》。

长,参用色目、汉人和南人。其中蒙古人多为监官,汉人、色目盐运使具体负责盐运司的具体事务。由于元代财权相对独立,盐运司官员的选任常常受到理财大臣的影响。阿合马、桑哥等独揽财权时就将盐官的选任完全掌握在自己手中。此外,受元代人事制度特点的影响,时任盐官中蒙古人、色目人多宿卫出身,汉人由吏入官者居多,进士所占比重很小。

其二,元代沿袭前代考核制度,采用以吏部考课、监察机构纠察和照刷盐司文卷,朝廷派员钩考和审覆盐司的多途考核方式,制定了权责明确,具有量化特点的考核标准,同时所建立的奖惩体系层次分明。这一考核网络将"循名责实"和"日月序迁"的两个考核基本原则有机地结合在一起。盐官的考核标准和内容与其"恢办盐务"的职责相联系。据具体职能的不同,各级盐官的考核内容有所区别。据增亏盐课比例进行考核,且分等予以赏罚的量化标准,具有可操作性,反映出元代盐务管理的务实性。

其三,元代盐官的俸钞额至元七年(1270)始为制定,大德六年(1302)有所变化,至正十年、十一年(1350—1351)重定。大德六年(1302)盐官俸钞的变化与盐司机构的变化有关。总体说来,元前中期的俸钞额没有太大变化。盐官较同品秩的上路总管府官员职田数额相同,而俸钞略高,直到至正重定官俸时才趋于一致。元代盐司吏员也被予以俸钞和俸米。

其四,元代盐运司官除部分盐官辞职或病故外,地方行政系统和廉访司成为盐官的主要去向,而迁入中书省者多与朝廷的决策和时局有关。盐运司首领官多迁为地方州县官和高级官府吏员。盐场官多在地方州县和钱谷官内迁调。吏员的迁调则较复杂。

必须注意,盐官的选任和多途考核、班俸养廉及定期迁调的管理制度不可谓不周密。但因盐官群体本身的弱点和制度本身的局限,盐官选任和管理制度的弊端显露无遗。元代盐官中由吏入官和宿卫出身者占据主体,儒士所占比重甚小。他们虽熟谙为官之道,然文化素质普遍偏低的缺陷使国家盐务政策难以施行。盐官考核的量化标准虽简便易行,但也凸现出功利化的特点。盐官为取得较好政绩,“不察民瘼,止以恢办为名”,在较大范围内施行食盐法。这种强制性食盐摊派方式常使“户口凋残”①,造成食盐购买力的下降。以纸币支予的俸钞往往随着通货膨胀的加剧而贬值,造成盐运司官吏实际收入的减少。或为生计,或受利益驱动,盐官或隐匿盐产,或贪污受贿,后者几乎存在于盐业产销的各个环节,而盐吏或私吞灶户工本,或与盐商豪强勾结从中渔利。如此情形加剧了盐业秩序的恶化。要之,盐司官吏文化素质的低下,考核标准的功利性及俸禄的相对减少制约了元代盐务管理的效能。元廷虽不时择“能臣”改善盐务,但盐业秩序无法从根本上得到改善,盐课遂得不到保证,百姓也深受其苦。

小　　结

蒙元时期,朝廷施行榷盐制度。盐课归国家所有,并成为国家财政收入的重要来源之一。政府最初沿袭了宋金盐务管理旧制,之后不断改易,并在元统一全国后,以金代盐务机构设置和转运司制度为雏形,形成了具有专业化、系统化且稳定性极强的九大盐务管理机构,分别管理地方盐务。盐运司是具体负责管理盐务的专门机构。“盐运司—分司—盐场—团(栅)”的盐务管理体系则将盐务集中管理并延伸到盐业产销的各个环节。中书省是统辖全国盐务的机构。行省则统管其辖区内的盐务。这些行政部门和盐运司各有分工。由于盐袋的行销对象是地方百姓,为保证盐袋的运销,朝廷划定各盐产区的行销范围,即“行盐地面”。各级地方官府便成了保障盐业销售秩序的重要机构。巡禁私盐,保证盐袋销售成为各级地方官府的重要任务。由于盐官和地方官、军官等或不尽职守,或营私舞弊,导致盐法的败坏。为解决这一问题,以御史台为中心,以行御史台为重

① 《元史》卷九七《食货五·盐法》。

点，各道宪司为经纬的严密监察网的形成对于保护盐业秩序十分有力。如此，作为国家权力部门的盐运司、行政部门以及宪台机构在榷盐过程中的职能具体而明确。可以看出，国家权力在盐业产销的各个环节发挥着重要作用。

盐官是国家权力的执行者。盐官的名目较前代有所增加，盐运司官吏的数目较宋金有所增加。南北盐官设置的统一经历了一个相当长的过渡期。其与盐务机构的设置是同一过程。最初元代早期北方盐运司官的设置沿袭了金代盐使司和元转运司官员的设置。南方则因袭南宋盐官设置。世祖末年南北方盐官设置趋于一致，直至延祐时才渐趋完成。值得注意的是，本文所指盐官体系仅针对大都河间、山东、河东、两淮、两浙以及福建而言。如此盐官体系的改易是元政府经济宏观调控的集中体现，也是全国统一局面下的客观要求，更是国家权力在榷盐制度中的重要表现。为保证盐务管理队伍，元廷对盐运司官吏的选任与管理进行了强化，加强对盐司官吏的管理。其运使采用蒙汉二员制并以蒙族运使为长，考核则采用易于执行的量化标准和赏罚体系，加之班俸养廉及定期迁调等，均可看出国家权力在榷盐过程中的努力。

附：

元代制国用使司述论

国家得以延续、政府得以运作的关键，在于国用，系于财政。制国用使司便是元初专掌钱谷的财政机构，政府的财政大权即系于此。

制国用使司也称"制府"①,又称"制司"②,立于至元三年(1266)正月,废于至元七年(1271)正月,存在时间仅有四年,却在元代财政中发挥了不小的作用。研究制国用使司有助于我们对元初财政状况、财政政策及复杂的政治关系加深了解。前辈学者只是对制国用使司做了简短的介绍③。笔者不揣浅陋,试将有关几个问题连缀成文,不足之处,请方家批评。

一 阿合马与制司的置废

制司始设于至元三年(1266)④。《元史》卷六记载更为明确,即该年正月壬子日。众多史料将制司的设立归于阿合马。《元史》卷一七三:"会阿合马立制国用使司,专总财赋。"《道园学古录》卷四二《陈公(思济)神道碑》称:"阿合马亦位平章,在廉公(希宪)下,请立制国用使司,欲侵国政。"也就是说,制国用使司应该是由阿合马奏请设立的。更为重要的是制司设立后,阿合马以"平章政事"兼领制国用使司使,而其副手直到二月才得以任命。显然阿合马参与了制司的前期筹办和初期建设工作,并在其中起着很重要的作用。制司存在期间,阿合马一直是制国用使司的最高长官,且制司改为尚书省

---

① 《元史》卷八二《选举二·铨选上》:[至元]四年,省札:应给印官员,若受宣命及诸王令旨、或投下官员批扎、省府枢密制府左右部箚付者,验户给印。魏初:《青崖集》卷四《奏议·提举交钞官令户部兼领》:制府总领天下钱谷,与户部不相统属,故别立提举官。见洪金富点校《元代台宪文书汇编》,台北"中央研究院"历史语言研究所 2003 年,第 408 页。

② 《元史》卷一七〇《张昉传》:[至元]三年,迁制国用使司郎中。制司专职财赋,时宰领之,倚任集事,尤号烦重。

③ 《中国历史大辞典·辽夏金元史卷》"制国用使司"条(周良霄著),上海辞书出版社 1986 年,第 311 页;陈高华、史卫民:《中国经济通史·元代经济卷》,经济日报出版社 2000 年,第 64 页。陈高华、史卫民:《中国政治制度通史·元代卷》,人民出版社 1997 年,第 74 页。

④ 《元史》卷一七〇《杨湜传》;卷二〇五《奸臣传·阿合马传》。

也是阿合马建议的。可见阿合马与制国用使司废置关系至大,因此探讨制司有必要从阿合马说起。

阿合马,回回人,最初作为察必皇后的从嫁人口进入她的斡耳朵①。察必哈敦,弘吉剌氏,济宁忠武王按陈之女,中统初被立为皇后。阿合马作为察必的异密也自然有了与忽必烈见面并被认可的机会,回回人对财赋的敏感也使他容易得到忽必烈的重用。中统二年(1261),他已是上都同知兼太仓使,同年五月元世祖派他计点燕京万亿库诸色物货。他请立和籴所,"以溢廪庾",得到允准②。正如杨志玖先生所言,"阿合马一出现便是管领钱谷财物的"③。忽必烈建元初期,财赋的管理由燕京行省的回回人祃祃来负责,中统二年(1261),他在与汉人王文统的廷辩中败下阵来。王文统得以专财赋之任,"凡民间差发、宣课盐铁等事,一委文统等裁处"④。不久李璮之乱爆发,王文统被诛杀。此时恰逢忽必烈身旁又没有理财大臣可用,巨大的军政开支和赏赐所用又使得忽必烈不得不思考管理财赋的合适人选。作为皇后异密的阿合马的理财才能在上都兼任太仓使时表露无疑,且又是忽必烈最为亲近的人,得到忽必烈的欣赏和重用也就可以理解了⑤。

中统三年(1262),阿合马领中书左右部,兼诸路都转运使,"专以财赋之任委之"。中书左右部指左右各三部(吏户礼、兵刑工),设

---

① 刘迎胜:《从阿合马的身份谈起》,《元史论丛》第九辑,中国广播电视出版社 2004 年。

② 王恽:《秋涧集》卷八一《中堂事纪中》。

③ 杨志玖:《元代回族史稿》第四《地位编》之三《回回人与元代政治——元世祖时期》,南开大学出版社 2003 年,第 185 页。

④ 《元史》卷二〇六《叛臣·王文统传》。

⑤ 杨志玖:《元代回族史稿》第四《地位编》之三《回回人与元代政治——元世祖时期》。王颋:《"敛财"之臣与元世祖——试论阿合马等"理财"及其与忽必烈的关系》,《元史及其北方民族史研究集刊》1981 年第 5 期,又见王颋:《龙庭崇汗——元代政治史研究》之第十二章《箕敛集财——元世祖任用敛臣的实质与结果》,南方出版社 2002 年,第 243 ~265 页。

立于中统二年(1261)。杨志玖先生认为其当是中统元年(1260)设立的中书省下的属部①。从一些资料看来它应是一独立机构,中书省是它的上级机关②。其"讲行庶务,巨细毕举"③,具体说来,它的职责是"承命宣制,奉行文书,铨叙流品,编齐户口,均赋役,平狱讼"④,财赋只是其工作的一部分。诸路都转运使应是中央任命的管理财赋的使职,对诸路转运司通行节制管领,是"诸路转运司的总长官"⑤。阿合马上任之后,即奏降条画,宣谕各路运司。诸路转运司的经营范围包括"酒税、醋税、仓库院务、工匠造作、鹰房打捕、金银铜铁、丹粉、锡碌、茶场、窑冶、盐、竹等课并奥鲁诸军"⑥。诸路都转运使当统筹这些财赋的收支。《元史·廉希宪传》称阿合马"领左右部,专总财赋",《张文谦传》也称阿合马"领左右部,总司财用",似乎说明左右部的职能是"专总财赋",实际上阿合马所任诸路都转运使的职责才是"专总财赋"。当时诸路都转运使由中书左右部兼领。阿合马负责中书庶务并总财赋,由此看来,此时阿合马在元朝政治中的地位已经不可忽视了。世祖升开平为上都时,任命阿合马同知开平府事并领左右部,也可看出忽必烈对其重用⑦。值得注意的是,阿合马一直兼任诸路都转运使,与他同为领中书省左右部兼诸路都转运使的还有阿里⑧。

---

① 杨志玖:《元代回族史稿》第四《地位编》之三《回回人与元代政治——元世祖时期》,第185页。

② 《元史》卷二〇五《奸臣传·阿合马传》:[至元元年]八月,罢领中书左右部,并入中书省。陈祐:《三本书》也称当时(至元五年以后)的主要行政机构有五:曰中书、曰御史、曰枢密、曰制国用、曰左右部。见苏天爵编《元文类》。

③ 《元史》卷一五七《张文谦传》。

④ 陈祐:《三本书(至元五年十月上)》,《元文类》卷一四。

⑤ 杨志玖:《元代回族史稿》第四《地位编》之三《回回人与元代政治——元世祖时期》,第185页。

⑥ 王恽:《秋涧集》卷八五《乌台笔补·为运司并入总管府选添官吏事状》,见(元)赵承禧等著,王晓欣点校:《宪台通纪(外三种)》。

⑦ 《元史》卷二〇五《奸臣传·阿合马传》。

⑧ 《元史》卷五《世祖二》。

阿合马领左右部后妄图摆脱其他机构对自己的约束，上书奏事"欲专奏请"，往往"不关中书"，径直奏达。这一点很与蒙古国时期的情况相似，当时官员奏事并不一定经过中书。他的这种做法不符合汉法，在一些汉法的维系者看来，中书的作用是不容替代的。忽必烈召开廷议，张文谦指出："分制财用，古有是理，中书不预，无是理也。若中书弗问，天子将亲莅之乎？"①忽必烈考虑到此时的事务已非蒙古国时期那样简单，自己的精力有限，显然不能每事都亲历亲为，因而同意张文谦的说法。此外，阿合马的擅权也导致"其党相攻击"，忽必烈派中书省推覆此事，鉴于阿合马的权力，中书官员竟"莫敢问"，最后廉希宪负责追究，将真实情况写状奏闻，于是忽必烈杖责阿合马，同时罢其领中书左右部。阿合马并没有因此而被弃用，而是超拜中书平章政事，进阶荣禄大夫。忽必烈之所以杖责阿合马，只不过让他收敛一下而已。

阿合马身为平章政事，并没有放弃财权的想法。至元三年(1266)，制司的设立便是他策划的。制司成立之初即被任命为使。阿合马请立制司与被任命为制国用使两者存在直接联系。忽必烈基于对阿合马的信任和对财富的渴求使他很容易同意阿合马的意见。一个行政机构的设立绝不可能是突兀的，制司的设立也应如此。高荣盛先生曾指出："南宋孝宗乾道二年(1166)设置的三省户部国用司，首领官为制国用使，由宰相兼任。或许出于理财的现实需要，忽必烈沿袭了前代旧称，于至元三年初置制国用使司以掌财政，阿合马为使，七年，因立尚书省而罢。"②但宋代国用司的设立时间短暂，乾道二年(1166年)置，总管财政。由宰相兼制国用使，参政同知国用使事。乾道五年(1170)罢。第二次置于嘉泰四年(1204)，开禧三年

① 《元史》卷一五七《张文谦传》。
② 高荣盛：《元代海外贸易的管理机构》，《元史论丛》第七辑，第88页。

(1207)罢掉①。从时间上来看,其前后相加存在仅有七年,且两次时间间相隔甚远。的确,阿合马在领制国用使的同时,仍为平章政事②,与南宋时的制国用使由宰相兼任同,时间也在乾道之后。但此时元朝并没有灭掉南宋,也没有可能为制司机构的名称大翻宋代政典,当时更难找出对宋代政事熟悉之人。实际上“制国用”是当时较为常见的说法,“国用”系指国家的开支,“制国用”则指负责国家开支征收与出纳。正如史料记载所说,制司的职责是“专总财赋”。从阿合马的经历来看,他一直兼任诸路都转运使。而当时也只有诸路都转运使是政府的财政使职,地方上的钱谷由转运司来负责,制司设立后制司仍对转运司进行管辖③。由此笔者推测,制司是由诸路都转运使改置而来。制司的设立是基于此时财政需求的扩大和财政事务增多而设立的独立机构,也是中书左右部与诸路都转运使职能分离的结果。

制国用使司“专总财赋”,就不得不涉及财赋的征纳,在儒臣眼里便有了“一以掊克为事”的印象,因而常常遭到他们的反对。崔斌就曾斥阿合马“奸恶”。在他们看来,阿合马的真正意图在于“侵国政”。实则不然,他只不过使政府的财权逐步独立而已。这种状况在中国历代政府中也出现过。唐宋时期的三司便是独立于户部以外的财政机构,因而并非不符合汉法。问题初一看来在于义利之争,而关键在于汉法和回回法的冲突④。就汉法而言,“非中书则无以尊

① 《中国历史大词典·宋史卷》“国用司”条(徐光烈著),上海辞书出版社1984年,第281页。

② 《元史》卷二〇五《奸臣传·阿合马传》。

③ 《元典章》卷二二《户部三·课程·匿税·军户匿税》:“……移准制国用使司回咨:除已行下河间路转运司从实勘当上项贴军布绢……”;卷四四《刑部六·拳手伤·殴所属吏人》记制国用使司呈“东京路虞城县达鲁花赤傅秃哥殴打运司差去解子杨德带伤罪犯”事,显然运司官吏也要制司来维护。

④ 杨志玖先生认为元世祖的用人施政是由汉法和回回法之冲突而来。见《元世祖时代与“回回法”之冲突——绪言》,《元史三论》,人民出版社1985年,第241~244页。

上”①。这与阿合马一味追求财赋的获得而不择手段是矛盾的。设立制国用使司后,阿合马便一直妄图摆脱其他机构的约束,寻求财权的独立。至元五年(1268),设立御史台,继设各道提刑按察司,可以弹劾制司官员“奸邪非违”,“肃清风俗,刷磨诸司案牍”②。阿合马则表示了不快,指出:“庶务责成诸路,钱谷付之转运,今绳治之如此,事何由办?”但廉希宪与其对质,认为:“立台察,古制也,内则弹劾奸邪,外则察视非常,访求民瘼,裨益国政,无大于此。若去之,使上下专恣贪暴,事岂可集耶!”③阿合马知道这种事实无法改变,只得探询新的办法。至元七年(1270)正月将制国用使司改为尚书省,使尚书省独立于中书省之外,成为独立而不受牵制的财政管理部门,从而获得财权的独立。

制司的置废与阿合马有关,而忽必烈之所以将阿合马关于财赋管理的谏言变成现实,应与忽必烈对当时政局的判断与所需财赋的增加有关。制司设立之前的至元初期,阿里不哥实力虽遭重创,但尚未归附,西北藩王海都等趁机叛乱,因而位于开平的中央政府所需的日常开支及保卫开平及西部的军费开支相当巨大。同时在与南宋接壤的山东、河南以及四川地区的边军也需要大量的给养来完成统一的任务。此外,根据蒙古旧俗,还要有大量的钱物赏赐给蒙古诸王贵族。因而财赋的征收就十分重要。由史料看来,当时的户部尚未进入成熟期,因而接受阿合马设立制司这一独立机构的建议,是政府得以维系和生存的唯一办法。阿合马的聚敛也在一定程度上得到了忽必烈的默许。但当时的制司只不过是中书省的一下属机构而已。随着政府机构的完善和攻宋计划的实施,阿合马建议设立尚书省,进而专总财赋的计划,在忽必烈看来是可行的,这样减少了一些不必要的麻烦,财权的独立也使元朝攻宋计划得到有效的后勤保证。

---

① 陈祐:《三本书》。
② 《元典章》卷五《台纲一·内台·设立宪台体例》。
③ 《元史》卷一二六《廉希宪传》。

二 制司官员考

制司官员除阿合马为使外，还设有同知、副使、佥事、员外郎、郎中和令史等。如表1—8。

同知设置在至元三年(1266)二月。被任命为同知制国用使司事的是中书右丞张易。张易，字仲一，太原交城人。《元史》无传。张易曾与刘秉忠、张文谦、王恂等同学于邢州西紫金山，后由刘秉忠推荐而入仕。张易同刘秉忠荐举山东王文统。中统元年，张易任燕京行省参政，至元三年(1266)二月，为同知制国用使司事，至元七年(1270)，改为同平章尚书省事，至元九年(1272)，转中书平章政事，至元十九年(1282)，因阿合马被杀事件牵连被诛。

副使的设置也在至元三年(1266)二月。张惠为制国用副使。张惠，字廷傑，成都新繁人，《元史》卷一六七有传。张惠是由丞相蒙速速推荐给忽必烈的。世祖即位，张惠被授为燕京宣慰副使。至元元年(1264)冬，他任参知政事，行省山东。至元三年(1266)二月，迁制司副使。后改制司为尚书省，他拜参知政事，尚书省罢后又迁中书左丞、右丞。伯颜伐宋时张惠领江淮钱谷，后以平章政事行省扬州、杭州。

佥制国用使司事。见于记载者有三。麦术丁(Maijudin)，回回人。《元史》无传。他曾任回回译史，至元二年(1265)，授吏礼部尚书，后佥制国用使司事；至元七年(1270)正月，立尚书省，为参知政事；九年并尚书省入中书省，他改中书参知政事。至元十二年(1275)后外调，至元十九年(1282)与二十三年(1286)两次入中书，至元二十八年(1281)解机务，以平章之名商议中书省事①。李尧咨，《元史》无传。从《元史·世祖》本纪来看，李尧咨先后任佥制国用使司事、参知尚书省事、参知中书政事。阿里海牙也曾在至元四年

① 张帆:《元代宰相制度研究》，北京大学出版社1997年，第76页。

(1267)担任过此职。但他任职制司的时间仅有一年,便被征召前去攻打南宋①。

员外郎。杨湜曾任制司员外郎。杨湜,字彦清,真定藁城人,《元史》卷一七〇有传。他始以府吏迁检法。中统元年(1260),被辟为中书掾,与中山杨珍、无极杨卞并称三杨。中书省初立,国用不足,杨湜"论钞法宜以榷货制国用",朝廷则任命他掌管钞法。至元二年(1265),他除河南大名诸处行中书省都事。次年立制国用使司,总天下钱谷,以杨湜为员外郎,佩金符。不久他改宣徽院参议,加诸路交钞提举,曾建言筑造白金元宝,以五十两铸为锭。当时诸路交钞提举也由制司管理。至元七年(1270),改制国用司为尚书省,他为户部侍郎,仍兼交钞提举。

制司还设有郎中。张昉曾为制司郎中。张昉,字显卿,东平汶上人。《元史》卷一七〇有传。严实行台东平时,张昉进入东平幕府。中统四年(1263),为参知中书省事。至元元年(1264),张昉为中书省左右司郎中。至元三年(1266),迁制司郎中。制司专职财赋,阿合马"倚任集事,尤号烦重"。昉"竭诚赞画,出纳惟谨,赋不加敛,而国用以饶"。至元四年(1267),丁内忧。至元七年(1270)尚书省建立后,张昉转为尚书省左右司郎中。至元九年(1272),尚书省并入中书省,张昉改中书省左右司郎中②。

令史。刘正担任过令史一职。刘正,字清卿,清州人氏。《元史》卷一七六有传。刘正十五岁辟为制司令史,至元七年(1270)迁尚书省户部令史。至元八年(1271),罢诸路转运司,立局考核运司逋欠之事即由刘正负责。此外,陈泰担任过制司掾吏③。

---

① 姚燧:《姚文公牧庵集》之《湖广行省左丞相(阿里海牙)》,北京图书馆古籍珍本丛刊影印清抄本。

② 《元史》卷一七〇《张昉传》。

③ 张养浩:《归田类稿》卷一二《析津陈氏先茔碑铭》。

表 1—8 元代制国用使司官员汇总表

任职时间	使	同知	副使	佥事	员外郎	郎中	令史
至元三年正月	阿合马						
至元三年二月		张易	张惠				
至元三年				阿里海牙	杨湜	张昉	
不详				李尧咨 麦术丁			刘正

值得注意的是,阿合马一直以来是以平章政事兼任制司使的。作为同知和副使的张易和张惠,之前分别任中书左丞和参知政事、行省山东,颇有劳绩。麦术丁在此之前曾为吏礼部尚书。而作为员外郎和郎中的杨湜和张昉均在任职期间受到褒扬,特别是张昉"竭诚赞画,出纳惟谨,赋不加敛,而国用以饶"。至元七年(1270),尚书省设立以后,张易、张惠、李尧咨、麦术丁、杨湜、张昉均入尚书省任职,也就是说尚书省的官员是制国用使司的原班人马,这应该是对制国用使司官员的肯定。制司存在的几年间,在管理财赋方面还是收到了相应的效果,基本解决了当时较为突出的财政问题。这一点显然受到忽必烈的认可。因而视制司为聚敛财赋的机构,"一以掊克为事",片面宽大它的负面作用,是不正确的。显然制司后期出现了一些问题,麦术丁曾认为"自制国用使司改尚书省,颇有成效"①,也就是说制国用使司的作用远没有尚书省明显。一些回回商人利用阿合马的势力,获取私人利益,阿合马本人的嚣张跋扈也是事实。

① 《元史》卷一四《世祖十一》。

三 制司的职能

制国用使司是财政机构,“专总财赋”①,“总天下钱谷”②。陈祐的说法更为具体,“通漕运、谨出纳、充府库、实仓廪、百姓饶富、国用丰备,此制国用之职也”③。我们结合现有材料来看,制司的主要职能有二:财赋的征纳和管理;财赋的支出。

首先,政府财赋的征纳和管理。当时元代财政的来源主要有各路的税粮、丝料、包银、课程等。税粮征收的同时要征收鼠耗,征收后的税粮与鼠耗则由制司管理。各路丝料、包银征收后,听候制司安排起运④。制司主管的课程主要有盐课、洞冶课、窑课、竹课等。地方钱谷由诸路转运司管辖,其管理的盐场、酒税、醋课等归属制司。至元三年(1266),陕西四川以所办盐课赴行制国用使司输纳,而盐引则由制司给降⑤。洞冶原来没有“亲临拘榷规划官司”,因而课程很难如实到官,同时“随处炉冶,见今耗垛铁官数多未曾变易”,鉴于此制司下设立诸路洞冶总管府,掌管金银、铜铁、丹粉、锡碌。洞冶总管府需要将洞冶所出之物取勘数目、招募诸人到制司入状,立额兴煽。它独立于地方有司之外,只有制司才有管辖权⑥。至元六年(1269),诸路洞冶总管府并入转运司。此外,制国用使司还确定窑课的征收额度为二八抽分⑦,并奏请将怀、辉两郡之民竹收为官有⑧。至元四年(1267),制司印造怀孟等路竹监竹引。

---

① 《元史》卷一七三《崔斌传》。
② 《元史》卷一七〇《杨湜传》。
③ 陈祐:《三本书》。
④ 《元典章》卷二一《户部七·钱粮·支·添支年销钱数》。
⑤ 《元史》卷九四《食货二》。
⑥ 《元典章》卷二二《户部八·课程·洞冶·立洞冶总管府》。
⑦ 《元典章》卷二二《户部八·课程·洞冶·磁窑二八抽分》。
⑧ 姚燧:《牧庵集》卷二四《少中大夫孙公神道碑》。

除税粮、丝料课程外,交易税的征收也由制司来管理。民间房屋交易要纳税;民间质当房舍同样要纳税;政府和买物品,卖主也要缴纳税钱。这些税钱都归制司。交易税的征收依靠在城税务完成。它征收在城税并分村散办,同时有集市的地方也要各路收税,并规定入城货卖不交税者同匿税处理①。军户的税务也由制司辖下的转运司来覆察。至元十七年(1280),制司让河间路转运司体覆贴军户李全织造贴军布绢事,并决定是否收税②。

制司所经管的大部分是钱钞。如果出现大量伪钞和昏钞自然会对国家财政造成巨大损失。地方交钞由诸路交钞提举司管理,受制司节制。制司要求随路收差课程和诸路交钞提举司,如遇诸人赍到钞数,仔细辨认,其中若有假伪,辨验得实,在上面使用"伪钞"墨印,并用朱笔于钞背标写几年月日某人赍到,仍置簿登记,退还原主。如验得料例相同,数目多者,就便追究。每季要将所查获伪钞申报备案③。

此外,地方钱谷官的任用也经由制司。制司曾选拔知钱谷者充各县行用交钞库使④。同时制司还有对管领钱谷者审计的职能,只有制司检察有无帖带后,才可决定迁除⑤。

其次,财赋的支出。负责内府支持米豆及酒材、米曲、药物的大都太仓和上都太仓均受制司箚付⑥。至元三年(1266),修治双塔河,由制国用司给所需⑦。至元五年(1268)添支年销钱数,囚粮由制司于鼠耗内关支。制国用使司辖下各路起运丝料、包银等并成造军器

① 《元典章》卷二二《户部八·课程·匿税·入门不吊引者同匿税》。

② 《元典章》卷二二《户部八·课程·军户匿税》。

③ 《通制条格》卷一四《仓库·倒换昏钞》。

④ 胡祗遹:《紫山大全集》卷一七《承直郎江西等处榷茶都转运司副使李公神道铭》。

⑤ 王恽:《秋涧集》卷八八《弹市令冯时升不公事状》。

⑥ 《元史》卷八七《食货三·宣徽院》。

⑦ 《元史》卷六四《河渠一·双塔河》。

等打夹及熟皮、柴草价值、人匠工粮,从官仓粮内放支①。此外,政府采购也由制司提出建议供皇帝参考。至元四年(1267)十月,制国用使司称:"别怯赤山石绒,织为布,火不能燃。"诏采之,并指出:"以东京岁课布疏恶不堪用者,就以市羊于彼。真定、顺天金银不中程者,宜改铸。"②制司并不是一味的征收和盲目的支出财赋,还劝谏皇帝节约财用。至元三年(1266),阿合马指出:"国家费用浩繁,今岁自车驾至都,已支钞四千锭,恐来岁度支不足,宜量节经用。"③

平章政事、制司照得:"随路罢讫步站,止见官为和雇脚力,除旱路已有定体外,据水路自来不一,除合破数目外,再令都水监、提举漕运司验河水通快浅涩去处,照依自今运粮体例从实定到每物一百斤,自起程至下卸处所,合该地里所该脚价。仰今后凡有起运官物,须管照依坐去分例和雇船只,搬运前来。仍仰随路于月申内验次日类报,再不得似前乱破官钱违错。"④可见制司并不仅仅支出脚价,而且有权监督脚价使用。

除此之外,制司还负责造作。如,至元三年(1266)十月,命制国用使司造神臂弓千张,矢六万⑤。

百姓婚嫁也由制司裁定:至元六年(1269)十一月,制国用使司向中书省呈报田总管女素英与高忽赛因男不能成婚⑥。

生活中的钱谷诉讼必须经由制司裁决⑦,除非理断不当,才可"赴中书省陈告",由中书省究问⑧。

制府总领天下钱谷,户部则"凡贡赋出纳之经,金币转通之法,

① 《元典章》卷二一《户部七·钱粮·支·添支年销钱数》。

② 《元史》卷二〇五《奸臣传·阿合马传》。

③ 《元史》卷二〇五《奸臣传·阿合马传》。

④ 《元典章》卷二六《户部一二·赋役·科役·脚价·水路和雇脚价》。

⑤ 《元史》卷六《世祖三》。

⑥ 《通制条格》卷三《户令·嫁娶所由》。

⑦ 《元典章》卷二二《户部八·课程·杂课·以典就卖税钱》。

⑧ 《元典章》卷五《台纲一·内台·设立宪台格例》。

府藏委积之实，物货贵贱之值，敛散准驳之宜，悉以任之”。可见户部也负责财赋。两者之间似乎职能相同。至元三年(1266)，以吏、户、礼为左三部，户部是至元五年(1268)才分立出来的，至元七年(1270)始列尚书六部①。那两者存在什么关系呢？制府总领天下钱谷，左右部的职能已如前述，在于“承命宣制、奉行文书、铨叙流品、编齐户口、均赋役、平狱讼”②。至元五年(1268)户部分立出来后，其职能也应从左右部中分出，即“编齐户口、均赋役”而已，《元史·百官一》记载的是以后的事情。此时的制司与户部不相统属，与“庶务责成诸路，钱谷付之转运”相对应，诸路对户部(或左三部)负责，而转运司对制司负责。制司的职能，除由运司实现外，部分由辖下的提举司来实现，故史有“制府总领天下钱谷，与户部不相统属，故别立提举官”之语。

当然制司仍然要接受中书省的统领和御史台的监督。

综上所述，我们可以得出三点结论。

第一，制司始设于至元三年(1266)，它的前身当为诸路都转运使。他的设立既是忽必烈增加财赋的要求，也是阿合马追求财权独立的结果。这是与当时的历史背景相联系的。当时元代的统治机构业已基本确立，带有蒙古旧俗的分封制度迫使元廷有更多的财赋分配给蒙古贵族，加之庞大的军队开支也需要财政作保证。随着元廷收支的扩展和中央政策的施行，其财政事务已远没有蒙古国时期那么简单，相反“尤号烦重”，而中书省的建置尚不健全和成熟。没有一个独立的职司机构管理此事显然不适应当时的状况，因而制司的设立就是很正常的事情了。制司的设立是领中书左右部兼诸路都转运使职能分离的结果。阿合马经营财务，总体说来还是尽心尽力的。由制司到尚书省，他只不过按照个人的思维习惯追求独立的财权。

① 《元史》卷八五《百官一》。
② 陈祐：《三本书》。

而财权独立在中国古代历史上并不鲜见，唐宋时的“三司”即是典型的例子。因而阿合马与汉儒的矛盾和冲突并不是简单的义利之争，而是不同族别、不同观念与不同行事方式造成的矛盾。

第二，制司员署设有使、同知、副使、佥事、员外郎、郎中和令史等。至元七年(1270)，最高财政机构尚书省设立时，制司的官员基本上到尚书省任职，实现了平稳过渡。至元九年(1272)尚书省并入中书省，以上官员又到中书省任职。所以原制司的这些官员在政务上还是取得了忽必烈信任，而忽必烈基本上也肯定了制司的作用。此时中书省、御史台、枢密院等制度业已形成。从制司官员的族别构成来看，除阿合马和麦术丁为回回人外，其他如张易、张惠、李尧咨、杨湜、张昉等均为汉人。可以说忽必烈在使回回人发挥重要作用的同时，继续使用汉法。汉人还是得到很多参政的机会。学界所认为的李璮之乱后忽必烈对汉人官僚的猜忌使他重用回回人的说法，并不十分准确。

第三，制司以财赋为重责，但它并非唯以财赋的聚敛为目标，财赋的征收和出纳均系于此。陈祐将制司的职能归为“通漕运、谨出纳、充府库、实仓廪、百姓饶富、国用丰备，”是比较妥帖的。它与当时的户部并不统辖，而是各司其职。制司依靠属下的转运司和提举司来管理财赋。

第二章 元代盐引法

元代继承宋金的钞引法，并在此基础上有所完善。元代的仓储和运销在很大程度上是围绕盐引展开的。小小的一纸盐引却是联系盐业产销各个环节的媒介。朝廷通过盐引来管理盐务，而商人更不能摆脱盐引而随意发卖。本章试图通过探讨有元一代盐引功能和模式的变化及其在盐业产销各个环节中的特征，揭示盐业仓储和运销的特点及盐务管理的特征。

第一节 元代盐引法

关于中国历史上的盐引法，已有很多前辈学者进行了探讨，发表了很多真知灼见①。盐引法创始于宋代，历经金代，至元代臻于完善，直到明代仍在沿用。这是史学界较为一致的观点。其中元代盐引的研究取得了长足的进展。田秋野、周维亮认为："盐之采用引法，虽系创始于宋，而其确立与完成，则定于元。"②刘隽之《宋元官专

① 戴裔煊：《宋代钞盐制度研究》，中华书局 1981 年；郭正忠：《宋代盐业经济史》，人民出版社 1990 年；漆侠：《中国经济通史 · 宋代经济卷》，经济日报出版社 1999 年。郭正忠：《中国盐业史（古代编）》，人民出版社 1997 年；陈高华：《元代盐政及其社会影响》，《元史研究论稿》，中华书局 1991 年。陈高华：《中国经济通史 · 元代经济卷》，经济日报出版社，2000 年；田秋野、周维亮：《中华盐业史》，台湾商务印书馆 1979 年。刘淼：《明代盐业经济史研究》，汕头大学出版社 1996 年。

② 参见《中华盐业史》，台湾商务印书馆 1979 年，第 236 页。

卖引法的创立与完成》对元代盐引作了探讨,归纳出元代引法的特点。陈高华先生将元代盐引法纳入商运商销的范畴。但我们对于有元一代盐引在各个环节的变化及特征,尚不十分清晰。本节重在探讨元代盐引的相关问题。

一 蒙古国及元代早期的引法

成吉思汗时,蒙古统治者便对盐业给予充分的重视。刘敏被任命为安抚使,并负责盐务管理。当时是否采用宋金时期的盐引法,不得而知。蒙古国时期经济制度的初建应为窝阔台汗时期。《元史·食货二·盐法》载:太宗庚寅年(1230),始行盐法,每盐一引重四百斤,其价银一十两。《元史·食货二·盐法》源于《经世大典》[1],故材料是可靠的。可以认定盐引法始于太宗庚寅年,即自庚寅年始,蒙古国开始施行盐引法。其中"引"首先作为数量单位而固定下来。金代那种因区域不同而各异的盐引由此消失。其中大都之盐似施行了盐引法,"每引有工本钱"[2]。太宗九年(丁酉年,1237),始命北京路征收课税所以大盐泊硬盐立随车随引载盐法,说明盐引已在辽东被采用。但有关河间、山东之盐以及解盐的记载中,并没有提到蒙古国时期有盐引一事。"太宗庚寅年(1230),始立河间税课所……每盐一袋,重四百斤……庚子年(1240),改立提举盐榷所,岁办三万四千七百袋。癸卯年(1243)……岁办盐九万袋。""太宗庚寅年,始立益都课税所……每银一两,得盐四十斤。"解盐,"太宗庚申年,始立平阳府征收课税所,从实办课,每盐四十斤,得银一两"[3]。由于史料阙如,我们无法确知蒙古国时期盐引法的状况。

宪宗壬子年(1252),河东解州"岁捞盐一万五千引",似说明此

---

① 苏天爵:《元文类》卷四〇。

② 所记为太宗丙申年(1236)事,见《元史》卷九四《食货二·盐法》。

③ 《元史》卷九四《食货二·盐法》。

时解州产盐区施行了盐引法,但此处岁办盐引仅为一个数量单位,与袋相同,每引盐四百斤。《元史》卷一六三《李德辉传》记载当时其募民入粟中盐一事:“乃募民入粟绵竹,散钱币、给盐券为值,陆挽兴元,水漕嘉陵,未期年而军储充羡,取蜀之本基于此矣。”①可见李德辉用盐作为入粟之民的报酬,当然这些入粟之民多为商人。盐券既作为入粟的收据,同时作为支盐的凭据,其代替了货币的功能。其中没有谈到盐引一事。但《汪忠烈公神道碑》载:“时今上皇帝(忽必烈——引者注)为皇太弟,将有事于西南……即命置行部于巩,设漕司于沔,造楮币,给盐引以通商贩,以贮军储。”②汪忠烈公为汪德臣③,与李德辉几乎同时。可以想见,当时盐引和盐券可能是同物异名。当然这里所说的盐引或盐券的应用范围有限。由于地理条件的差异,其不应用于所有的产盐区。具体说来,李德辉所施行的盐券当是针对解盐而言④。

盐引法完善于忽必烈当政时期。中统二年(1261)颁布的恢办课程圣旨条画中,载有“今后诸盐场遇有买纳及支客盐无致留难、不受不给,或勘合号簿、批凿引钞违限者并徒二年”⑤。可见当时的盐引法已经施行,勘合号簿在其中起着很重要的作用。存在盐引的同时,还有盐钞的存在,这与金时山东、沧、宝坻三地盐司支盐需“钞、引、公据三者俱备然后听鬻”⑥一致。当视为元初盐引是接续金代盐引法而施行。这条圣旨条画当与王文统有关。早在中统元年(1260)世祖征讨阿里不哥时,“凡民间差发、宣课盐铁等事,一委文统等裁处”⑦。中统二年(1261)的《恢办课程条画》应为王文统努力

---

① 《元史》卷一六三《李德辉传》。

② 《陕右金石录》,历代石刻史料汇编本,北京图书馆出版社 2000 年。

③ 《元史》卷一五五《汪德臣传》。

④ 李庭:《寓庵集》卷七《解州盐池重修二王神庙碑》,元人文集珍本丛刊本。

⑤ 《元典章》卷二二《户部八 · 课程 · 恢办课程条画》。

⑥ 《金史》卷四九《食货四 · 盐》。

⑦ 《元史》卷二〇六《叛臣 · 王文统传》。

的结果。除此之外,王文统还降低了盐引的价格,“减[每引]银为七两”①。《中堂事纪中》谈到盐引一事②。显然中统时盐引已经成为盐务管理的重要文书。《元史》记载山东盐引于至元二年(1265)由户部印造③,陕西四川盐引至元三年(1266)由制国用使司给降④。为什么两处盐引出于不同地方呢?最初的财政大权归于户部,至元三年(1266)正月,在阿合马的策动下成立了制国用使司,“专总财赋”,从而将财政大权归于制司,户部经管财政的职能进一步削弱⑤,故有至元三年(1266)陕西四川盐引由制国用使司给降事。然河间盐运司究竟什么时候施行盐引法,史文缺载,不得其详。蒙古国时期及元初的盐引主要用于蒙古统治下的北方地区。这些地区在金代就施行盐引法,故此时盐引法应与金时相同。至元八年(1271)六月二十一日,魏初建议大都“照依河间、山东酌中定拟价值,官卖盐引,从诸人兴贩,则足以少宽民力”⑥。可知至元八年(1271)六月之前河间、山东都施行了引法,盐引由官卖。此处之“官”当为户部,而并非盐使司。

至元十三年(1276),元廷统一南北,将南方的榷盐收为朝廷所有,同时又对盐引单位价格作出调整,增为中统钞九贯(两)每引⑦。至元十九年(1282)四月丙辰,朝廷议设盐使司卖盐引法⑧。具体实施见于记载的是该年十二月罢解盐司及诸盐司,令运司官亲行调度盐引⑨。大都及河间、山东三盐运司被罢掉,转而由户部尚书、员外

---

① 《经世大典》,《元文类》卷四〇。

② 王恽:《秋涧集》卷八一《中堂事纪中》。

③ 《元史》卷九四《食货二·盐法》。

④ 《元史》卷九四《食货二·盐法》。

⑤ 参见拙作《元代制国用使司论述》(第一章附录)。

⑥ 魏初:《青崖集》卷四《奏议》,见洪金富点校《元代台宪文书汇编》,台北“中研院”历史语言研究所2003年。

⑦ 《经世大典》,《元文类》卷四〇。

⑧ 《元史》卷一二《世祖九》。

⑨ 《元史》卷一二《世祖九》。

郎各一员直接管辖。盐引则在大都置局发卖，商人在购买盐引后赴各场支盐发卖①。至元二十四年（1287），户部属下设立印造盐茶等引局，任命大使、副使各一员，掌管印造腹里、行省盐茶等引②，进而将印造各地盐引的事务独立出来，体现了朝廷对这项事务的重视。至元三十年（1293），统治者对盐引进行了改造。

《元典章·盐课》中保留有至元三十年（1293）改造盐引的一件文书，全文如下③：

中书省咨：

至元三十年二月初二日奏过事内一件：俺根底行的张参议小名的汉儿人题说三件勾当：一件勾当（一件）④：从收了江南已后至今，盐引的文字不曾改换，则依那体例里行有。待收呵收不的，治约呵又难，私盐多的缘故因着这般有。如今盐引改换做别样字呵，禁治私盐呵有益。这般说有。俺商量得："改换呵。怎生？"奏呵："那般者"，圣旨了也。钦此。

札付户部改造引样，从新印造到各该引目。除已另行咨发外，今据本部呈：讲议到在前已发旧引，未曾查盐出场，及已查出场未卖盐袋，并已后发卖新引，依限拘收退引，各各关防。逐项事理，具呈照详事。

都省议拟：区处逐一开坐前去，咨请遍行合属。若有未尽关防，拘收盐引，办课可以通行，事无壅滞，就便施行，毋致涩滞盐法，刁蹬客旅，耽误课程。准此。除外，省府合下，仰照验施行。仍行移本路廉访分司常加纠治。

（一）在前已发旧引未曾查盐出场，拟令各运司取勘管下各场，三十年终到场未查盐引见数，（划）［尽］便用新引兑换，从新

---

① 《元史》卷九四《食货二·盐法》。

② 《元史》卷八五《百官一》。

③ 《元典章》卷二二《户部八·盐课·改造盐引》，第912～916页。

④ 2005年11月20日参加《元典章》读书班时，陈高华先生及诸先生均认为此处"一件"为衍文。

倒给勘合,方许查盐。据换下旧引,腹里运司开坐申部,行省所辖运司就申行省,开咨都省。如不尽实供报,或有隐漏,盐场官比私盐法罪减二等,罢职。

(一)已查出场随处去卖盐袋旧引,听从客旅于行盐地面货卖,出路经过官司不得阻挡。如到货卖去处,盐客即于所在官司将见卖盐袋盐引数目尽实呈报讫,然后从容发卖。于管民提点正官常切用心,将卖过盐袋退引依限拘收,照例批凿退毁,每季缴申合干上司。若有发卖不尽盐袋,客旅愿往他处货卖,所至去处并所在官司依上施行。如是因而刁蹬客旅,沮坏盐法,罪及提点正官,仰廉访司监治官纠察究治。

(一)见发新引依例见钱发卖,听从客便指场,于引背上墨印批凿"某路某客赴某场支查"。官盐一引重四百斤,用运司印信关防,及于引面上填写客旅姓名、年月,一切完备,随时倒给勘合,开写引抄字号,行下合属照依盐法斤重挨次查盐。每日将查讫盐袋于盐引背面分朗大字批写"某客于某年月日某场查盐出场",比对勘合抄写字号相同,将引给付客旅。其盐客对盐场官官点检字号、年月、批凿印信一切完备,随盐于行盐地面从便兴贩。抄贴,场官收留毁抹,每月缴申所属运司。如所批盐引,(摊)[出]场经过批验去处批凿得,于内盐引上却有不行填写客旅姓名、年月日及批凿关防出场月日,盐客同私盐科断,盐运司、盐场官依私盐法罪科断,罢职。仍仰各处提点正官常切辨验拘收。但有不行批验引目,依条追断。如提点官不为用心拘钤,或有漏拘盐引,亦行断罪。如批验官并提点官因而阻滞客旅,仰廉访司监治官纠察究治。

(一)各路府州司县年例置局发卖,人户合买食盐引目,官司分朗置簿知数,候发卖食盐了毕,依数销照,尽行拘收,申解。但有少数,追究施行。

(一)拘收贩盐客旅卖过盐袋退引。照得钦奉圣旨条画内一款节该:"诸贩盐客旅卖过盐袋退引,限五日赴所在官司缴纳。如违限,匿而不批纳者,同私盐法。”钦此。

有各处官司灭裂,不为奉行,致将旧引不行拘收,私下影射私盐作弊。今后路府州县专委提调正官一员,文字到日,先将本管地面内应有未曾卖成引盐袋取勘见数,即令发卖;将卖讫退引依期缴纳,分朗置簿,明白销附,照例批毁。已后客旅兴贩,本处铺户花名、各分引数,申报提调官常川置簿,依前销附。拘收退引,每季缴申合属上司关发盐运司收管,照勘通行,类报上司。若无牙人去处,铺户、客旅自行成交者,仰所在社长具数申提调官依上销附拘引。如管下人户并外界客旅于分盐铺户处转买成引盐袋,依数申报开销,所至货卖处所依上作数销附。其提调正官有故,将簿籍牒发以次正官提调,任满,各于解由内明白开写要见任内节次贩到盐引数目,已发卖讫盐数,将退引尽数拘到,缴赴合属上司,各各获到足数收管,未发卖盐数相沿交割,与官某人依上销附拘收所获到依准关文,如此于解由开申,以凭迁叙。若有关防不严,以致将还魂旧引隐瞒,依前影射作弊,或因事发露,首告到官,提调官黜降,牙行、社长人等一例断罪,犯人照条追没施行。提调官吏却不得因而纵令骚扰客旅、铺户,刁蹬取受钱物。违者,痛行断罪。随处监治廉访司官常切照刷体究,毋致慢官扰民。如此,不惟退引得尽到官,绝去奸弊,其境内私盐自不生发,官民两便。

上文已经指出,至元初期曾印制山东、河间以及解盐司盐引。现有文字记载中似没有关于在至元十三至三十年之间(1276—1293)改造盐引的记载。因此这段文字称:“从收了江南已后至今,盐引的文字不曾改换,则依那体例里行有。”当指江南盐引。当时江南盐引应沿袭南宋盐引的格式。南宋以三百斤为一引,而元代以四百斤为一引,所以当时盐引在数目上又有所区别。宋代并没有盐引实物留存,为此,至元三十年(1293)以前盐引文字的具体情况不得而知。值得说明的是,这次改换盐引是全国性的,而并非单指江南。

至元三十年(1293)改造盐引是与私盐盛行有关。旧引的存在,使政府对于盐务的管理处于十分尴尬的境地，"待收呵收不的，治约呵又难"，因而导致私盐盛行，使官盐销量锐减，影响盐课额的正常办纳。何以出现这种情况呢？这应与当时的旧引法有关。所谓"待收呵收不的"，是因为盐引法是一项比较利于政府控制的制度，如果将盐引收回，既有损盐商的利益，同时对作为中央财政中重要部分的盐课收入也不会有益，同时影响盐务运作的秩序，容易造成混乱。而"治约呵又难"，是因为受贩盐所产生的巨大利润的驱动，盐商往往不遵守相关政策，一些盐务管理部门的官员为了牟取私利而纵容私盐。官商勾结等等诸因素导致私盐生发并愈演愈炽。且盐引的引样很长时间没有变化。一些人借机伪造盐引，真假盐引难以辨识，造成盐务秩序的混乱。中书省奏闻皇帝，得到允许后开始令户部着手改造引样，重新印造。

新引印造后还涉及如何处理旧引的问题。中书省对这种情况也有考虑。对于业已买引而并未支盐的，让各盐司至元三十年(1293)底未支盐引数目，全部用新引兑换，并重新换给勘合后才能支盐。所换旧引则收归中书省。还有一种情况即已经支盐前往行盐地面货卖的，中书省明文要求盐商到货卖所在地地方政府申报现卖盐袋、盐引数目，然后才允许货卖。地方政府须将盐客卖过盐袋、盐引拘收并批毁，上缴上司。对于在新旧盐引倒换中出现的盐场官不尽实供报甚至隐漏，或地方官因旧引而刁蹬盐商，沮坏盐法的现象，要进行严厉的处罚，"比私盐法减二等，罢职"，并由廉访司官进行监督监察。

从这则材料来看，盐引虽由户部改样并重新印造，盐引法与改造前相比并没有大的变化，但现钱卖引成为盐引法的重要特点。对盐商而言，用钞来买纳盐引。其实，现钱卖引并仅不是元代盐引法的特点。早在宋代范祥改造盐法时即"在解盐区中全面确立了'见钱之法'的统治地位"①。宋代入纳现钱或金银、纸币等买盐钞比较常见。蒙元时期最初的盐引部分也需用金银、米粟等买纳。政府在急需用

① 郭正忠：《宋代盐业经济史》，人民出版社1990年，第479、496页。

粮的地方设有规措所,诸人可以到仓送纳米粟,换取朱钞,进而前去规措所关引支盐①。这一点与宋金旧制相似。至元晚期,更有“省降盐引多为势力之家赊买”的事情。根据这种情况,至元二十九年(1292),中书省将办课圣旨传达各地,要求“今后见钱卖引”。至元三十年(1293)所印造的新引“依例见钱发卖,听从客便指场”。所谓“依例”,当指依照至元二十九年(1292)体例。这些买纳盐引的状况多属于一处和一次性入纳,即盐商只需在盐运司买纳盐引后即可到指定盐场支取盐袋,然后到指定的行盐地面去发卖。

盐运司为加强盐务管理,形成了很多文书,体现了元代盐务管理的细密性。首先是盐引。盐商到盐运司买得盐引后,盐运司在盐引的背面写上“某路某客赴某场支查”字样。这就说明盐引的有效性。需要注意的是,“官盐一引重四百斤”,用盐运司印关防,从而规定盐商一引不得多取。盐引的正面是事先印制好的。需要填写的是客旅姓名、支盐年月等。这些都要注意填写完整。同时所给予盐商的盐引都有字号,称“引钞字号”,从而使盐引的发卖和管理有序进行。盐引也是盐商按顺序支盐的凭证。盐商支盐时,盐场官须对盐引进行检验,并在盐引背面分朗大字批写“某客于某年月日某场查盐出场”,除批凿印信外,还要有点检字号、年月等,只有这样一切完备,方可支与盐袋,前去货卖。

其次是“勘合”。勘合制度是唐宋以来盛行的会计出纳制度。郭正忠先生指出,“‘勘合’也者,勘对二者是否可‘合同’一物之意”,而“勘对合同”很可能是“将代表同一顺序的‘千字文’字体或同一书押符号、印鉴等,于两份文书边缘书凿”。进而指出勘合手续对于宋代在榷货务直接入纳现钱的盐商来说似无必要。事实上,这种勘合手续有时也无法避免②。但元代的情况似与宋代有所不同。至元三十年(1293)改造盐引的文书指出:“在前已发旧引未曾查盐

① 王恽:《秋涧集》卷九〇《乌台笔补·论盐法》。
② 郭正忠:《宋代盐业经济史》,第504页。

出场,拟令各运司取勘管下各场,三十年终到场未查盐引见数,尽便用新引兑换,重新倒给勘合,方许查盐。"也就是说,盐商在支盐时必须出给勘合。它并不是至元三十年(1293)才有,而在至元三十年(1293)前便已经存在。至元三十年(1293),改造盐引时仍然对于勘合给予了足够的重视,即运司在一切批验盐引的事情完备后,要"随时倒给勘合",而盐场官比对勘合相同后才能将盐引给予盐商,支查盐袋。值得注意的是,勘合与盐引相联系。勘合之上要注明"引钞字号",所谓"引钞字号",当指盐引的字号。盐场官只有比对勘合上的盐引字号相同才支予盐商食盐,并将盐引给付盐商。

再次是抄贴。抄贴是元代盐务文书中的一种。抄贴的存在并非元代才出现。《续资治通鉴长编》卷九二"真宗天禧二年(1018)十一月":"己巳,三司言陕西入中刍粮,请依河北例,每口束量增值计实钱给抄,入京以现钱买之。如愿受茶质交引,即依实钱数给之。令榷货务并依时价纳缗钱支茶,不得用刍粮,交抄贴,给茶货。诏每入百钱,增五千茶与之,余从其请。"此处抄贴亦可称"抄",是入中法施行过程中政府发给入中商人的支茶凭据,待支茶了毕,抄贴收回。其与茶之交引不同。抄贴至少存在于宋代的河北地区。而"余从其请",似说明宋天禧二年(1018)以后陕西地区也行抄贴。《元典章·改造盐引》所载"抄贴":"其盐客对盐场官官点检字号、年月、批凿印信一切完备,随盐于行盐地面从便兴贩,抄贴,场官收留、毁抹,每月缴申所属运司。"可见抄贴有两点需要注意:一、盐商买引时运司给予的;二、盐商支盐以后,由盐场官收回、毁抹,并以月为单位时间上缴运司。《新降盐法事理》所记为大德四年(1300)两淮改法立仓事,似可比附。按《新降盐法事理》载盐商买引时的主要公据有盐引、下仓勘合,同时运司另置花名销簿,于上附写一贴。显然,盐引由盐商所持,贯穿于盐运销的各个过程。下仓勘合是盐商到仓支盐的凭证。而运司另置"花名销簿"显然由运司来直接管理,并不为盐商所持。与盐仓官有关的文据有"关防号簿"。它是根据运司设立的,每号余留空纸半张,印押过后,由各仓收掌。盐商支盐时,盐仓官比较运司的下仓勘合与原发字号相同，同时盐引上的盐客名、印信无诈冒、漏落，在簿上附写“几年月承奉运司几年月日用某字几号勘合放支客人某人盐若干”字样。盐仓官每月缴申运司的当是关防号簿，“将出仓月日、客名、盐数、收到官钱各于前簿本客名下销附”①。因此所谓抄贴并不是运司另置的花名销簿上的附贴。至于其到底是何物，不得其详。

批引是盐业运销的重要一环。如前所述，这项职能一般由批验所来执行。批验所的主要职能是“专责批凿盐引，发运办课，欲使无扰盐商，交易快便”②。盐引批凿后仍需在盐引上填写客旅姓名及批凿关防出场月日。

拘收退引同样是盐务管理中十分重要的一项工作。它并非在至元三十年(1293)的法令中才出现。至元二十九年(1292)所颁布的办课圣旨条画中明文规定：“诸人卖过盐引，钦奉圣旨，限五日赴所在官司缴纳。随路管民官每月用心拘刷，每季缴申行省照勘。”针对管民官不为用心拘收，导致盐商过期不纳，夹带私盐者，则“从行省究治”③。上面这件文书征引了圣旨条画一则：“诸贩盐客旅卖过盐袋退引，限五日赴所在官司缴纳。如违限，匿而不批纳者，同私盐法。”显然，圣旨的颁布当在至元三十年(1293)之前。其中说“依前”正印证了至元三十年(1293)以前同样需要拘收退引。这件文书突出了拘收退引的重要性。认为未能拘尽退引是私盐生发，影射作弊的直接因素。旧引的不依限拘收，往往导致旧引的重复使用和私盐的生发。至元三十年(1293)改造盐引的过程中，显然加大了拘收盐引的力度，强化了行盐地面地方官府拘收退引的职能。路府州县均须专门委派提调正官一名将卖讫退引依期拘收，缴纳，分朗置簿，明白销附，照例批毁。拘收所得退引每季度缴申相应的上司，尔后转给

---

① 《元典章》卷二二《户部八·盐课·新降盐法事理》。

② 《元典章》卷二二《户部八·盐课·新降盐法事理》。

③ 《元典章》卷二二《户部八·盐课·立都提举司办盐课》。

盐运司收管。提点正官因故不能承担此责者则由次官提调。同时将拘收盐引是否完成,作为评定地方官员业绩,决定升迁黜降的依据之一,在任满解由内开写现任内节次贩到盐引数目,已发卖讫盐数,将退引尽数拘到,缴赴合属上司,各各获到足数收管,以及未发卖盐数,与新任官办理好交接手续。提调官拘收盐引后会获得"依准关文","在解由内开申,以凭迁叙"。它强调盐商到货卖去处,首先须到所在官府将现卖盐袋、盐引的数目如实申报后,才能发卖。管民官需要将卖过的盐袋、退引依限拘收,照例批毁,并每季缴申相应上司机构。对于未能尽职的提调官降职,而相关牙人、社长则要断罪。

综上所述,发卖盐引、盐场核对盐引及勘合支盐、批验所批凿、行盐地面地方官拘收退引的盐引法体系,至元三十年(1293)以前业已形成。但弊端尚多,关键在于退引未能如数尽行拘收,导致盐商利用旧盐引影射私盐,进而私盐盛行。这件文书的颁布,在法律上对元代盐引法的各个方面进行了强化。特别强化行盐地面地方官拘收退引的职责,理论上使元代的盐引法体系更为缜密。

二 元代引法的完善——以大德四年两淮改法立仓为中心

大德四年(1300)之前盐商支盐均须到盐场。大德四年(1300),两淮改法立仓,盐商支盐不再经盐场,而改经盐仓①。延祐七年(1320),两浙也改由盐仓支盐。这一变化意味着元代盐引法更趋严密。这次改法立仓与盐场支盐有着很大的不同。其关键在于支盐手续的简化和盐引职能的充分利用。下面对大德四年(1300)两淮盐运司改法立仓后的盐引法进行探讨。

盐商买引,与宋代一样,需要入状。宋代政宣之际,盐商买钞要

① 按:虽然文献记载为大德四年两淮改法立仓,但正式执行还是从大德五年开始的。参见《元典章》卷二二《户部八·盐课·新降盐法事理》。

提出书面申请,称“陈状”,或“投状”和“投勾”[1]。这里所说的“入状”即盐商在买引时必须向盐运司提出书面申请。

盐商缴纳的买引钱中不仅包括正课钞,还有带收钞。由于支盐改由盐仓,支盐程序在盐场与盐仓之间多了一个环节。由盐运司纲司将盐场所生产的盐袋由监运雇人运至盐场。其间纲船的水脚费用以及仓场子脚的费用也需盐商和买盐者来支纳。另外,装盐用的盐袋由盐运司监制,其费用最初也由盐运司来支付。盐商支盐之际,盐运司会收回所代付的盐袋席索成本费用。因此盐商买纳盐引所缴纳的费用由两部分组成,即正课钞与带收钞。值得关注的是,盐商买引时一次性入纳,以后交易时只需缴纳交易税。这样一次性缴纳费用方便了盐商的运销,同时将政府卖盐的手续简化,减少了很多中间环节,给盐务管理带来了方便。

盐商缴纳盐钱后所获除盐引外,还有勘合(合同),但与盐场支盐时相比似乎少了抄贴。盐运司有备案,即设置花名销簿,于上附写一帖,注明“几年月日某人买盐若干,几年月日用某字号勘合行下某仓放支”。贴项后余留空纸,待到盐仓、批验所申到出仓以及卖过月日,一同在该盐商名下相续销附。盐仓获得仅有勘合,并根据盐运司的勘合设立关防号簿,每号余留空纸半张,印押过后交与诸仓收掌。盐仓在盐商支盐之前只是“承运司勘合,比对原发字号相同”,“引上客名印信别无诈冒漏落”,即于簿上附写“几年月日承奉运司几年月日某字号勘合放支客人某人盐若干”,然后依照次序,支予盐商食盐。盐仓官需将盐袋的出仓月日、客名、盐数、收到官钱,各于前簿本名盐商名下销附,以月为单位,上报至盐运司。

批验所职能的加强。所谓“国朝置批验所,视唐宋立法于盐为特重矣”[2]。两淮此时设有两个批验所,即真州、采石二批验所。至元三十年(1293)改造盐引的文书中并未谈到批验所的作用。两淮

① 郭正忠:《宋代盐业经济史》,第493页。

② 隆庆《仪真县志》卷七《食货考》,天一阁藏明代方志选刊初编本。

于大德四年(1300)立真州、采石二批验所①。此前所设为检校秤盐所,分布于扬州东门与真州新城两处②。其作用显然与批验所批验盐引的职能不同,主要在于称验盐袋,而非批验盐引。批验所则"专责批凿盐引,发运办课,欲使无扰盐商,交易快便"③。可见此时盐引法中又加入了中间批验引目这一环节。批验所一般根据盐运司发卖盐引的情况置立关防文簿。真州即今天的江苏仪征,是南北商人辐辏之处,两淮盐商支盐后一般都要经过真州。盐仓官在商人支盐之后,需将"客名、盐数、出仓月日"发往真州批验所。批验所则于簿上附写"几年月日某仓关到出仓盐若干"。采石批验所在今安徽省当涂县西北,真州的上游,盐商过岸上江发卖者则需经过此处。于是真州批验所在批验后将客名、盐数发给采石批验所再次批验。过岸是指到江东去卖,上江则沿江上行远至淮西。凡是这种情况都要经过两次批验。其盐法之细密可见一斑。既然是批验就要收取一定的费用,故凡经过批验所批验者均要收取批验费。不同的是,每引所收中统钞三钱中,如不经采石批验所的,盐商则要在真州批验所缴纳。需要至采石批验所的,除在真州批验所缴纳每引中统钞一钱并牙钱一钱外,其余两钱则到采石缴纳。还有不需经过批验所,直接到淮东、淮西发卖的,由盐仓就收批引牙钱,总共四钱。但很长时间以来,因批验所用非得人,往往成为"作弊要钱之司",同牙人取要分例,又令相关下属私立名目,骚扰盐商,并没有能起到杜绝私盐发生的作用。有些盐商经过牙人说合后每日将发卖过的盐引到真州批验所批凿。真州批验所则将盐仓原关客名、盐数、卖过花名月日、收到官钱数目于前簿下此盐商名下销附,每月一次开申运司。采石批验所则将真州原支盐盐商的名字、盐数、批验过月日同收到官钱数目于前簿下本名盐商名下销附,每月一次开申运司。可见,两个批验所的功能还是

① 《元史》卷九一《百官七》。
② 《元典章》卷九《吏部三·官制三·场务官·盐场窠阙处所》。
③ 《元典章》卷二二《户部八·盐课·新降盐法事理》。

不同。真州批验所除批引之外，还有监督盐袋交易的功能。

在官府看来，退引的拘收是实现盐业经营专营化，杜绝私盐的重要环节。为此，大德四年(1300)改法立仓后盐引要用新的条印重新批毁。这种印记由运司来制造样式，由地方提点长官监视制造，并交给司县提点正官收掌。批毁盐引时需在盐引正面盖上条引，然后入库，每一季度发往盐运司。盐运司在点勘现数以后，将退引烧毁，不得存留。

有些研究者认为元代盐引法中存在凿角阶段，即“凡印盐出场，于掣验后，即于引背批写某商于某年月日某场支盐出场。比对勘合字号相同，将引目截凿一角，给与商人，以杜重照影射之弊，再由盐场官点检字号、年月、批凿、印信俱备，方准运盐出场”①。吴慧先生也认为元代盐商于盐运司买引，到场支盐发卖直至拘收退引，要四次凿角②。元代是否存在凿角一事呢？以上研究者的资料来源于《元典章·户部八·盐课》和《元史·食货·盐法》。但笔者未见这些材料中有“凿角”一词。是否前辈学者据“批凿”一词来理解“凿角”呢？郭正忠先生在研究宋代盐业史时指出，所谓“批凿”盐引，即在盐引上批注说明文字并加盖印鉴，明注经过月日③。《改造盐引》中称，至元三十年(1300)所颁布的新引到场支盐时要在引背上墨引批凿“某路某客赴某场支查”字样。《新降盐法事理》中，盐运司发卖盐引时于盐引背部墨引批凿“两淮都转运盐使司发引赴某处盐仓支盐”，盐商支盐出仓时，盐仓官在盐引上使用出仓印记。以上资料并没有谈到凿角一事。批验所批验引目时在盐引背面使用关防青印，以示批验了毕。诸路地方拘收退引时盐运司也设立关防批毁条引，由地方提点长官监视制造，并交给司县提点正官收掌。批毁盐引时需在盐引正面盖上条引。综观整个盐引发挥效用的过程，并未见关于凿角

① 田秋野、周维亮：《中华盐业史》，第238页。

② 吴慧：《辽金元盐法考略》，《盐业史研究》1988年第1期。

③ 郭正忠：《宋代盐业经济史》，第526页。

的文字记载,关防印记的使用倒是很普遍。

延祐七年(1320),两浙盐运司效法两淮,由盐商入场支盐改为到盐仓支盐。盐引于其中发挥的作用及各个环节当与两淮一致。值得注意的是,两浙盐运司所施行的盐法中,"凡遇客人运盐到所卖之地,先须住报水程及所止店肆,缴纳退引"①。关于水程,很多学者有所涉及。有些学者认为"水程验单"是由盐运司发给的。商人运盐赴所卖地前,须先行具呈报明,由盐运司签发水程,写明字、号、引数、商名,并所止销区,钤盖司印,随同引目给商照运②。水程的具体情况如何?因资料记载缺乏,不得而详。除上述所引《元史·食货五》外,《元典章》中有一则关于水程的记载:延祐二年(1315),钱塘县零隐寺僧人谢心玘违限不缴纳延祐元年(1314)九月十九日原买客人下砂博盐退引一十道、水程一道不行纳官③。可见水程是一种文书,盐商发卖盐袋完毕后,须同退引一起上缴。所谓水程,当如陈高华先生所认为,是运盐路线的凭证④。这是盐商买盐时盐运司发给的说明行销地点的文书,当与盐商买引时的入状有关,即盐商买引时必须交代支盐后行销的地域和所经过的路线,以便盐仓与批验所批凿盐引。《新降盐法事理》中所说两淮盐引由于路线不同,需由不同批验所或盐仓批凿的情况似乎可为佐证。元代水程的存在体现了这一时期盐法的细密。

综上所述,元代以盐引作为统而贯之的工具,形成了较为严密的盐引法体系。盐袋的运销中,政府明文规定"引盐不相离",而"诸人贩盐,引不随行,依私盐法"⑤。郭正忠先生指出宋代盐引的功能有四:"其一,是代替税引,以免除运脚沿途纳税之繁;其二,是作为钞

① 《元史》卷九七《食货五·盐法》。

② 吴慧:《辽金元盐法考略》,《盐业史研究》1988 年第 1 期。另参见田秋野、周维亮:《中华盐业史》,第 238 页。

③ 《元典章》卷二二《户部八·盐课·违限不纳盐退引》。

④ 郭正忠:《中国盐业史(古代编)》,第 470 页。

⑤ 《元典章》卷二二《户部八·盐课·引盐不相离》。

盐合法运销的凭证，准予在指定范围内流通；其三，是通过对钞盐运输时间的界定，控制钞商的活动；其四，是通过它的回收来统计钞盐的销量，以加强卖盐管理——包括评价官吏卖盐的功过。”①其实元代盐引的功能也包括这些。盐商一次性缴纳钱钞买引后，如有盐引存在，除批引收钱外，各地不得再收其他费用，使盐商的纳税手续简单化。同时盐引也是盐商盐袋运销的合法凭证，只有盐引，盐商才能得到盐，也才能通过批验所的批验，从而到指定的地区发卖。否则将视为私盐，予以处罚甚或断罪。但元代对于盐商所支盐引何时发卖了毕并没有严格的时间限定，对于盐商盐袋销售后的退引则要依期拘收。当然这要看盐商是否按时上报。盐引的统计功能在元代也不明显。当然并不是说不存在。对比宋代盐引法，元代盐引法更趋简约化和合理化。现钱买引普遍施行，盐商买引时一次性缴纳钱钞更趋普遍，盐商支盐时勘合的应用更为广泛，批验所的设立及其批验和监督作用的加强，盐引批凿过程中使用条形印记，拘收退引时地方行政的监督及行政职能渐趋强化。如此这些均是值得注意的新情况。元代盐引法较之宋代更为细密。这在研究者中已经形成共识。

三 黑城文书所见盐引与盐券

《元史》及相关元代史籍中没有盐引规格的记载。1983—1984年内蒙古文物考古研究所和阿拉善盟文物工作站在李逸友先生的率领下，对黑城遗址进行了发掘。其中编号为F126:W4的文书，经李逸友先生研究，被认定为元代盐引残件。残件200×61毫米。其用麻纸木版印刷，加盖红官印，但印文不清。现存文字为末尾三行：

[前缺]

1 省□□两淮运司广盈库副郭

2 敕□□两淮运司广盈库大使

① 郭正忠：《宋代盐业经济史》，第524页。

3 将仕郎两淮运司广盈库提领王①

此外,F126:W2 号文书被认定为盐券②。该文书比较完整,193×141 毫米,花栏,版心 180×183 毫米。文书所用竹纸木板印刷,并墨书填写人名、钞别、数量、月期、中央盖有红官印,但印文不清。左上角加盖红色骑缝印,印文亦不清,同时还加盖有检钞人王士钧墨色印押。现迻录如下③:

两淮都转运盐使司广盈库
今收　董　兴　　买引钱
中统钞伍拾定如是拿问
过中间但有昏伪短少不堪等钞
王士钧 情愿当罪陪偿无词
至治元年四月　日检钞人 王士钧

李先生判定 F126:W4 号文书为盐引,然并没有直接的证据,很大程度上依靠自己的猜想。其判定 F126:W2 号文书为盐券也是如此。那么以上两件文书是否如李先生所判定的那样为元代的盐引和盐券呢?两淮盐运司有其自己的行盐地面,为什么这两件文书会出现在千里之外的黑城呢?是否如李先生所指出以上两件文书与诸王支盐有关呢?

我们注意到,F126:W2 号文书明白写明时间为至治元年(1321)四月,且有"两淮都转运盐使司"字样,"两淮都转运盐使司"始置于元代。在一些文献中简称为"两淮运司"。此外,这批黑城文书的断代当在元成宗元贞元年(1295)至北元宣光元年(1371)之间。故 F126:W4 号文书也当为元代文书。

---

① 李逸友:《黑城出土文书(汉文卷)》,科学出版社,1990 年,第 183 页,并图版拾叁(2)。

② 李逸友:《黑城出土文书(汉文卷)》,第 72 页。

③ 李逸友:《黑城出土文书(汉文卷)》,第 183 页,并图版叁叁。

盐引之制源于宋朝。宋代在钞引法成型前确实有与分销盐茶的文券。据郭正忠先生研究,宋代“文券”属于泛称,并没有确定的意义。钞盐制中,包括有盐钞、盐引和公据三种文书。盐钞为支盐的凭据,支盐后即要上缴。盐引则是合法的运销凭据,随盐运销后作废上缴。有宋一代,盐引有时或被笼统地称为“公据”,但公据大多作为禁止沿途阻碍盐运的特殊文据而存在。盐钞与盐引起初连在一起,“北宋末、南宋时期的盐引不仅与盐钞连并印刷,而且还一并发卖”,支盐时则一分为二①。完颜亮迁都燕京后的贞元初年,蔡松年“始复钞引法,设官置库以造钞、引”②。“始复”一词当指恢复宋代的引法。金代引法特点是:“钞,合盐司簿之符。引,会司县批缴之数。七年一厘革之。”③郭正忠先生认为盐钞“合盐司簿之符”,就是说商人所持的盐钞,必须与他们购钞时在盐司登录的底簿及符契相吻合;盐引“会司县批缴之数”,是说商人所持的盐引,一旦用毕上缴,必须经由各县司检核其批验情况,并汇总其数,不得隐漏重用④。实际上,这主要是从政府审计的角度看钞引的作用。从另一个角度我们可以看出,盐钞是支盐所用的凭证,而盐引在盐商卖过盐后往往要由地方政府缴收。值得注意的是,其中并没有提到公据一事。但山东、沧、宝坻三地盐司,需“钞、引、公据三者俱备然后听鬻”。其他盐司则没有记载。盖山东、沧、宝坻三盐司生产数量较大,朝廷对三盐司格外关注之故。这里的公据是不同于盐钞和盐引的。既然文中提到钞、引和公据,那三者是什么关系呢?台湾学者田秋野等认为,金代的钞引法在盐业中的应用是“寓引法于钞法之中,将盐量载于引上。引附于钞,按钞计引,按引支盐”⑤。金代,由于盐业生产条件的地区

① 郭正忠:《宋代盐业经济史》,第471~537页。
② 《金史》卷四九《食货四·盐》。
③ 《金史》卷四九《食货四·盐》。
④ 郭正忠:《中国盐业史(古代编)》,第424页。
⑤ 田秋野、周维亮:《中华盐业史》,第222页。

差异，钞和引也有数量上的不同，“钞以套论，引以斤论”[①]。实际上，这种说法并不准确。以山东、沧、宝坻三盐司而言，盐钞的数目与套相关，引数与袋数相同，一套往往有若干袋，而一袋常为三百斤。宝坻的零盐一袋要远少于三百斤，为此设有小钞引。西京、辽东的盐引同样每套一钞，盐引则以石计，石一引[②]。可见“钞以套论”是正确的。但盐引是以袋或石论，并非以斤论。就盐引的印制和管理而言，应归于尚书省户部。户部郎中而下皆以一员“掌户籍、物力、婚姻、继嗣、田宅、财业、盐铁”等事[③]。贞元四年（1156）设勾当官，经历盐引等事。户部经管盐引事。但具体说来，印造钞引库掌管“监视印造勘覆诸路交钞、盐引”[④]。盐引则仿宋代旧例，由京城中的榷货务发卖[⑤]。需要说明的是，并不是所有的盐司支盐均要用盐引，莒盐司辖下的宁海州五场由于生产量有限，“皆鬻零盐”，所以不用盐引。盐引的发卖，也并不是所有的盐司都是由榷货务发卖，莒盐司辖下的西由场和衡村场的钞引和半袋小钞引，“听本州县鬻之”，支销解盐的钞引则与陕西转运司同鬻。另外，如有输粟至陕西军营者，“许以公牒易钞引”，其所换易的地点应为陕西转运司[⑥]。金代的盐引制最初当为蒙古统治者所沿袭。元代统治者将宋金时代的盐钞和盐引合二为一，仅有盐引的名目。

两件文书中均有“广盈库”字样。由 F126：W2 号文书可以确定广盈库是盐运司收纳盐课钞的机构。两淮盐运司广盈库点检人员需要将盐商买引钱数点检明白，不致其间有缺少损坏或者假钞等，然后将钱入库。经上文研究可知，广盈库作为运司收纳盐课钞的机构，由其给予盐商盐引和勘合。显然 F126：W4 号文书不是勘合，当为盐

① 田秋野、周维亮：《中华盐业史》，第 223 页。
② 《金史》卷四九《食货四 · 盐》。
③ 《金史》卷五五《百官一 · 户部》。
④ 《金史》卷五六《百官二 · 六部所辖诸司 · 印造钞引库》。
⑤ 《金史》卷五六《百官二 · 六部所辖诸司 · 榷货务》。
⑥ 《金史》卷四九《食货四 · 盐》。

引。根据上述我们的描述,可以看出元代盐引由政府统一印制,然后根据需办盐额下发给各盐运司。盐引原有固定的模式,“从收江南已后至今,盐引的文字不曾改换”。至元三十年(1293),元廷发布圣旨,决定改造盐引,其重要的一点就是改换原有的文字。其内容主要包括盐商姓名、年月等。盐引既是印刷品,其面额应该相对固定。林均翁至正十年(1350)入郡城,在元丰桥上捡到盐引一十有六道,等到太阳落山依然看不到失主。第二天早晨再次前往,看见一人彷徨往来,问他怎么回事,他说:“我处州王文兴也,失盐引,觅之不得。”于是林某从怀中拿出盐引归还给王文兴。王文兴倒地拜谢,说:“微公宁尚可复得耶?”①可见盐引是有固定面值的,否则也不会出现十六道盐引的说法。F62:W16 号文书也载:“支钞并夏季分例钱内支盐引肆拾道”,“末支钞并元统元年秋冬二季□□内令支盐引叁拾捌道,每道折钞叁定,计钞壹佰壹拾肆定,浙江弍拾肆道、山东壹拾肆道……”“……钞弍佰弍拾弍定,□淮壹拾肆道,□□弍拾叁道,□浙弍拾伍道,□□壹拾弍道。”②可以看到元统元年(1333)每道折钞三锭。前述自至大二年(1309)始,元代盐价基本上维持在中统钞一百五十贯,即三锭。如此说来,每道盐引的面额当为一引,即四百斤。《至正条格·盐课》“今印造到某处盐引,据客人某姓名依理赴官送纳讫正课并灶户合干人等工物分例,买到盐引壹道重肆佰斤,其盐许于某路地分贩卖”③足以证明这一点。F126:W2 号文书虽不完整,却为我们提供了元代盐引的信息。盐引的尾部当印有各地盐运司广盈库的官员职名,且盐引一般用麻纸印刷。由于盐引用麻纸印制,便于模仿,一些不法之人得以伪造盐引。官府对这种情况进行严厉的打击。天历二年(1329)八月,焚烧了缴获的四川伪造盐茶引④。

---

① 苏伯衡:《苏平仲文集》卷一二《敏斋处士林君碣铭》,。
② 李逸友:《黑城出土文书(汉文文书卷)》,第 125 页。
③ 《至正条格》卷十一《厩库·盐课》。
④ 《元史》卷三三《文宗二》。

元代“盐券”一词并不多见。《元史》卷一六三《李德辉传》记载当时其募民入粟中盐一事：“乃募民入粟绵竹，散钱币、给盐券为值，陆挽兴元，水漕嘉陵，未期年而军储充羡，取蜀之本基于此矣。”①可见李德辉用盐作为入粟之民的报酬，当然这些入粟之民多为商人。盐券既作为入粟的收据，同时作为支盐的凭据，其代替了货币的职能。其中没有谈到盐引一事。《汪忠烈公神道碑》载：“时今上皇帝（忽必烈——引者注）为皇太弟，将有事于西南……即命置行部于巩，设漕司于沔，造楮币，给盐引以通商贩，以贮军储。”②汪忠烈公为汪德臣③，与李德辉几乎同时。可见，当时盐引和盐券可能是同物异名。李德辉所施行的盐券仅针对解盐④，是为解决边界军马粮草问题而使用的一种官文书。由 F126：W2 可知，上面除说明收纳买引钱的单位“两淮都转运盐运司广盈库”，还有盐商姓名“董兴”，买引钱数目“中统钞伍拾定”，检钞人的保结文字，缴纳年月日“至治元年四月 日”，检钞人姓名“王士钧”等。该文书未见盐引面额，显然不是盐引，而是盐商缴纳买引钱时广盈库给予的收据。李逸友先生指出盐券是由李德辉发行“以代替货币”⑤，有一定的道理。但用以代替货币的“盐券”肯定不是 F126：W2 号文书这样的收据。若以“盐券”一词称之似为不妥。据笔者判断，它更应该是宋金钞引盐制下的“公据”。

以上两件文书同为两淮盐运司的盐务文书，却并不在两淮盐运司的行盐地面之内。这是何故？李逸友先生指出这些文书不是用来购买食盐，而是代替了货币的功能⑥。殊不知有元一带对犯界盐货有着十分严苛的法律规定，即使它可以作为有价证券可以随意转让，

① 《元史》卷一六三《李德辉传》。
② 《陕右金石录》。
③ 《元史》卷一五五《汪德臣传》。
④ 李庭：《寓庵集》卷七《解州盐池重修二王神庙碑》。
⑤ 李逸友：《黑城出土文书（汉文文书卷）》，第 72 页。
⑥ 李逸友：《黑城出土文书（汉文文书卷）》，第 72 页。

也仅限于其行盐地面之内。在两淮行盐地面之外的亦集乃路销售淮盐是不可想象的。此外，盐引的确被作为赏赐、分例、军需、赈济之用。诸王妃子的分例在元后期就曾支与盐引。前引 F62：W16 号文书载："支钞并夏季分例钱内支盐引肆拾道。"这种现象十分普遍。值得注意的是，他们并不需要购买，而由朝廷赐予盐引后，赴场仓支盐。如此说来，该盐引既不被作为赏赐、分例所存在，也不是随意购买的有价证券。因此笔者认为，董兴购买两淮盐引，运到亦集乃路发卖。食盐作为犯界盐货是非法的。为此亦集乃路总管府收缴了他的盐引和公据。如此盐货犯界情形在元代要受到严厉的处罚。

四 余 论

必须交代的是，盐引还作为数量单位存在。《元史·食货二·盐法》中提到，窝阔台汗时"每盐一引重四百斤"。当时的盐引法虽不完善，但这一规定奠定了元代盐引的单位数量基础。元初由于地域的不同，盐引的单位数量也不尽相同。至元十年(1273)前山东和河间的每袋均为四百五十斤，而大都每引重四百斤①。至元二十二年(1285)规定每盐一引四百斤②。此后每引盐四百斤成为法定标准。至元二十九年(1292)办课圣旨中强调官定袋法为每引四百斤③。由于盐袋运销中的消耗，每引盐在实际装办的过程中往往要多装十斤左右，即"每引带席索通秤四百一十斤，出场袋法之外，余有十斤，以充在船坐仓走卤折耗"④。此外，至大年间(1308—1311)各处盐运司不依原定法度装盐，盐商到场支盐时每引大者不及三百七八十斤，小者三百三十斤。其目的是增加盐课收入，从而导致民间

① 魏初：《青崖集·奏议》，参见洪金富《元代台宪文书汇编》，第417页。

② 《元史》卷一三《世祖十》。

③ 《元典章》卷二二《户部八·盐课·立都提举司办盐课》。

④ 《元典章》卷二二《户部八·盐课·新降盐法事理》。

盐价一度腾跃,民受其害。于是,至大四年(1311),令行省、腹里各处运司设法关防,场官与秤子人等须依法每引盐四百斤出场,并由中书省派遣官员前去称验,如有短少,运官及仓场官等都要受到相应的处罚,甚或黜降①。天历二年(1329)正月,仍复盐制每四百斤为引②。此后每引盐四百斤的规定延续至明初。

盐引不仅行用于商运商销法③。有元一代,政府摊派或置局卖盐,均与盐引有关。这种情况使盐引数量单位属性更为凸显,尤其是卢世荣设立常平盐局时,年所卖盐数需根据各地人数的多少斟酌拟定,开坐数目,由宣慰司、总管府各差官一员拿着公文前去支引。各处局官需前去相应盐运司支引,支拨盐袋④。政府摊派的"食盐法"每年由地方政府根据盐运司下派的盐引收取盐课钞缴纳,并前往盐运司支引。地方政府到盐场或盐仓支盐后分派给当地的民户,也有强迫民户购买盐引者。陕西盐运司每年预期差人分道赍引,便散州县,甫及旬月,杖限追钞。富裕之家仍无法应办,贫穷之家更是雪上加霜,即使引目到手,也无力装运,只得将盐引低价卖予盐商⑤。这样盐引便成为一种有价证券在市场上流通开来。此外,政府部门为了获取急需的物资,常用盐引作为兑换的资本⑥。由此可知,盐引作为有价证券存在的前提,既有官府食盐法迫使民户与盐商之间的非政府行为,也有政府为解决财政需求而采取的政府行为。

此外,中央部门以及中政院等相关机构支盐,一般也以引为单位。有时可以凭借内降文记支盐甚或诸王和驸马之言即可支盐。至大元年(1308)颁下诏旨:"凡持内降文记买河间盐及以诸王、驸马之

---

① 《元典章》卷二二《户部八·盐课·盐袋每引四百斤》。
② 《元史》卷三三《文宗二》。
③ 陈高华先生将这种运销方式定为商运商销。
④ 《元典章》卷二二《户部八·盐课·设立常平盐局》。
⑤ 《元史》卷九七《食货五·盐法》。
⑥ 《元史》卷九六《食货四·市籴粮之法》。《元史》卷一六八《陈天祥传》。

言至运司者,一切禁之。"[1]当然诸王驸马获取的盐源于朝廷赐予,而赐予他们的是盐引,而非盐钞。其要获得盐钞仍需到盐运司支盐发卖后才能获得。

盐引的单价由官府拟定。蒙古国时期,盐引价格为每引一十两银。蒙哥时期,"每引添做十三两银子卖有来"[2]。中统二年(1261),王文统将其减为银七两。由于中统钞两贯等同于白银一两,每引盐价当为中统钞十四两。全国统一之后的很长一段时间,北方盐价一直维持在这一水平。南方盐价相对较低。至元十三年(1276)平江南后,江南盐所入极广,故将每引改为中统钞九贯。至元十九年(1282)十月,两浙盐价增为中统钞十三贯。之后不久南北盐价逐渐统一。至元二十一年,常平盐局的盐价为中统钞十五两。次年三月,又以遵守旧制为借口将盐价增为中统钞二十贯。至元二十六年(1289)增为中统钞五十贯。陕西盐运司至元二十六年(1289)即收中统钞十五贯、至元钞三贯,同年十一月只收至元钞十贯[3]。至元钞一贯与中统钞五贯等。如此算来,十一月前的盐价是三十贯,十一月以后则增为中统钞五十贯。其间各盐运司的盐价并不一致。元贞二年(1296),全国引盐定价增为六十五贯。至大二年到延祐二年的七年间(1309—1315),盐价增至一百五十贯[4]。延祐二年(1315),中书省有些官员建议将每引盐价定为中统钞三锭,御史台官认为盐价太高,"盐价添做三定呵,取利太重,只每引做两定卖者"[5]。但由于"钱物不敷",最终中书省的建议得到施行[6]。泰定二年(1325),一度减去二十五贯。天历年间(1328—1329),各地盐

---

① 《元史》卷二二《武宗一》。

② 《元典章·新集·户部·课程·盐价》。

③ 陈元忠:《建置盐司历年增课记》,转引自古松崇志:《元代河东盐池神庙碑研究序说》。

④ 《经世大典》,苏天爵编《元文类》卷四〇。

⑤ 《元典章新集·户部·盐课·盐价》。

⑥ 《元典章》卷二二《户部八·盐课·盐价每引三锭》。

价基本上恢复了这一数字①。后至元五年(1339)和至正二年(1342)的记载显示,当时的盐价均为每引中统钞三锭。可见从至大二年(1309)始,元代盐价基本上保持在每引一百五十贯。元初盐价的减少是统治者为稳定社会秩序的举措,之后盐价的增长当与纸币的通货膨胀有关。朝廷财政状况的不断恶化,也促使统治者通过控制盐价来获取更为巨大的利润。有意思的是,蒙古国时期盐引钱收银。中统元年(1260)虽发行中统钞,但当年盐引钱仍收银。综观元代,各盐司盐引钱多以中统钞来计算。需要说明的是,这里所说的盐价并非市场价格,而指批发价②。

第二节 成盐的收储、运输和销售

有元一代,成盐收储和运销制度是盐法的重要组成部分。盐生产出来后并不会马上运销出去。所以盐运司一般将其存放在某个固定的地点,以便于盐运司卖盐和盐商及相关人员支盐,同时又要防范私盐的生发。元代成盐存储之法有相应的变化,具体表现为存储地点的不同。很多前辈学者提到元代盐的存储由场到仓的转变,有些学者将仓支法作为元代盐引法的一个变例③。这些学者更多地注意到盐的支出而没有注意到盐的存储。目前学界对于元代盐业运销的研究中,陈高华先生的观点最具代表性。陈先生认为有元一代商运商销(行盐法与和籴法)和官运官销(食盐法和常平盐局法)并行④。以往的研究中,前辈学者似未注意到有元一代成盐收储的变化,对运销体制的研究,也仅限于具体运销方式的变化。本节在前人研究成

① 《元史》卷九四《食货二·盐法》载天历二年,办盐二万八千九百一十引,计钞八万六千七百三十锭。计算得盐价为钞一百五十贯。同书载天历时年产盐总数二百五十六万四千余引,盐课钞为七百六十六万一千余锭,计算得盐价为钞中统钞149.39贯。

② 关于元代盐价的分析可参见郭正忠:《中国盐业史(古代编)》,第485~493页。

③ 田秋野、周维亮:《中华盐业史》,第245~248页。

④ 郭正忠:《中国盐业史(古代编)》,第464~481页。

果的基础上，对元代盐的收储与运销体制作进一步考察。

一 成盐的收储和运输

盐由灶户生产。有元一代，各盐场灶户由国家调拨，所产之盐完全由国家来收纳。灶户只是官府盐业作坊中的工人，利用自己的劳动生产国家分配给自己的盐产数额。盐运司收纳成盐后给予灶户相应的劳动所得，即工本，以维持生计。

宋代所产之盐多存储于盐仓中。因盐仓地点的不同，盐仓又可分为收纳型盐仓、中转型仓和负责销售或支发的供销型仓①。金代所产之盐大多存于盐场②。蒙古国时期成盐存储的地点不详，似沿袭金代的盐场存储法，商人支盐需到盐场支拨。值得肯定的是，元代前期成盐存储在盐场中，无论盐商还是官府都要来盐场支盐。中统二年（1261）颁布的《恢办课程条画》规定："今后诸盐场遇有买纳及支客盐，无致留难，不受不给，或勘合号簿、批凿引钞违限者并徒二年。""达达民户盐场里要盐时分，各自斟酌吃多少呵要者。"③王恽也指出"便商贾为利者，许诸人赴场买引关盐，厘勒监主不得刁蹬客旅，最为急务"，并称当时官吏买盐，最终造成"客旅为曾赴场不能得买，尝被耽误"，而官吏支盐"先拣离场近便去处……"积弊甚多，同时指出盐场乃"天下号为争利之所"④。由于权豪多取，至元二十六年（1289）尚书省建言："南北盐均以四百斤为引，今权豪家多取至七百斤，莫若先贮盐于席，来则授之，为便。"得到允准⑤。至元二十八年（1291）所颁布的《至元新格》仍然规定成盐存储于盐场。原来宋

① 郭正忠：《宋代盐业经济史》，第266～272页。
② 《金史》卷四九《食货四》。
③ 《元典章》卷二二《户部八·课程·恢办课程条画》。
④ 王恽：《秋涧集》卷九〇《论盐法》。
⑤ 《元史》卷一五《世祖十二》。

代的盐仓并没有保存下来，大多被改为他用，有些则废为瓦砾①。在相当长的时间里，东南盐运司生产的成盐仍存放在盐场的便仓中，供盐商或相关人员支拨。大德四年（1300），两淮改法立仓，规定成盐存储于盐仓，盐商及相关部门要到盐仓支盐。延祐七年（1320），两浙盐运司效仿两淮，施行盐仓法。这种盐仓实际上兼有供销和收纳两种功能。

元代对成盐的存储有严格的规定。至元二十八年（1291）所颁布的《至元新格》记载甚为详细。具体说来，有收盐、装袋、检校、编垛、安置和支盐等环节。诸场灶户运送自己所产之盐到场后，“皆须随时两平收纳，不得留难”，同时根据缴纳盐产的多少由盐运司支付工本。灶户运盐到场仓大多为散盐，场官受盐后根据需要装成盐袋，以便发卖。为防止盐弊的生发，诸场盐袋皆判官监装，“须要斤重均平，无有余欠”。盐袋装好后由运使以下的盐运司官“分转检校”，然后于盐袋上书写监装检校的职位、姓名，并以千字文编号，如法编垛；诸场积垛没有卖出的盐袋需在“高阜、水潦不能侵犯去处”，如法安置，运司官员仍要不定时的点检，如发现“积垛不如法，防备不尽心，以致损败者”，由负责人员进行赔偿。遇到支请盐袋的商人等，比对勘合、盐引无误后，根据先后顺序进行给付，“但有答带余盐或剋除斤重及支给失次，刁蹬盐商者，随即追问，是实，各依所犯轻重理罪，仍听察官纠弹”②。

法律条文及规定虽十分详细，盐场支盐的弊端仍难以避免。收盐时盐运司官对灶户的刁难，装袋时斤重不符合规定，盐司检校官因自身原因及受贿而忽视检校，编垛紊乱造成安置时盐袋损失，支盐时运司官对盐商的刻意刁蹬，种种情况使表面看来十分严密的成盐收

① 《至正四明续志》卷三：盐仓一所，在西北隅永丰门里，至元十三年以后权贮之税粮，延祐七年，复为盐仓。张之翰《西岩集》卷一六《浙西盐仓记》指出浙西“旧有仓，归附以来废为瓦砾”。

② 《元典章》卷二二《户部八 · 课程 · 至元新格》。

储体制漏洞百出。现实中存在的利益诱惑和运司官及场官的失职，加之灶户与盐商的勾结，导致私盐的生发。因而盐场支盐面临不得不改的境地。大德四年(1300)，两淮盐运司率先施行盐仓收储法。正是由于“比年以来，诸人盗卖私盐，权豪多带斤重，办课官吏贿赂交通，军官、民官巡禁不严，以致侵衬官课”的现实状况，两淮盐运司“自大德四年为始，立仓查运，拨袋支发，以革前弊”，并规定“附场闲杂船只不许往来湾泊”①。这样恢复了宋代的盐仓收储法。

两淮盐运司盐仓主要设置在扬州、淮安一带，根据地理远近分置六仓。与盐场收储法相比，盐仓支盐法不仅是简单的盐仓设置，更凸显出制度上的细微变化。

首先，纲运的出现。盐场收储时期，成盐不用运送出场即可发卖，故无需纲运。但盐仓收储成盐时，盐场到盐仓有相当距离，因而如何将盐场便仓里的盐运往盐仓收储，是一个很重要的问题。设纲运盐正是在这种情况下产生的。两淮盐运司根据诸场月办课额的多寡、距离盐仓的远近、河水的深浅、仓场的装卸及仓场之间的日程设立四十纲。前面已经述及，两淮盐场数为二十九，可见纲的设立并不是完全根据盐场数来设立的。“纲”是一独立于盐场之外的专责盐运的基本单位。纲设监运一员，负责运送盐袋入仓。需要注意的是，两淮盐运司的四十纲中，每纲还设有纲头，由官府为管理纲船而临时在纲中选用。对于船主而言，担任纲头是一种职役，意味着责任和义务。必须说明的是，监运由盐运司任命，而担任纲头的船主并非为盐运司所有。船主与盐司之间更多的是一种雇佣关系。船户受雇运盐，而官府给付脚价钱作为劳动报酬。船户一旦被雇佣，则长期处于盐运司所辖的纲中，二月至十月的九个月间运盐，即使不运盐的三个月份，船主也要“趁时修船，整办浮动”，不能随意离开纲司。私自离纲者，杖五十七下。

纲运的时间与煎盐的时间相同，即始于当年的二月，终于十月，

---

① 《元典章》卷二二《户部八·盐课·新降盐法事理》。

共计九个月,同时也与两淮天气的变化有关。二月为春首,河开之后才能装运。十月份进入寒冷的冬季,河水结冰,不利于船只往来。因而纲运选在此段时间是有道理的。

其次,耗例标准的确立。蒙元时期盐袋以四百斤为标准。但运盐过程中往往会出现折耗。大德四年(1300)的新降盐法规定了耗例的标准。监运赴场支盐时就廪装打硬袋,每引带席索通秤四百一十斤,其中在标准盐袋四百斤之外多支十斤,"以充在船坐仓走卤折耗"。其中"诸仓破耗六斤,监运破耗四斤"。纲船运盐到仓后,负责盐运的监运官与仓官一同交收。针对违犯耗例的情况,元廷制定了相应的措施。损失超过耗例的,不仅要问罪于监运和船户,还要勒令纲头、船户赔偿,从脚价钱内根据官定盐价扣除损耗。损耗超过十斤以上的,置簿申报盐运司,补足支发。

再次,盐仓内盐袋的储存。盐袋入仓后"排垛收贮"。具体怎样排垛,当与最初盐场收储方式相同,兹不赘叙①。遇到盐商支盐,需要"添席重包",然后支发。为此,盐仓要收纳由盐运司定制的装盐席索。

两浙盐运司改法立仓的时间是延祐七年(1320),距离两淮立仓的时间已二十年。显然经过二十年的实践证明,两淮的仓储法在盐务管理方面还是成功的。延祐七年(1320),两浙盐运司依两淮例改法立仓,说明在此之前两浙的盐袋在盐场收储。其实不然。虽然元朝统一以来,原来赵宋旧有的盐仓大多破坏,"旧有仓,归附以来废为瓦砾"。但张之翰提到浙西盐仓的盛况:"修廊缦迴,檐角翔舞,重栾傑栋,属连演迤,此仓之兴造也。漉沙结白,熬波出素,冰裂雹碎,眩转的皪,此仓之储蓄也。风帆海船,随潮下上,富贾巨商,云合雨集,此仓之发运也"。这篇作品作于至元癸巳年(1293),是说昭信校尉来浙西担任松江判官,"其莅是司,首以仓为急务,乃率僚吏即古基,峙屋八十一楹",可见至元时就有了盐仓的设置。"松江,古华亭

① 参见《元典章》卷二二《户部八·课程·至元新格》。

邑,枕江负海,厥土广泻,牢盆之赢实百他郡。后升为府,仍司浙西咸鹾,并浙江东钱清、西兴及江北六场隶焉。”①也就是说,当时浙西盐仓收纳浙江东钱清、西兴及江北六场盐袋。既然两浙盐司设有盐仓,为何又在延祐时期依两淮例设置盐仓呢?实际上浙西盐仓并不具有代表性,所施行的盐仓收储仅仅是官员的个人行为。

两浙盐运司依两淮例改法立仓,纲官押船到场,运盐赴仓收贮,盐商就仓支盐。两浙的盐仓管理人员称部辖,“掌收各纲船户,运到盐袋,贮屯在仓,听候客人,依次支盐”②。与两淮不同,两浙盐运司纲的设置与盐场相关。延祐六年(1319),两淮盐运司立嘉兴、绍兴等处盐仓官,其中所有三十四场各场监运官一员③。但《元史·食货五》称两浙设三十五纲监运纲司,不知何故。纲司的职能与两淮并无太大差异,“专掌召募船户,照依随场日煎月办课额,官给水脚钱,就场支装所煎盐袋,每引原额四百斤,又加折耗等盐十斤,装为二袋,纲官押运前赴所拨之仓而交纳焉”④。《熬波图》所载是元统时的事情,其中述及灶户煎盐了毕后,由主户收纳,“入团内仓房收储”,尔后由船户运往总仓交纳⑤。但这在两浙盐运司实施的并不顺利。“始则为便”,经过二十多年的运作后,这种方式出现了很多问题。其中“纲场仓官任非其人,惟务掊克”的现象较为突出。“今各纲运盐船户,经行岁久,奸弊日滋。凡遇到场装盐之时,私属盐场官吏司秤人等,重其斤两,装为硬袋,出场之后,沿途盗卖,杂以灰土,补其所亏,及到所赴之仓,而仓官司秤人又各受贿,即不加辨,秤盘又不如法。在仓日久,又复消折。袋法不均,诚非细故。”而仓官“肆其贪欲,出纳之间,两收其利。凡遇纲船到仓,必受船户之贿,纵其杂和灰土,收纳入仓。或船户运至好盐,无钱致贿,则故生事留难,以致停泊

① 张之翰:《西岩集》卷一六《浙西盐仓记》。
② 《元史》卷九七《食货五·盐法》。
③ 《元史》卷九四《食货二》。
④ 《元史》卷九七《食货五·盐法》。
⑤ 陈椿:《熬波图》,雪堂丛刻本。

河岸，侵欺盗卖。其仓官与监运人等为弊多端，是以各仓积盐九十余万引，新旧想并，充溢廊屋，不能支发”①。如此情况印证了张之翰的担心：“犹恐未之尽，领斯仓者或邪沟暗港，私犯旁午，私日多而官日少，可不思所核视乎？或上亏国用，下阙民食，利未兴而害未除，可不思所屏息乎？或仓吏纲兵奸利相市，混晶英而杂伪恶，可不思所建白乎？”②为此后至元五年（1339），两浙运司向中书省建议：“不若仍旧令客商就场支给，既免纲运俸给水脚之费，又盐法一新。”至正二年（1342），中书右丞相脱脱及平章铁木儿塔识上奏，要求依照世祖旧制革罢现设盐仓纲运，施行就场支盐，获得顺帝批准③。其实就场储与仓储来看，仓储无疑增加了政府投入，而成盐产销环节的增多是盐弊增多的根源。应该说延祐整治两浙盐法的努力值得肯定。但这种努力是建立在增加行政成本，降低行政效率基础上的。虽然最初的尝试效果不错，但岁月渐久，其弊端便显露无遗了。

由现存资料看，盐仓存储法较少存在于其他地区。山东的坨被视为盐仓。后至元元年（1335）十月，周信臣为山东盐运使，到任后即度地府城（济南）北之上泺口，买田清河南壖界，为东西二区，名之曰坨，以受滨乐所入盐，“权其筴画，然而如一商别其积嶷，然而成列门垣席囤，覆护周密，圭撮之微不失也。监临有员，讥伺有卒，奸恶之私弗容也。所谓有度贮之定所者，以此括舟以转界泺口之清河桥左，即场运以输坨，易灶去舟车发就运舟三十为纲，纲设官车，盐筴满万，亦设官发而适均，至而如期者必赏以劝，至而后期减耗滥恶者必罚以偿。”④可见山东盐仓支运达到了相当的盛况，而这些更多为周信臣个人所为。就盐袋收储而言，山东与淮浙并没有什么不同，设纲船运盐。纲的设置标准是以船的多少。更确切地讲，纲是以运盐量而划

① 《元史》卷九七《食货五·盐法》。

② 张之翰：《西岩集》卷一六《浙西盐仓记》。

③ 《元史》卷九七《食货五·盐法》。

④ 张起岩：《山东东路都转运盐使周信臣去思颂》，《山东盐法志》附篇援证九《历代艺文》。

定的。

河间的盐运往大都也使用纲运。但此纲运与其他不同。其主要针对大都之民消费，且与盐局法的施行相关联。泰定二年(1325)以前即施行纲运，同时大都设立京廒。然局官、纲船等人多有侵盗之弊，故罢掉京廒。元统二年(1334)，户部提出恢复纲运和京廒，"仍令运司严督押运之人，设法防禁，毋致纵令纲船人等作弊"①。后至元三年(1337)，中书重申施行纲运仓储。大都所需要的一万五千引河间盐用纲船运往京城收储，由运司于盐课钱内支用脚价钱招募有产业的船户，并相互保识。河间运司的纲运以每千引为一纲，故运往大都的纲船应设置为十五纲。其间还要差派场官一员、奏差或监运巡盐官等，每名管押一纲，将原大都运司辖下的兴国等场所收的盐产支拨运送。同时还分派分司官监视是否如数两平支收，是否在三个月内到京廒交卸。若有掺和沙土，湿润、短少数目的，相应本纲船户、押运场官及奏差、监运诸人均要作相应赔偿，同时承担相应的刑事责任。需要注意的是，若以河间每千引为一纲，两淮盐运司设四十纲，盐课额总计为四万引，显然与两淮的运销量不相符。故环渤海盐区纲的设置与东南的淮浙盐运司是有区别的。

由上所述，盐场收储和运输是元代盐务管理中的重要内容，而盐仓收储支盐以及纲运在元代并不多见。可以说，盐场收储是元代成盐收储的主流。这是对前代收储体制的扬弃，更多地吸收了金代的体制，减少了中间环节，降低了运行成本。虽然盐场收储存在诸多方面的不足，但盐仓收储体制体现元代盐法细密的同时，也付出了官府运行成本提高，行政效率降低的代价，并因盐运环节增多而滋生更多弊端，以至于两浙不得不恢复原来的盐场收储法。

① 《元史》卷九七《食货五·盐法》。

二 成盐的销售

关于盐业的销售体制,陈高华先生业已做了详尽的研究。他认为元代盐的销售方式主要有两种:“一种是商运商销,即由商人向国家买盐,运往各地,再按国家规定的价格卖给百姓”,其具体方式有行盐法与和籴法;“一种是官运官销,即由国家有关机构将盐运往各地,卖给百姓”,其具体办法有食盐法和常平盐局法,进而分别探讨了相关的运销方式,并指出行盐法是元代盐运销的主流方式①。笔者将在前人研究的基础上,就元代成盐销售体制的几个问题进行探讨。

所谓商运商销的行盐法,前已述及。其主要特点是商人赴运司买盐引,赴盐仓或盐场支盐,运至行盐地面贩卖。其中引法成为约束商人,防止盐弊生发的重要制度②。行盐法的特点是商人的参与,指定地面发卖,并有严格的引法作为政府监督商人运销的依据。食盐法的特点是计口桩配,其间只是政府与百姓发生关系,带有强制性。“比屋计口配盐,入其值以防民私,谓之食盐。”③难怪史楫说这种做法有似摊派差税。和籴法和常平盐局法是元代盐运销的非常态方式,两者是在特定时期,特定环境下才提出并施行的,其实施时间较短。行盐法和食盐法才是元代盐运销的常态方式。施行行盐法与食盐法的争论贯彻了整个蒙古国时期和有元一代。两者同时并行,相互补充,都成为元政府攫取盐利的一种途径。

---

① 陈高华:《元代盐政及其社会影响》,《历史论丛》第一辑,又见陈高华《元史研究论稿》,中华书局 1991 年;郭正忠:《中国盐业史(古代编)》,第 464 ~ 481 页。陈高华、史卫民:《中国经济通史·元代卷》,第 615 ~ 626 页。

② 关于行盐法的研究见陈高华:《元代盐政及其社会影响》,《历史论丛》第一辑;郭正忠:《中国盐业史(古代编)》,第 464 ~ 481 页。陈高华、史卫民:《中国经济通史·元代卷》,第 615 ~ 626 页。另参见《元典章》卷二二《户部八·盐课·新降盐法事理》。

③ 刘敏中:《中庵先生刘文简公文集》卷二《益都路总管李公去思记》。

(一)行盐法(商销法)

蒙古国时期,北方盐产的销售大多由商人来进行。宝坻三汊沽场由于"河路通便"而商旅往来较多①。潞村因商人增多而"保聚益繁","鹾课日益以增"。史楫是史天倪之子,其为真定兵马都总管时,有人提出"运盐按籍计口,给民以食",史楫当即表示反对。在他看来,"盐铁从民贸易,何可若差税例配之"。最终没有施行食盐法。这恰恰说明在当时的管理者眼中,盐铁都需要商人进行交易。施行"按籍计口"的方式,如同加在百姓头上的另一项差税,明智的统治者显然不会如此做。这种"按籍计口"的销售方式是当时朝廷中的一些大臣提出,那么史楫的说法显然不仅代表其所统辖的真定地区,应该具有广泛的意义。由此可知,当时蒙古国所辖下的诸多地区,盐的运销均由商人实现,即采用商运商销的方式。值得说明的是,既然食盐法由一些官员提出,在当时中央与地方的联系并不是十分紧密的情况下,一些地区施行食盐法也不是不可能。

元朝最早的销盐法令颁布于中统二年(1261):"所有盐货,听从民便,买卖食用,并无桩配给散之家。"②苏天爵指出"当中统初,有司尝高其盐值而强取之,民罹其害,诏听民便,卖买食用",当指中统二年的这个诏令③。一般说来,盐场附近十里范围由盐运司控制,距离盐场超过十里的范围才是行盐地面,即盐袋运销的范围。据陈高华先生研究,行盐地面的设置往往根据行政区域进行划分,"但又根据地理、交通等情况进行了适当的调整"④。关于各盐司的行盐地面,笔者在陈先生研究的基础上又进行了探讨,可参见第四章相关部分,此处不赘述。

元代遗留下的政府法令文书中,大多以行盐法为中心。中统二

① 王鹗:《三叉沽创立盐场碑》,见《长芦盐法志》卷一四,雍正刊本。

② 王恽:《秋涧先生大全集》卷八〇《中堂事纪上》。

③ 苏天爵:《滋溪文稿》卷二八《书两淮盐运使傅公去思诗后》。文中作"詔德民便","德"应为"聽"之误。

④ 郭正忠主编《中国盐业史(古代编)》,第453页。

年(1261)《恢办课程条画》指出:"今后诸盐场遇有买纳及支客盐,无致留难,不受不给,或勘合号簿、批凿引钞违限者 并徒二年。"①所谓"客盐",显然是指行盐。即使卢世荣提出的常平盐局法也将全年盐产量的三分之二交由商旅来兴贩②。至元二十八年(1291)所颁布的《至元新格》规定"凡遇商客支请,验其先后从上给付",并指出盐场官有故意刁蹬盐商者要受到惩罚,运司官如能使"商贾通便"则闻奏升赏③。至元二十九年(1292)重申行盐法的各项条款④。大德四年(1300),新降盐法强调了改法立仓之后的盐引法,使行盐的程序更为紧密。陈先生将其视为商运商销⑤是正确的。延祐及以后的政策法令中可以看出行盐无疑贯彻于有元一代。可见元政府历来注重盐商⑥的作用。不仅如此,元代众多有识之士也赞成发挥盐商的作用。陆文圭更是提出"莫若效古之法,听其与商人为市,而官收其税,数年之间亭户稍得苏息,而官亦无不利焉"⑦的建议。元史学界往往将大德四年(1300)的《新降条法事理》作为行盐法的具体程序,由买引、支盐、批引、卖盐、直至退引,其法不可谓不严密。其作用也较之食盐法等更能发挥盐商的作用。若按照理想的推断,行盐法无疑能在最大限度地将盐运销出去,从而使盐运司无亏课之忧,国家能及时收到课税,而人民亦有一定的食盐自由。

但政策的规定与真正施行之间总会存在差别。行盐法在施行过程中存在一些弊端。盐的销售历来有着巨大的利润,因而经营盐业

---

① 《元典章》卷二二《户部八·课程》。

② 《元典章》卷二二《户部八·盐课·设立常平盐局》。

③ 《元典章》卷二二《户部八·课程》。

④ 《元典章》卷二二《户部八·盐课·立都提举司办盐课》。

⑤ 郭正忠主编《中国盐业史(古代编)》,第469~471页。

⑥ 关于盐商的研究,陈高华谈到盐商的构成(郭正忠主编《中国盐业史(古代编)》,第472~474页);高荣盛:《元代商人研究》,《内陆亚洲历史文化研究——韩儒林先生纪念文集》,南京大学出版社1996年,第307~325页。王秀丽:《文明的吸纳与历史的延续——元代东南地区商业研究》,澳亚周刊出版有限公司2005年,第331~343页。

⑦ 陆文圭:《墙东类稿》卷四《流民贪吏盐钞法四弊》。

成为众多商人的梦想。"人生不愿万户侯,但愿盐利淮西头。人生不愿千金宅,但愿盐商千料舶。"巨大的利润使他们获利甚多。"盐商本是贱家子,独与王家埒富豪。"①这些利润的取得都与他们同盐运司官员的勾结分不开。虽在盐业运销中发挥重要作用的大多是富商巨贾。但官商勾结,盐官得贿而盐商多取成为普遍现象。至元二十六年(1289),尚书省指出今权豪家多取七百斤,比规定的袋法多出三百斤②。此外,一些诸王、公主及驸马等也依靠色目商人从事盐业。众多官员也利用管理之便,买卖盐引,经营盐业。官员的参与导致"盐价贵则官吏尽数拘买,客旅不能得买;盐价贱则官吏并不收买,客旅为曾赴场不能得买,尝被耽误,又知盐价迟涩,亦不兴贩,亏损官课"。官吏支盐则"先拣离场近便去处,次拣洁净干白好盐,又不依序,先行掺支,使客旅人等无所措手"③。支盐固然无序,零售盐价也多有投下、官商及富商巨贾来操纵,甚至卖完盐袋后借用应交退引营私舞弊,再次申领,导致盐法的败坏。因此这些势力的加入使元代盐法屡坏屡修,屡修屡坏,产生恶性循环。

行盐法主要通过商人在市场上来实现。商人贩盐的过程中有两个价格值得注意。一是批发价,即盐引单价。有元一代盐引单价经历了很大的变化,从最初的每引一十两银,至元二十六年(1289)增为中统钞五十贯,至大、延祐、天历年间又增为每引中统钞一百五十贯,增长数额巨大。盐价的批发价由朝廷制定,盐价的增加当然是朝廷出于增加盐课,以应付不断增长的财政需求的结果,而钞的通货膨胀更是盐价变动的重要因素④。二是销售价格,盐商批发得盐后,根据市场和自己的运营成本制定。盐的批发价格增加尚且如此,其销

① 杨维桢:《杨维桢诗集》之《铁崖乐府》卷五《盐商行》,点校本,浙江古籍出版社1999年。

② 《元史》卷一五《世祖十二》。

③ 王恽:《秋涧先生大全集》卷九〇《论盐法》。

④ 关于元代的货币制度情况参见陈高华《中国经济通史·元代经济卷》第十章《货币制度》,第401~446页。

售价格的增加便可想而知了。

行盐法的关键是发挥商人的作用,利用商人的中介作用,减少行政资本的投入,提高行政效率,从而使盐课按时办纳,盐商从中获利,百姓得以买食。这本是一石三鸟之举。但现实中盐商的构成复杂,官府人员和豪富商人成为其中的重要力量[①]。他们勾结官员,把持行市,提高价格,使成盐市场价格与市场需求的矛盾加剧。市场价格的提高意味着百姓投入的增加。一些百姓因此买不起食盐,甚至造成矛盾的激化。大都的成盐销售便是一例。至元二十一年(1284),大都盐的市场价格达到一百二十两,是批发价的几倍、甚至十几倍[②]。这就需要政府的宏观调控。食盐法某种意义上讲是元代政府宏观调控的一个重要举措。

(二)食盐法

由于盐运销不畅,加之防止私盐的生发,食盐法便成了盐运司所采取的另一种运销方式。正如陈高华先生所指出的那样,元代食盐法的施行涉及面广。就时间而言,从中统初山东施行食盐法起,直至顺帝,食盐法的施行与元朝相始终。就地域来讲,几乎所有盐司均推行过食盐法[③]。但就海盐而言,食盐法的施行还是有规律可循的。一般说来在盐场附近及沿海地区行食盐法,其目的是为了杜绝私盐,而内地则行商运商销法。

至元元年(1264),阿合马"益解州盐课,均赋诸色僧道军匠等户"的建议得以施行[④]。需要注意的是,"均赋"既是摊派,指食盐法。可见解盐行销地面食盐法主要针对诸色僧道军匠等户。至元八年(1271),大都民户因私盐泛滥,亏损官课,同样"验口给以食盐"[⑤]。如果说解盐所采用的食盐法是针对于民户外的诸色僧道军

---

① 参见本书第三章《元代盐商与私盐贩》。

② 《元典章》卷二二《户部八·盐课·设立常平盐局》。

③ 陈高华:《中国经济通史·元代经济卷》第十六章《诸色课程上》,第623页。

④ 《元史》卷五《世祖二》;卷二〇五《阿合马传》。

⑤ 《元史》卷九四《食货二》。

匠，大都的食盐法主要是因民户多食私盐，致使国课亏损而不得不施行的权宜之计。

元代施行食盐法最早是从山东盐运司开始的。“初司盐铁者以青地多泻卤，盐所易出，乃比屋计口配盐，入其值，以防民私，谓之食盐。”①食盐法的施行归于盐司，同时当与李璮之乱有关。益都本为李璮所管辖。中统三年（1262），李璮起兵叛蒙，结果在很短的时间内就被镇压了。统治者出于加强统治的考虑而施行食盐法。最初山东盐司食盐法仅限于濒海去处。中统四年（1263）的食盐法，“令益都山东民户，月买食盐三斤”。至元八年（1271）左右，距离海七八百里的滕、峄、淄州等处“俱各椿配”。食盐法不仅是计口售盐，同时还要“以毫厘品答”②，根据不同的户等进行摊派。这种方法表面看来似有利于民户，但其实质是保证国课收入，避免私盐生发。无怪乎王恽说：“窃详调度盐法，以便民为心者，莫若于所辖州县，量户数多寡，将原认课额均分。依已定价钱一十四两一钱，仰各处管民官设立盐官，赴运司关支盐货，置局发卖。”③这无疑是加在民户身上的负担。无论民户是否承担得起，每年都要完成政府下派的相应任务。收成较好的年份还可以，遇到灾荒，民多阙食，基本的生活还保障不了，让其完成食盐数额则会遇到很大的困难。另外，食盐的支取需要现金，“丝绢麻布并不收受”，民户又不得不到街市上倒换交钞，以便买盐，“大绢一疋长二丈八尺，重一十三两，于街市倒钞七钱，布一疋长十八尺，倒钞五钱”，然后到盐局买纳。有些贫穷的民户又不得不借高利贷来完成所需承担的食盐配额，买讫盐袋后又不得不“于城内每斤折二三两依市价转卖”。这样高买低卖，是为尽快收回钞价，归还给债主。由于民户关买配额盐袋由政府派主首来监督，主首“赍信牌，立限约”，不管什么季节，都要以完成政府配额为先，往往

① 刘敏中：《中庵先生刘文简公文集》卷二《益都路总管李公去思记》。

② 魏初：《青崖集》卷四《论盐货椿配》。

③ 王恽：《秋涧先生大全集》卷九〇《论盐法》。

贻误农时。于是魏初上奏,要求相关部门从长计议。但这种状况没有改变,加之官吏从中勒索,愈演愈烈。"久则吏缘为奸,口岁至五十斤,盐月而食弗尽,诬之以私煮。值多而偿不足,罪之以欠课,敲榜禁系,求索百端,往往破产而后已。或乃先责其值而竟掩其盐,民骚然无所控诉,岁以久矣。"①虽然摊派式的食盐法在操作过程中减少了私盐的困扰,却给百姓带来了深重的灾难。为此,朝廷多次下令罢食盐法②。见于记载的最后一次是至正三年(1343)③。

食盐法的施行与否,某种程度上也反映了地方官府和盐运司之间的微妙关系。朝廷的条令仅仅是指明运销所采用的大方向。采用什么样的运销方式,并不完全由中央政府来决定,很大程度上依赖于各地盐运司。食盐法的施行也是如此。食盐法在多大范围内应用,每个路府州县承担多大的数额,则需盐运司来安排。如,顺帝时陕西盐司食盐法的施行完全是在盐运司官员的操纵下来施行的。"照诸处运司之例,皆运官召商发卖,惟陕西等处盐司,近年散于民户",出现这种现象的原因多为"陕西运司官不思转运之方"。他们"每年豫期差人,分道赍引,遍散州县,甫及旬月,杖限追钞,不问民之无有"④。这种做法与元廷的政策相抵牾。又如,泰定初王克敬为绍兴路总管时,郡中"计口受盐,民困于诛求",他提出"乞减盐五千引",遭到运司的反对,直到他为两浙盐运司使时,才利用权力减掉绍兴民食盐五千[六百]引⑤,恰恰说明了这一点。如果说盐运司所关心的是盐课是否能及时完成,采用食盐法是运司官尽快完成课额的手段,那么地方官所关心的则是对民户的管理。食盐法弊端的显现影响了地方的正常统治和人民的正常生活,受到地方官员的极力反对,并在他们的干预下,食盐法似乎有些收敛。大德三年(1299),益都总管

① 魏初:《青崖集》卷四《论盐货桩配》。
② 致和元年罢益都诸属县食盐。见《元史》卷三〇《泰定帝二》。
③ 《元史》卷四一《顺帝四》。
④ 《元史》卷九七《食货五·盐法》。
⑤ 《元史》卷一八四《王克敬传》;卷一九二《王艮传》。

李谔极力争取,乞求"罢食盐,听民买食"。元廷首先征询宣慰司的意见,被认可后即由朝廷选官与李谔议定,"濒海者食盐如旧,而遏其吏弊。其益者①、临朐、莒、临沂四县及青之录司、益都县之颜神凡六处可官局发鬻,滕、峄二州,邹、滕、峄三县及沂水之新寨凡六处听商贩往来"②。浙东也是施行食盐法较为普遍的地区,"浙水东苦口赋,食盐者久之",浙东诸郡守亦各上言,遂罢"口赋法,从商贾转鬻民间"③。此外,乌古孙良桢建议罢福建、山东食盐,"民皆德之",显然百姓从中受惠④。有些地方郡县官员阿谀迎合盐运司,施行食盐法,使百姓深受其害⑤。

施行于盐场附近的销售方式与食盐法并没有什么不同。一般说来,盐场附近十里之内采用盐局发卖,这是为了避免私盐生发。两淮的盐法最初是附场百里之内设立官局十七处,这个范围之内的一府四州一十一县都要通过盐局来购盐食用。大德四年(1300),将盐局法的范围缩小到附场十里之内,其做法为"取现实有口数,责令买食官盐"⑥。食盐法中食盐由相应的州城和县城的盐局发卖⑦。

此外,施行于大都附近的盐折草法也可算作食盐法的一种形式。

(三)常平盐局法

常平盐局的研究已引起前辈学者的重视。陈高华先生简略地分

---

① "益者"当为"益都"之误。下文也曾提到"益都县"。按元代山东并没有"益者县"而有"益都县":中县,"倚郭。至元二年,以行淄州及行淄川县并入。三年,又并临淄、临朐二县入焉。十五年,割临淄、临朐复置县,并属本路"。参见《元史》卷五八《地理一》,第1370~1371页。亦可参见李治安先生之《元中书省直辖"腹里"政区考略》,《元史论丛》第十辑,第131页。

② 刘敏中:《中庵先生刘文简公文集》卷二《益都总管李公去思记》。

③ 宋濂:《宋文宪公全集》卷一四《故龙泉汤师尹甫墓碣铭有序》。

④ 《元史》卷一八七《乌古孙良桢传》。

⑤ 陈旅:《安雅堂集》卷九《王经历(止善)惠政记》。

⑥ 《元典章》卷二二《户部八·盐课·新降盐法事理》。

⑦ 魏初:《青崖集》卷四《论盐货椿配》。

析了这种运销方式[①],台湾学者则将其视为引法的一个变例进行了探讨[②]。

常平盐局是由卢世荣至元二十一年(1284)提出的。按照国家规定,一引盐官卖十五两。然而当时盐产销售被官员、豪富以及有力气的人每即富商所控制,造成盐价大涨。至元十八年(1281),潭州的盐价一引卖到一百八十两,江西则卖到一百七十两,即使大都也卖到一百二十两,超过国家规定十倍左右。昂贵的盐价的确使贫穷的百姓"多不得盐吃的有"。为此,他提出设立常平盐局,"贩盐底人每若时贵呵,咱官司贱卖",[③]通过这种方式平抑物价。至元二十一年(1284)的《设立常平盐局》规定了常平盐局法的主要实施细则。其主要内容如下:

其一,盐局官的任命相当重要。盐局官由各地官司从近上户计内选取有抵业人、通商贾、信实、不作过犯之人担任。局设大使一员,副使一员。本路出给委任状,并开具花名保结申报宣慰司,由宣慰司呈省备案,腹里地区则赴户部备案。常平盐局所用的攒典、秤子等根据本处卖盐的多少,从中户中差拨,仍需将设定人数申部,保结申宣慰司,呈行省。

其二,盐局的设立按照规定于一县设立一处。各路并户多州郡及人烟辏集镇官市可以根据需要由本路斟酌设立。盐局设立后,地方需开具所设立盐局的数目保结,地方申宣慰司,呈省;腹里地区则申部。

其三,盐局的年销盐数根据当地民户的多少开坐数目,并要求宣慰司、总管府各差一员管押,拿着地方给盐运司的公文同各处盐局官一同前去盐运司关引支拨。当然在支盐时要明确交付,否则到局如

① 陈高华:《元代盐政及其社会影响》,《历史论丛》第一辑,又见陈高华《元史研究论稿》;郭正忠:《中国盐业史(古代编)》,第480~481页。陈高华、史卫民:《中国经济通史·元代卷》,第623~624页。

② 田秋野、周维亮:《中华盐业史》,第243~245页。

③ 《元典章》卷二二《户部八·盐课·设立常平盐局》。

有短少,由盐局官赔偿。其间所需脚力由盐运司和雇承担。盐局卖过盐引由提点官批凿,申覆本路及省部。

其四,平抑物价是常平盐局的重要职能。如果没有客旅兴贩、盐价增添时分,官为发卖,价值虽高,每斤不过一钱。如此算来一引四百斤最多不过四百钱。盐局的发卖显然是零卖,须要一斤、至二斤、三斤各作一裹,预先如法,多广包裹。遇到民户买盐要验价支拨,无致留难。

其五,盐局每日将卖到盐钱明附文历,每日分豁本息具单状申报提点官司印押,每旬开申本路,转申宣慰司,呈省。到下月终了开咨到省。腹里路分将每月卖到数目于下个月初五日前申解到本路。

很多学者对于常平盐局法给出了否定的评价。台湾学者认为卢世荣之建议得以实现的原因有二:"第一为世祖之急求富国,世荣逢迎上意,致有此项奏请,以遂其聚敛之私图;第二因当时权势豪富,每多诡名买盐,增加转售,营谋厚利,故卢世荣得以藉此进言,以官易私。"卢世荣的常平盐局法"实则假常平之名,行排商之策,官商争利,公私交困"①。之所以得出这样的结论,盖从大都盐局法的施行得出的结论。大德中,大都即因商贩把握行市,民食贵盐,"乃置局设官卖之"。显然大都盐局是以平抑物价的形象出现的,并有一定的效果。泰定二年(1325),因所任局官不得其人,在上者"失于钤束,致有短少之弊",遂施行行盐法。但是由于巨商掌握着行市,"自是钞一贯仅买盐一斤,无籍之徒,私相犯界煎卖,独受其利,官课为所侵碍。而民食贵盐益甚,贫者多不得食"。元统二年(1334),即置局发卖,此时的盐局同样是承担着平抑物价的职责。此后盐局发卖过程中确实存在一些弊端:"在船则有侵盗渗溺之患,入局则有和杂灰土之奸。"加之局官典俸、赁房之资,短脚之价,席草诸物,无疑增加了运行成本,其盐价也就相应增加了。难怪有人说:"当时置局设官,但为民食贵盐,殊不料官卖之弊,反不如商贩之贱,岂忍徒费国

① 田秋野、周维亮:《中华盐业史》,第243页。

家,而使百物贵也。"至正三年(1343),又罢掉大都盐局,施行行盐法①。上述学者的评价是否公允呢?卢世荣的常平盐局法又该怎样来评价呢?

的确常平盐局法的施行首先会造成盐产成本的增加。首先,盐局的设置必定要设置盐局官,而局官则需领一笔费用,另外攒典、秤子的劳动也同样需要支付工食钱。这些都要最终算入盐价,盐价无形中便提高了。如果这些均不能满足,特别是没有及时到位的话,其中出现某些舞弊行为就在所难免。同时盐局的设置需要成本,且盐局往往设置在优越的地理位置。盐局的各项费用都是要算入盐价,从而造成盐价的增加。其次,这次常平盐法确实是在巨商操纵行市造成盐价上涨的情况下提出的,这就有了常平盐局施行的一个前提。为此,条令中规定至元二十二年(1285)各处盐运司额煎盐数先尽常平盐袋。既然盐价高涨,那么马上施行常平盐法也就是很自然的事情了。但各地的情况并不相同,所以一味强调施行局法而忽略了地区间的差距,因而不可避免地妨碍某些地区行盐法的施行。另外,盐局的年销盐数根据当地民户的多少来支请,这在某种程度上类似于食盐法,盐局官为完成任务而进行摊派的情况很有可能发生。

但必须说明的是,常平盐局法的施行并不是抵制行盐法,其实施是建立在与行盐法共存的基础上的。"咱每的盐引二百万引盐根底教客旅兴贩,一百万引盐诸路运将去放者,立常平盐局。贩盐底人每若时贵呵,咱官司贱卖。"由此看来,常平盐局所销售的数额约占全年盐产量的三分之一,行盐法仍然是盐销售的主体方式,商销盐额占到全年销量的三分之二。盐商"发卖盐价,如今盐袋不问,价例平和,听从民便发卖",因而常平盐局法在没有盐商发卖或盐价太高时才发挥作用②。常平盐局的设置只不过是为了控制盐商哄抬盐价,借以稳定经济秩序、缓解社会矛盾的一种措施。其所反映的当是市

① 《元史》卷九七《食货五·盐法》。
② 《元典章》卷二二《户部八·盐深·设立常平盐局》。

场自身发展规律以及政府调控的关系，即借用政府的调控手段来制约盐价的过快增长。某种意义上讲常平盐局法还是有积极成分的。故从理论上说其“假常平之名，行排商之策”似过于武断。

常平盐法至元二十一年(1284)在两浙率先施行，但随着卢世荣的失势，并没有得到广泛的推广。

(四)中盐法

蒙元初期，政府因忙于战争，需要大量的后勤保障，施行了和籴法。其具体做法是让商人运粮至指定的地区，给予盐引或盐券，赴指定的盐运司仓场支盐，然后发卖。元朝后期，由于地方救灾的需要，元政府往往令“商人输米中盐”，以作为赈济灾民物资的重要来源。这一点陈高华先生已有研究可参见，恕不赘述①。必须指出的是，中盐法是特殊背景下采用的特殊措施，并不带有普遍意义。

小　结

金元时期国家权力对盐业产销的控制通过盐引来实现。蒙元统治者在吸收金朝盐法的基础上，参照宋制，逐渐完善了盐引法。现有资料表明，蒙古国时期盐引作为数量单位存在，每引四百斤的规定一直延续了有元一代。中统二年(1261)颁布的《恢办课程条画》显示出批凿引钞和勘合在盐业销售中的必要性，而引钞和勘合恰是盐引法的重要内容。至元二年、三年(1265—1266)，各地盐引相继由户部印造，制国用使司给降。至元二十年(1283)，户部属下正式设立印造盐茶等引局，印造盐引。至元三十年(1293)，元朝政府对元初的盐引法进行了改造，这次改造盐引与当时的私盐盛行有关。改造之后的盐引不仅样式上发生了变化，而且一些文书相应改换和省简。盐引法较之以前更为细密。除现钱买引外，赴运司买引、倒给勘合、赴场支盐、批凿盐引、卖完后拘收退引的程序基本成型。大德四年

① 郭正忠主编:《中国盐业史(古代编)》，第471～472页。

(1300),两淮改法立仓,盐引法得以完善。盐商买引后,运司给予盐引、勘合,赴仓支盐,相对宋金而言,支盐手续更为简化,较易执行。盐商在买引之时便需厘定运销范围,接受水程,运往指定地点发卖。而批验所的职能加强,使盐商的销售在官方控制之下。盐业销售完毕后盐引的拘收规定更为严格。李逸友先生所指出的黑城出土的"盐引"当为元代盐引的残件,而"盐券"的说法似乎并不准确。由于盐引是用麻纸印刷而成,便于仿造,因而伪造盐引之行为愈演愈烈,官府在某种程度上给予了严厉打击。此外,国家通过控制盐价来垄断盐利。蒙古国时期盐价为每引银十两,中统二年(1261)减为银七两,至元二十六年(1289)增为中统钞五十贯,元贞时又略有增加,自至大二年(1309)始,盐价增为中统钞一百五十贯。元初盐价的减少是统治者为稳定社会秩序的而施行的举措,元中后期盐价的增长则与纸币的通货膨胀有关。

蒙元时期的食盐存储和运销制度与盐引法密不可分。蒙古国时期,盐场储盐与行盐法普遍存在。有元一代,就盐袋的存储而言,经历了由场储到仓储再到场储的变化。场储到仓储的变化意味着元代盐法的更为细密,但同时也使运销环节增加,盐的成本增加。虽然元代施行常平盐局法和中盐法,但这些都是在特殊背景下采用的特殊措施,并不带有普遍意义。只有行盐法和食盐法才是有元一代常态销售方式。但由于两者特点突出,同时弊端相对明显,因而采用什么方式的争论几乎贯穿了整个元代。无疑行盐法是盐销售体制中最重要的销售方式。

第三章 元代盐商与私盐贩

元代盐的运销方式以商运商销为主,故盐商在盐务中的作用不容忽视。根据性质的不同,姜锡东先生将宋代的盐商分为三种:自由盐商、钞盐商和私盐贩①。根据经营方式的不同,郭正忠先生则将宋代盐商分为承揽产销的豪商或大扑买主、交引户或钞引铺主、贩运客、销售商、盐牙子等五类②。元代承继宋金的钞盐制度,施行比较严格的盐引法,要求盐商买引支盐并运销。故元代常态下的盐商相当于宋代的钞盐商,我们不妨狭义的称之为"盐商"。元代以商运商销为主的运销方式的运行不得不依赖盐商。此外,一些盐商经常违反官府的有关法律和政策,买卖私盐,与官府争利,我们称之为"私盐贩"。学界普遍认为私盐贩的产生根源于榷卖制度③。私盐贩不仅与官府争利,甚或影响政局的稳定,最终成为灭亡元朝的重要力量之一。本章重在探讨元代盐商和私盐贩两大社会群体对元代盐务所产生的影响以及官府相应的管理措施。

---

① 姜锡东:《关于宋代的私盐贩》,《盐业史研究》1999 年第 1 期,又见氏著《宋代商人和商业资本》,中华书局 2002 年,第 151 ~219 页。

② 郭正忠:《中国盐业史(古代编)》,第 308 页。

③ 史继刚:《中国古代私盐的产生和发展》,《盐业史研究》2003 年第 4 期;马新:《榷盐与私盐贩的盛行》,《盐业史研究》1999 年第 4 期;梁庚尧:《南宋的私盐》,《新史学》十三卷二期,2002 年 6 月。

第一节 盐 商

盐引法下的盐商,是盐商运商销方式常态运行时的主体。正是他们搭建起生产与消费之间的桥梁。没有他们的中介作用,盐袋会出现严重的滞销。官府凭借一己之力销盐不仅数量有限,且由于所用非人,常会导致食盐不售,盐袋壅滞,民户无盐可食。因此允许盐商的存在并让他们发挥作用十分重要。前辈学者已对盐商有所研究。陈高华先生对盐商的身份和活动作了初步的考察,指出盐商可以分为贵族官员、与盐运司官员互相勾结的大盐商和无势力的普通商人①。高荣盛先生也谈及元代的盐商②。王秀丽博士则探讨了元代富比王侯的荆扬盐商③。本节着意于探讨有元一代盐商的状况以及对当时社会的影响。

蒙古国时期盐引法继承了宋金旧制,属于初级形态。元朝初期盐引法得以完善。盐引法的存在和完善与如何发挥盐商的作用相关,故陈高华先生将这种运销方式视为商运商销。本书第二章对盐引法进行了探讨,强调了盐引的作用。实际上,盐引的存在并不单单是一纸文书,更重要的是,元廷与盐商之间依靠盐引形成的一种特殊的关系。盐商支盐和买盐,从理论上来讲均在官府的控制之下。盐商的作用在官府监控下得以发挥。这种关系早在钞引出现之初既已存在。姜锡东先生将钞引制下的盐商视为官府的代理商④。元代盐

---

① 陈高华:《元代盐政及其社会影响》,《元史研究论稿》,第 76 ~ 77 页;郭正忠:《中国盐业史(古代编)》,第 472 ~ 474 页。

② 高荣盛:《元代商人研究》,《内陆亚洲历史文化研究——韩儒林先生纪念文集》,南京大学出版社 1996 年,第 318 ~ 320 页。

③ 王秀丽:《元代文人笔下的东南贾客》,《元史论丛》第十辑,第 181 ~ 182 页;又见氏著《文明的吸纳与历史的延续——元代东南地区商业研究》,澳亚周刊出版有限公司 2005 年,第 331 ~ 343 页。

④ 姜锡东:《宋代的商人与商业资本》,中华书局 2002 年,第 156 ~ 171 页。

引制下的盐商是否如此呢？我们还得从制度中找寻答案。

盐商的获利方式在于贩卖，即利用买进卖出之间的差价赚取利润。盐引制下的盐商也是如此。盐商在盐运司买盐，需要支付相应的费用，其中包括正课钞和带收钞。正课钞是盐商所买盐引数和批发价格的乘积。带收钞包括纲船水脚钱、装盐席索钱和仓场子脚钱等费用，其总数根据盐引的数量来计算。以大德五年（1301）两淮盐运司为例，每引需纳官中统钞六十七两五钱，其中正课钞六十五两，带收钞二两五钱。带收钞中又有纲船水脚一两一钱，装盐席索钱七钱，仓场子脚钱六钱①。除此之外，盐商在批验所批验盐引时，每引盐袋还要交纳中统钞四钱，其中包括批引钱三钱，牙钱钞一钱，属于手续费②。如此算来，盐商支每引盐的成本仅为中统钞六十七两九钱。此时，大都因为商贩把握行市，民食贵盐而置局买盐，价格为中统钞一贯，买盐四斤八两，即每引的盐价应为中统钞八十三两。盐商的利润是其成本的数倍。有人建议揭文安的儿子汯"输货县官而给盐淮安，可获利数倍，且无遗路虞"③，说明贩盐利润之巨大。许多商人在盐业丰厚利润的吸引下从事起了贩盐的生意。

有元一代，盐商通过水路将自己所买之盐运往盐运司指定的行盐地面发卖。附场十里（或百里④）之内的州郡不许自由发卖。故到盐运司支盐并运销的多为长途贩运的盐客。但这些盐商的活动处于元廷的严密监控之下。

其一，元廷通过出卖盐引，控制盐价来控制盐商。盐运司一开始便控制了盐商的支盐地点和运销区域。盐运司所设定的价格，盐商出于获取盐利的目的也只能接受。按制度规定，盐商买引支盐要入状，交纳盐引钱和相应的带收钱，运司官监视挨次交验，数足之后才

---

① 《元典章》卷二二《户部八·盐课·新降盐法事理》。此处带收钞与纲船水脚钱、装盐席索钱和仓场子脚钱的总和相差一钱，不知何故。

② 《元典章》卷二二《户部八·盐课·新降盐法事理》。

③ （明）宋濂：《宋文宪公全集》卷一八《元故秘书少监揭君墓碑》。

④ 两淮盐运司最初盐场百里之内施行盐局法。

填写盐引,与勘合一同交给盐商。盐商只有获得盐引之后才可能获取盐袋,以便发卖。首先,盐商要提出买盐申请才能买引。盐商所入之状不仅包括买盐数量,还应包括买盐后运销的区域。这样盐运司将盐商的运销区域确定下来,以便批凿引目和监督成交。因此盐商的行踪早在买引之初便在盐运司的控制之下。其次,盐引和勘合是重要的支盐依据,其中规定了盐商在盐运司备案的名次。同时由盐运司指定前去支盐的盐仓或盐场,即限定了盐商支盐的地点。再次,盐商买引时需要支付批发价,其中不仅包括盐引的价格,还有带收钞,即纲船水脚,装盐席索以及仓场子脚等钱。盐价由盐运司,乃至国家根据当时的财政需求制定。太宗二年(庚寅年,1230),盐价每引仅为银十两,中统二年(1261)减为七两。至元十三年(1276),平宋后每引改为中统钞九贯(两),至元二十六年(1289)增为五十贯,元贞二年(1296)又增为六十五贯①。至大二年(1309)至延祐二年(1315)的七年间盐价又骤增至一百五十贯。盐价在之后相当长的时间内维持在这一水平②。天历年间盐价一直维持在这个数字③。盐业是垄断行业。卖主是官府,盐商对于盐价的接受是被动的。盐价的抬高意味着盐商投资成本的增加。值得注意的是,盐商并不与盐业生产者直接发生关系,买引只是官府与盐商之间的行为。但这种商业关系并不是纯粹的。有元一代,盐商买盐需一次性交纳盐课钞。除此之外,盐商并不再行交纳其他税款。

其二,盐运司控制着盐商的装运过程。仓、场官在比对盐引和勘合确属盐商之后,才根据次序先后,支给盐商盐袋。但盐商的装运受到官府的干预。盐商并没有多少自主权。这与盐运司施行标准盐袋有关。装盐所用席索的样制是由盐运司监制的,盐商所用盐袋必须

---

① 《经世大典·盐法》,《元文类》卷四〇。

② 《元典章》卷二二《户部八·盐课·盐价每引三锭》。

③ 《元史》卷九四《食货二·盐法》。根据天历可考盐引和盐课钞数目计算,全国盐每引均价约为中统钞一百五十贯。

由盐运司统一制作，并交纳相应的席索钱。我们在第二章探讨盐的收储时已经谈到，大德四年（1300）两淮盐运司改法立仓之前，各盐运司需盐商到盐场支盐。盐运司早已将盐按照每引四百斤收储起来，并“以千字文为号，如法编垛”。盐商到来支请时“验其先后从上给付”①。但在实际操作过程中，盐商中的巨商大贾“多带斤重”的现象普遍存在。“在先场官措勒灶户，多取斛面，以通盐商，支查大盐”。故大德四年（1300）两淮盐运司改法立仓，盐商由原来的场支改为仓支。盐商支盐时要“添席重包，然后支发”②。这样通过对盐包装物以及装运过程的控制可以监控盐商的行动。

其三，盐运司控制着盐商的运输环节。盐商支盐后，盐运司为了防止私盐的生发，还要对于盐商所支引目进行检验。盐商需接受批验所的严格检查，并交纳相应的手续费。批验所往往设在商旅聚集之处，由于其所处的有利位置，遂成为盐袋交易的重要场所之一。批验所的本意是“专责批凿盐引、发运办课，欲使无扰盐商，交易快便”③，有其积极的意义。盐商在支盐之后并不能按照自己意愿自由贩运，而是根据之前自己的入状获得官府颁发的水程，到官府划定的行盐地面前去发卖，不得犯界，且不能到距离盐场太近的州县前去发卖。故盐引法下的盐商多是长途贩运的盐客，其运输过程在盐运司等相关官府的严密监视之下。盐商支得盐后并不等于就有了随意支配盐袋的权利。

其四，盐运司对盐商销售盐袋的干预。盐商大多是长途贩运的盐客，其交易的地点不同。有在批验所交易者，或有直接前往行盐地面交易者。交易过程需要盐牙的说合，发挥中介作用。这些盐牙在理论上来说应为官牙。一般说来，盐牙是由有司从本地诸行铺户中选取，大多为“有抵业、慎行止、不作过犯者，知商贾、信实之人”。盐

① 《元典章》卷二二《户部八·课程·至元新格》。

② 《元典章》卷二二《户部八·课程·新降盐法事理》。

③ 《元典章》卷二二《户部八·盐课·新降盐法事理》。

牙除“说合卖盐交易”之外，还有另一项职能就是“关防批验”，即监督盐商的交易行为。当时官府明确禁止盐商私下交易。在批验所附近发卖者，待每日交易完毕，盐商需要在盐牙的陪同下赍引前往批验所批验①。若盐商前往其他地方，到达目的地之后首先要向当地官府禀报水程、及所住店肆，进行备案，然后才能发卖②。发卖完毕后盐商需在五日内将卖过的盐引交给地方官员③。实际上，有司对盐商发卖盐的过程进行监控。

总之，盐商的买引、支盐、运销的整个过程均在官府监控之下。盐引法下的盐商并不是自由。但并不能借此认为盐引制下的盐商为代理商。代理商的收入理应是生产部门所给予的佣金，盐商显然不是如此。他们现钱买盐后，盐的所有权的确进行了变更，即盐袋由原来的官府所有转为盐商所有。但他与现代意义上的经销商有所不同，官府可以随时收回盐商的所有权。因而元代盐商既不是现代意义上的代理商，又不是现代意义上的经销商，而是古代社会榷盐制度下的盐商，兼有代理商和经销商的两种功能。盐商并不与最终消费者——民户等吃盐民众直接发生关系。他们通过盐牙说合，将盐批发给盐铺户或小商人。这样盐商既不与盐的生产者直接发生联系，又不与盐的最终消费者发生接触，完全扮演了批发商的角色。

盐引法之下，到盐运司买引支盐的大多是有经济实力的大商人。元廷统一以来，“商贾不以鱼盐为陋”④，“晦其下则纷趋以末，以争夫鱼盐之利。其积而至大富者，舆马之华，宫庐之侈，封君莫之过也”⑤。燕齐之交的长芦“盐盬之利，半中州之赋，豪商大贾，车系舟

① 《元典章》卷二二《户部八·盐课·新降盐法事理》。

② 《元史》卷九七《食货五》。

③ 参见《元典章》卷二二《户部八·盐课》相关条款。

④ 郑元祐：《侨吴集》卷一〇《陋隐记》，北京图书馆古籍珍本丛刊本。

⑤ 余阙：《青阳先生文集》卷九《两伍张氏阡表》，宛委别藏本。

连”①。大都河间等处盐运司盐的发卖主要倚仗汝、汴二郡的富商②,然汝宁府等地不在大都河间盐运司的行盐范围之内。可见元代商人经营盐袋并没有地域限制。山东盐官王仲怿领山东盐民“差次富商之售”③。淮东地区,“淮东烧盐白如玉,我船轻行一万斛”④,是比较常见的一种场景。“一万斛”显为虚数,但足以证明扬州盐商所从事的交易额之大。杨维桢的《盐商行》道出盐商的经济实力:“人生不愿万户侯,但愿盐利淮西头。人生不愿万金斋,但愿盐商千料舶。大农课盐析秋毫,凡民不敢争锥刀。盐商本是贱家子,独与王家埒富豪……”⑤洞庭湖一带的扬州盐商“楚船祠龙来买酒,十幅蒲帆上洞庭。罗衣熏香钱满箧,身是扬州贩盐客。明年载米入长安,妻封县君身有官”⑥。他们所依靠的不仅是贩运获利,贿赂盐官是他们换取相应条件的重要手段。至元二十九年(1292)十月,两淮运使纳速剌丁因“受商贾贿,多给之盐”而遭到处罚⑦。“豪富、有气力的人每诡名儿教人买出盐来,把柄着行市,掯勒百姓,多要利钱卖有”⑧。他们通过与盐官的勾结,控制着盐的装运乃至整个盐业市场。首先,他们与盐官相勾结,影响了支盐的秩序。他们通过贿赂盐官,特别是盐场仓官,提前支盐,甚或多取斛面。大德四年(1300)以前,盐商支盐要到盐场,盐场官“掯勒灶户,多取斛面,以通盐商,支查大盐”⑨。官府虽然多次重申盐袋的法令,甚或改法立仓,但仍无效果。其次,他们控制着盐业市场。获得盐袋后,出于赚取更多利润的需要,他们并不急于出卖,而是“因添课亦欲增价,把持行市,不肯轻易货卖,以

① 程钜夫:《雪楼集》卷一九《清州高氏先德之碑》。
② 《元史》卷一八六《成遵传》。
③ 同恕:《榘庵集》卷三《服善堂记》。
④ 袁桷:《清容居士集》卷八《淮船行》,四部丛刊本。
⑤ 杨维桢:《杨维桢诗集》之《铁崖古乐府》卷五《盐商行》。
⑥ 马祖常:《石田先生文集》卷二《湖北驿中偶成》。
⑦ 《元史》卷一七《世祖十四》。
⑧ 《元典章》卷二二《户部八·盐课·设立常平盐局》。
⑨ 《元典章》卷二二《户部八·盐课·新降盐法事理》;《元史》卷九七《食货五》。

致民间盐价一向腾涌"①。至元二十一年(1284)左右,盐的批发价是每引一十五两,零售价却远远超过批发价的十倍左右。即使价格最低的大都地区,每引价格达到一百二十两,是批发价的八倍。当时大都因商贩把握行市,民食贵盐②。卢世荣建议施行常平局法,利用官府的力量来平抑物价③。但常平盐局随着卢世荣的失势并没有持续多久,实际上没有发挥多少作用,只在大都等地间断的施行。再次,富商大贾还可能对官府的盐务政策造成一定影响。泰定年间,大都在施行盐局官卖的过程中出现了一些问题,"所任局官不得其人,在上者失于钤束,致有短少之弊",于是"巨商趋利者营属当道,以局官侵盗为由,辄奏罢之,复从民贩卖"④。

经商的官员是盐业运销中的一股力量。有元一代,江浙行省的官员因诡名买盐转卖他人遭到御史台鞠问,且朝廷多次禁止中书省户部、转运司官以及御史台、宣慰司、廉访司等官员从事贩盐的活动⑤。但行盐地面地方官府官吏从事商业是被允许的,因而从事贩盐活动的官商大有人在。他们凭借自己的权力经营盐业,垄断着盐业市场,从中获取丰厚的利润。至元二十九年(1292)办课圣旨条画中指出:近年来"省降盐引多为势力之家赊买,赍引下场,搀蓦资次,多查斤两,遮当客旅,把握行市,以致盐法不行,公私两不便当"⑥。大德时"盐多是官豪势要之家买有"。这些官员"恃赖着官人每的气力,做着它每的名字买盐的上头",由此造成盐价走高。大德七年(1303)朝廷决定凡与盐务管理相关的中书省、户部、行省官、运司官均不得买卖盐引,私自从事贩盐的活动,而其余衙门里的官员并没有

---

① 《元典章》卷二二《户部八·盐课·盐袋每引四百斤》。
② 《元史》卷九七《食货五》。
③ 《元典章》卷二二《户部八·盐课·设立常平盐局》。
④ 《元史》卷九七《食货五》。
⑤ 《元史》卷二〇《成宗三》;卷二一《成宗四》。
⑥ 《元典章》卷二二《户部八·盐课·立都提举司办盐课》。

这种限制[①]。这些官商的存在严重影响了盐业秩序。“盐价贵则官吏尽数拘买，客旅不能得买；盐价贱则官吏并不收买，客旅为曾赴场不能得买，尝被耽误，又知盐价迟涩，并不兴贩，亏损官课。”官吏借助权力控制支盐秩序，“官吏买盐先拣离场近便去处，次拣洁净干白好盐，又不依序，先行搀支，使客旅人等无所措手”[②]。权豪之家所支盐袋甚至达到七百斤[③]。成交之时，行盐地面官府多将上司官员并自已贩到的盐货添答价钱，搀先发卖，使没有势力的商人不得成交[④]。

斡脱商人也是盐商的重要力量。斡脱是各位下的商业代言人。他们通过为诸王、公主、驸马等各位下经营商业而获取利益。各位下利用他们为自已牟取利益。斡脱商人到场后，往往搀蓦资次，恃赖诸投下气力，逼勒场官多要斤重[⑤]。改法立仓后，斡脱商人常欺凌仓官，搀蓦资次，到发卖去处，则恃势搀夺行市[⑥]。虽屡有禁止，却没有效果。更有甚者，文宗时期，随着盐引成为皇帝赐予各投下的重要赏赐物之一，这些斡脱商人在一定程度上支盐不需要成本。倚仗主子的特权，同官员一起控制着盐产装运和销售，给中小商人带来无穷的灾难。

盐业运销中，没有势力的商人几乎处处受到不平等的待遇。这些商人支盐时盐场官故意刁难，“不受不给”[⑦]，“尅除斤重及支给失次”[⑧]的现象从中统二年(1261)以前便已存在。至大四年(1311)的一件文书称：“近闻知各处运司上下不依原定法度装查，每遇客旅到

① 《元典章》卷二二《户部八·盐课·盐司人休买要盐引》。
② 王恽：《秋涧集》卷九〇《论盐法》。
③ 《元史》卷一五《世祖十二》。
④ 《元典章》卷二二《户部八·盐课·新降盐法事理》。
⑤ 《元典章》卷二二《户部八·盐课·立都提举司办盐课》。
⑥ 《元典章》卷二二《户部八·盐课·新降盐法事理》；《盐课·申明盐课条画》。
⑦ 《元典章》卷二二《户部八·课程·恢办课程条画》。
⑧ 《元典章》卷二二《户部八·课程·至元新格十一款》。

场,削减斤重支发,每引大者不及三百七八十斤,小者三百三十斤。”这与法定的每袋四百斤相差甚远,显然严重损坏了这些盐商的利益①。盐商的船只还会受到投下斡脱商以及官府的征用②。盐商发卖时,常受到官商、豪富及斡脱商人的压制。这些势力商人将自己的盐货添价,首先发卖,以致使无势力的商人无法成交,延误时日,即使成交,也亏折成本③。其间盐运司官吏、盐牙和地方官府百般求索,无势力商人举步维艰。官府虽然一再发布条令,以禁止这种现象的生发,但令虽行,禁不止,纸面上的法令并没有起到多大的效果。诚如陈高华先生所言,没有政治背景的盐商是很难开展销售工作的④。

盐引法中还有两个角色值得关注。

一是铺户。铺户是设立在州县所在地城镇的盐零售商。至元八年(1271),山东盐运司施行食盐法,要求民户前去州县官局购买食盐。一些无钱的民户到城后,“多于铺户之家借贷,以应官司督迫之急”。等到将从盐局所买盐折价转卖后,将钞还给原借铺户⑤。其中所指铺户似乎并不包括盐铺户。《新降盐法事理》中即称“若革罢局盐之后城镇无卖盐铺户,乡村无贩盐客旅……”⑥。一般说来,铺户多为土居的本地人,并有一定的资产,通晓商贾之事。否则至元八年(1271)民户就不可能从诸行铺户那里借得钱了。他们实际上就是所谓的“住商”。他们的盐袋通过与长途贩盐商的交易而获得,其间往往需要牙人的说合。也有民户买得局盐后从相关民户购买而来。铺户从长途贩运盐商那里获得盐袋似并不马上给予现金。至少这种情况已经引起了官府的重视。所颁布的法令即规定:“诸路盐牙、铺户人等经手卖过客盐,如有未还价钞,分司运官到处先行取会见数,

① 《元典章》卷二二《户部八·盐课·盐袋每引四百斤》。

② 《元典章》卷二二《户部八·课程·恢办课程条画》。

③ 《元典章》卷二二《户部八·盐课·新降盐法事理》。

④ 郭正忠主编《中国盐业史(古代编)》,第474页。

⑤ 魏初:《青崖集》卷四《论盐货椿配》。

⑥ 《元典章》卷二二《户部八·盐课·新降盐法事理》。

及令盐商自行首告，督责各处提点官吏尽时监征给主，无使停滞。怠慢去处，就便究治。"①这些铺户都在地方州县有备案。他们的名字和所应分盐引的多少在官府均有记录，即"常川置簿"②，以作为拘收退引的依据。诸盐铺户卖讫官盐后，限定五日内前去所属州司县缴纳退引，逾期要受到惩罚③。盐铺户除零售外，也可能将盐袋批发给州县"管下人户并外界客旅"，前去乡村发卖④。乡村中，这种小商小贩是食盐销售的重要力量。"辛苦卖盐终不怨，得钱籴米供老姑"，如此实力的盐贩决不在少数。"雨花淋盐盐作卤，背负空筐泪如缕。三日破铛无粟煮，老姑饥寒更愁苦。"⑤遇到如此糟糕的自然情况，生活便会受到巨大的挑战。

一是盐牙。"牙人"和"牙行"早在唐宋时期就已出现在历史文献中⑥。牙人即经纪人，只为买卖双方说合交易，没有商品所有权。从现代市场学上来说，他也是商人的一种。其所居场所称为牙行⑦。元代文献中，牙人又称"牙侩"⑧或"牙保人"⑨。元初，北方地区普遍存在。《元典章·卑幼不得私借债》记载：中统四年(1263)，燕京路富家子弟，在未征得家长同意的情况下，私自向财主借债，甚或典卖田宅人口。于是皇帝颁布圣旨对这一现象予以制止，指出："尊长在日，卑幼不得私借钱债及典卖田宅人口，财主亦不得与富家通同借与

① 《元典章》卷二二《户部八·盐课·新降盐法事理》。

② 《元典章》卷二二《户部八·盐课·改造盐引》。

③ 《元典章》卷二二《户部八·盐课·申明盐课条画》。

④ 《元典章》卷二二《户部八·盐课·改造盐引》。

⑤ 《铁崖古乐府》卷四《卖盐妇》，影印文渊阁四库全书本。

⑥ 任仲书、于海生：《宋代"牙人"的经济活动及影响》，《史学集刊》2003年第3期。

⑦ 陈高华先生曾对元代牙人和牙行进行了探讨。见陈高华、史卫民：《中国经济通史·元代经济卷》，第461~465页。陈高华：《牙人》，《中国历史大辞典·辽夏金元史》，第40页。那晓波的《牙人》(《黑龙江民族丛刊》1994年第2期)除至元二十三年标注公元纪年外，与陈先生《中国历史大辞典·辽夏金元史》中的"牙人"词条完全一样。

⑧ 《元史》卷二〇五《奸臣·卢世荣传》。

⑨ 《元典章》卷二七《户部一三·钱债·私债·卑幼不得私借债》。

钱债。如违,其借钱人并借与钱人、牙保人一例断罪。"①这里的"牙保人"显然作为债权人与债务人双方典卖人口或田宅的中间人。他们凭借说合双方的交易而获取牙钱,同时也负有连带责任。买卖双方在交易完成后需立契画押,赴务缴税。元初典卖田宅之家多为了逃税,买卖双方不依例写契约,而是以借钱为名将房产作为抵押,结果往往争讼不息。于是官府要求从至元七年(1270)十一月起,凡是典卖田宅的依例令亲邻、牙保人等立契画字成交,赴务投税②。牙人有官牙与私牙之分。这一点,《通制条格》的《牙保欺蔽》便有说明:至元十年(1273)左右,"大都等路,诸买卖人口、头疋、房屋一切物货交易,其官私牙人,侥幸图利,不令买主、卖主相见,先于物主处扑定价值,却于买主处高抬物价,多有尅落,深为未便"。为此中书省断事官建议:"今后凡买卖人口、头疋、房屋一切物货,须要牙保人等与卖主、买主明白书写籍贯、住坐去处,仍召知识卖主人或正牙保人等保管,画完押字,许令成交,然后赴务投税。"③他们原则上来说应当面说合卖主买主交易,并最终与买卖双方一起签订相应的文书,并签字画押,文书方才有效。诚如引文所示,无论官牙抑或私牙,往往撇开卖主,自行交易,从中牟利,损坏了买卖双方的利益。但官府还是确认了牙人的存在。至元二十一年(1284),卢世荣上台后经理财赋,出于解决州县官俸的需要,"于各都立市易司,领诸牙侩人,计商人物货,四十分取一,以十为率,四给牙侩,六为官吏俸"④。继而又奏立野面、木值、瓷器、桑枣、煤炭、匹段、青果、油坊诸牙行⑤。这些牙行显然隶属于市易司。不久卢世荣失势,忽必烈下诏"罢牙行"⑥。所罢诸牙行应为野面、木值、瓷器、桑枣、煤炭、匹段、青果、油坊诸牙

① 《元典章》卷二七《户部一三·钱债·私债·卑幼不得私借债》。
② 《元典章》卷一九《户部五·田宅·典卖·质压田宅依例立契》。
③ 《通制条格校注》卷一八《关市·牙保欺蔽》,方龄贵校注,中华书局2001年。
④ 《元史》卷二〇五《奸臣·卢世荣传》。
⑤ 《元史》卷二〇五《奸臣·卢世荣传》。
⑥ 《元史》卷一三《世祖十》。

行。至元二十三年(1286)的一件文书中也确切地证实了这一点:"除大都羊牙及随路买卖人口、头疋、庄宅牙行,依前存设,验价取要牙钱,每拾两不过二钱,其余各色牙人,并行革去。"①皇庆元年(1312)规定:"除应设庄宅、人口官牙依例存设外,据其余诸色私牙人等截日尽行革去。"②可见文献所载的牙人多是人口、头疋、房屋田宅交易的经纪人。

最早见于文献记载的盐牙是行盐地面路府州县私立之盐牙。至元二十九年(1292)办课圣旨条画中一款:"行盐地面路府州县私立盐牙,行大秤,有坏盐法。仰所在官司截日罢去。违者捉拿到官,痛行治罪。"③这些盐牙多为各地路府州县自行设立。这是地方官府为获取财赋的一个手段,显然并没有得到元廷的认可,而被认为是有损盐法的一种举措。即便如此,私牙的存在相当普遍。

大德四年(1300)颁布的文书《新降盐法事理》承认了地方官府任用牙人的现象。但中书省认为"所设盐牙皆非从公选择,滥用无籍破落之徒,各名下别带小牙、秀才勾当人等,百数成群,结揽盐商,把柄行市,多取牙钱,坑陷客旅"。这里谈到的是位于商旅聚集地的真州盐牙的情况。所谓盐商应为铺户或零售商,客旅则指长途贩运的盐商。盐牙和当地的零售商一起坑害长途贩客的情况很普遍。盐牙往往借说合贸易之机取要分例,多取牙钱,坑害商家。大德四年(1300),两淮盐运司借改法立仓之机,于真州革除旧有的盐牙,设立四名盐总部辖,并规定"如无过犯,不得擅自更换"。除真州外,各路聚盐等处都设有盐牙。以两淮为例,上江诸路如鄂州、隆兴、潭州、江陵、吉州等路都设有部辖二名,其余的去处则设一名。即使在乡间食

① 《通制条格校注》卷一八《关市·牙行》。《元典章》卷五七《刑部一九·诸禁·杂禁·斛斗秤尺牙人》所引中书省咨与这段文字略有差别:"除大都羊牙依上年例收办,及随路应立文契,买卖人口、头疋、庄宅牙行依前存设,验价取要牙钱,每十两不过二钱。其余各色牙人并行革去。"

② 《元典章》卷五七《刑部一九·诸禁·杂禁·斛斗秤尺牙人》。

③ 《元典章》卷二二《户部八·盐课·立都提举司办盐课》。

盐交易也需要牙人来说合,“如乡例须用牙人说合”。这些盐总部辖都是从当地的诸行铺户中选取。担任部辖的人必须是“有抵业、慎行止、不作过犯者,知商贾、信实之人”。官府任命部辖之后,还要给予相关的文凭,即官府的任命状。值得说明的是,每日交易众多,且每次交易后还需有很多手续要办,因而部辖的下面还有很多小牙和秀才等掌附文历、接手协力人员。这些都由部辖入状保用。既为入状保用,部辖要承担一定的责任。如果这些人等“陷害盐商,作弊败事者”,则要受到严厉的处罚,而保用这些人的部辖也要断罪。盐总部辖的职责是“专一说合卖盐交易”。其工作的地点应在批验所或牙行。部辖需与“卖主、卖主对面说合交易,不许他处暗地成交”,否则杖四十七下,并于各名下追征中统钞五定,给首告人充赏。部辖如有多取牙钱,确认是实后,犯人杖六十七下,多取牙钱尽给告人充赏。这对于每引牙钱不过中统钞一钱的部辖来说,其惩罚可谓严厉。官府设置官牙是与取缔旧有的牙人以及私牙同步进行的。原有滥设的私牙“截日尽行罢去”。部辖之外私充牙人,以及已经罢去的盐牙仍然结揽盐商,暗行交易的,“许诸人首捉到官,犯人决杖六十七下,仍于名下各追中统钞五锭,付告人充赏”。此外,还要门前粉壁,毋令再犯①。可见,私牙不仅要承担刑事责任,还要追钱充赏。这样的处罚相当严厉。官府将盐牙均改为官设,取缔了各地滥设的私牙,对于保护商业环境和盐业秩序以及政府收入都是有利的。

买卖双方企图逃避税收,暗行交易活动普遍存在。这样为私牙的存在提供了生活的土壤。即使官府任命的盐总部辖也并非完全守法。遂有延祐六年(1319)“牒可出榜,禁治私牙把柄行市,及盐总部辖拘收人等毋得非理刁蹬,取要钱物,侵渔客商,以坏盐法”②的中书省法令。另外,没有设牙人的地区,铺户和盐商可以自行成交。所在

① 《元典章》卷二二《户部八·盐课·新降盐法事理》。
② 《元典章至治条例·户部·课程·盐课·拯治盐法》。

地的社长担负着具数申报提调官销附拘引的职责[①]。

综上所述,有元一代,盐引法下的盐商尽管很大程度上受到盐运司和各地官府的控制,但买得盐引后,盐袋的所有权业已发生了改变,故应视其为经销商,而不是官府的代理商。盐业运销的过程中,官商以及代投下经营盐业的斡脱商人利用权势,影响了整个盐业秩序,巨商大贾通过贿赂相应官员成为盐业运销的主要力量。而中小商人因无势力,且资产有限而受到官商、斡脱商和巨商大贾的排挤,同时也受到盐运司等官员的随意压制。值得注意的是,巨商大贾等商人多为批发商,在盐业销售中城镇的铺户既是批发商,又是零售商,而乡村中农民的食盐主要依靠零售盐商。作为盐业交易中间商的盐牙的存在最终得到了官府的肯定,并于大德五年(1301)将私盐改换为官牙。官府虽多次申令取消私盐牙,但由于盐业交易的需要,私盐牙仍然大量存在。

盐商承担了盐业交易的任务,使官府能够在相当短的时间内办足盐课。此外,盐商还对元王朝的政治军事作出了贡献。蒙古国时期,四川军事繁仍,李德辉"募民入粟绵竹,散钱币,给盐券为值,陆挽兴元,水漕嘉陵,未期年而军储充羡,取蜀之本基于此矣"[②]。蒙哥时期,忽必烈即命"置行部于巩,设漕司于沔,造楮币,给盐引以通商贩,以贮军储"[③]。中统四年(1263),以解盐引一万五千道,和中陕西军储。至元十六年(1279),以两淮盐引五万道,募商人中粮。至元二十一年(1284)、二十四(1287)年均以盐引募民中粮。这些"民"当为商人,普通家庭是没有这种势力的[④]。他们在换得盐引后即成为盐商。赈灾是盐商在地方社会中经常做的。他们通过捐钞来服务地

① 《元典章》卷二二《户部八·盐课·改造盐引》。
② 《元史》卷一六三《李德辉传》。
③ 《陕右金石录》之《汪忠烈公神道碑》。
④ 《元史》卷九六《食货四》。

方。至治初,通泰二州的盐灶因风涛而毁掉,买奴则"谕富商捐钞七千八百三十锭,以救其灾,公私咸赖以济"①。政府通过入中法来解决政府的经济困难。文宗时期,西部闹饥荒,行省开始令商贾入粟中盐②,以解燃眉之急。这种现象一直持续到顺帝时期。整修公共设施也是盐商服务当地社会的重要形式。大德十年(1306),疏浚真、扬等州的漕河,令盐商每引输钞二贯,以为佣工之费③。至大三年(1310),陕西都盐运使司准备修池神庙时与商民谋,"众翕然乐为资助"。其中盐商的出资应是值得注意的。盐仓的修补均由盐商出资。"淮浙两漕,每岁商人于买盐正价外一引别入宝币一贯为修仓钱"。可见两淮、两浙盐运司的修仓费用均来自盐商。郭郁担任福建盐运使期间修造南台仓,也在盐商的提议下,"乃劝率盐商助木石,乐从者如雨"④。元末林兴祖任道州路总管时,盐商贷钱五千锭,用以维护地方治安的费用⑤。

第二节 私盐贩——兼论政府限制私盐的对策

除通过正常途径转贩盐袋的盐商外,还有一些违犯法令,不经官府允许而私自转贩盐袋的商人,即私盐贩。元代文献中多称"盐徒"⑥。私盐贩的存在与私盐的产生密切相关。私盐是历来学界探讨较多的问题。众多学者通过探讨私盐出现的渠道,私盐贩的组成

① 黄溍:《金华黄先生文集》卷二四《宣徽使太保定国忠亮公神道第二碑铭》。

② 《元史》卷三三《文宗二》。

③ 《元史》卷二一《成宗四》。

④ 《新建南台盐仓之记》,参见《运使复斋郭公敏行录》;《言行录》。

⑤ 《元史》卷一九二《林兴祖传》。

⑥ 《元典章》卷二二《户部八·盐课·新降盐法事理》;卷二二《户部八·酒课·私造酒曲依匿税例科断》。《南台备要》之《建言盐法》。

等问题，力图寻找出历史时期私盐出现的原因以及惩弊之策①。大量研究成果表明，私盐是针对官盐而言的。从这个意义上讲，私盐为榷卖制度的产物。元代私盐自然与施行盐榷卖制度脱不了干系。陈高华先生已经注意到盐徒的构成，并详细分析了私盐产生的原因以及私盐对元代社会，特别是元末社会所造成的影响②。通过上文的研究，我们已经认识到，元代盐官的设置不可谓不多，管理不可谓不严格，盐引法不可谓不细密，收储和运销制不可谓不谨严。如此条件下，私盐是如何产生的呢？元代私盐有愈来愈烈之势，私盐贩的问题也就越来越严重。本节试图在前人成果的基础上，探讨元代私盐贩这一社会群体，并对政府限制私盐的对策进行分析。

一 私盐贩

私盐贩是违犯政府榷卖法令，不经官府允许，私自转贩盐袋的商人。他们的出现，与私盐的出现有关，故探讨私盐贩首先要从私盐说起。

元代施行盐引法，借用盐引等文书加强对盐务的管理，形成了完整而谨密的榷卖制度。但制度与现实总会存在不小的差别。制度的谨严固然重要，但能否进一步落实，或落实到什么程度更为关键。其中违反盐引法，不经官府正当途径而转贩之盐即为私盐。元代的私盐是盐引法之下产生的，与前代略有不同。元代私盐法中，私盐的范

---

① 近年来私盐的研究有很多成果：史继刚：《中国古代私盐的产生和发展》，《盐业史研究》2003 年第 4 期；张小也：《清代私盐问题研究》，社会科学文献出版社 2001 年，第 1 ~27 页；马新：《榷盐与私盐贩的盛行》，《盐业史研究》1999 年第 4 期；史继刚：《浅谈宋代私盐盛行的原因及其影响》，《西南师大学报》1989 年第 3 期；史继刚：《宋代私盐贩阶级结构初探》，《盐业史研究》1990 年第 4 期；姜锡东：《关于宋代的私盐贩》，《盐业史研究》1999 年第 1 期；梁庚尧：《南宋的私盐》，《新史学》十三卷二期，2002 年 6 月；徐泓：《明代的私盐》，《台湾大学历史系学报》1980 年第 7 期，等等。

② 郭正忠：《中国盐业史（古代编）》，第 481 ~ 485 页；陈高华：《元代盐政及其社会影响》，《元史研究论稿》，第 87 ~ 90 页。

围很广。从灶户处买到卤水，归家以私自煎盐货卖，被捉获者，同私盐法科断。[①]灶户等私卖盐者同私盐法科断[②]。监运运盐到仓，“其侵偷盗卖者，依私盐法”[③]。“盐司监临官与灶户私卖盐者，同私盐法科断”[④]。军官军人恃势求取官盐，私下货卖者，依私盐法科断。而“通同纵放货卖私盐者，与犯私盐人同罪”。私盐法所惩罚的对象也很广泛。其中盐引是衡量是否为私盐的重要标准。官定袋法为每引四百斤。“诸人贩卖盐货，除官定袋法每引四百斤之外，夹带多余斤重者，同私盐法科断。”[⑤]至元三十年（1293），元廷改造盐引，试图通过盐引的改换来消弭私盐[⑥]。“引盐不相离”，否则要视为私盐来处理，“诸人贩盐，引不随行，依私盐法”[⑦]。匿不批引者，同私盐法科断[⑧]。贩卖私盐者自不待言，使用私盐者也被治罪。如利用私盐淹浥鱼虾者，比同私盐法科断[⑨]。

元代私盐的来源有三。首先，盐户在完成官课之外私自生产的。他们或出卖成盐。盐场本是煎盐之禁地，但“私煮盗贩之盐，本出于官场”[⑩]。“诸人闲杂船只通行往来，因而搬贩私盐”[⑪]的情况十分普遍，遂有大德四年（1300）两淮盐运司改法立仓之举。或是出卖卤水，购买者回家煎烧后发卖，形成私盐。其二，盐官、军官、军人等在

① 《元典章》卷二二《户部八·盐课·盐法通例》。

② 《元典章》卷二二《户部八·盐课·立都提举司办盐课》。

③ 《元典章》卷二二《户部八·盐课·新降盐法事理》。

④ 《元典章》卷二二《户部八·盐课·恢办课程条画》。

⑤ 《元典章》卷二二《户部八·盐课·立都提举司办盐课》。《至正条格》卷十一《断例·厩库·盐课》则称“诸客贩盐引数外夹带者依私盐法”。

⑥ 《元典章》卷二二《户部八·盐课·改造盐引》。

⑦ 《元典章》卷二二《户部八·盐课·引盐不相离》。《至正条格》卷十一《断例·厩库·盐课》称：“诸客贩盐引不随行者依私盐法。”

⑧ 《元典章》卷二二《户部八·盐课·新降盐法事理》。

⑨ 《元典章》卷二二《户部八·盐课·盐法通例》。

⑩ 黄溍：《金华黄先生文集》卷三一《正奉大夫江浙等处行中书省参知政事王公墓志铭》。

⑪ 《元典章》卷二二《户部八·盐课·新降盐法事理》。

运盐途中或盐场、盐仓中偷盗而来的。其三，盐商贿赂盐场官或盐仓官而多支之盐。后至元时，搠思监前往福建整治盐法，其工作的重点即是“究其私鬻、盗鬻及出纳之弊”①。值得注意的是，多支盐袋的盐商与盗卖私盐的私盐贩所受的处罚虽然相同，但在法律文书中，还是存在区别。所谓“诸人盗卖私盐、权豪多带斤重”即可说明。不管怎样，私盐主要来自于盐场或盐仓，乃至由盐场到盐仓的运输途中。灶户和盐官们都受到局限。灶户不得随意离开盐场，而盐官也不能擅离职守。为此，一些官员、灶户便与私盐贩，互相勾结，从中渔利。正如陆文圭所言：“令甲虽严于私贩，巡兵阴纵其横行，势有相容，情难独禁。”②可以说，他们只是私盐的供应方。元廷称之为“盐徒”的私盐贩则是私盐运销过程中重要的一环。他们或与盐官、盐户相勾结，从盐官或盐户手中获取私盐，然后转卖，从而利用价格上的优势对官盐造成极大的冲击。更有甚者，一些私盐贩并不从盐户那里获取成品盐，而是购买盐卤，自己生产。这些私盐贩渐而成为盐业销售中的重要力量，并具有鲜明的特点。

其一，私盐贩的构成具有一定的广泛性。就经济势力来讲，私盐贩有贫富之分。陈高华先生认为元代的盐徒中，地方的豪强大姓占有很大的比重③。王沂说“私鬻盗贩者皆猾民豪室”④。实际上，这些豪强大姓多为权势之家，其中还包括一下僧道特权阶层。至元三十一年(1294)，朝廷明令禁止僧道、权势之家私匿盗贩⑤。在他们看来，贩卖私盐的目的趋于赚取巨额利润。一些生活困苦的贫民也以贩卖私盐作为谋生的手段⑥。温州路平阳州“乡邻有以阻饥而与旁

① 《元史》卷二〇五《奸臣传·搠思监传》。
② 陆文圭:《墙东类稿》卷四《流民贪吏盐钞法四弊》。
③ 郭正忠:《中国盐业史(古代编)》,第485页。
④ 王沂:《伊滨集》卷一五《送李舜举转运判官序》,文渊阁四库全书本,第18页。
⑤ 《元史》卷一八《成宗一》。
⑥ 郭正忠:《中国盐业史(古代编)》。

县民私鬻盐者，类辈数十百人”①。

就族别来讲，私盐贩不仅有汉人或南人，还有蒙古和色目人等。延祐年间中央有关部门讲议，蒙古、色目人犯私盐者，抓捕到案后发付两广、海南出军，汉人、南人发付辽阳屯田。色目人煎贩私盐者，要依照私盐法科断，即可说明②。

就性别来讲，一些女人也加入到贩卖私盐的群体当中。至顺时担任两浙转运使的王克敬指出“各处解到盐徒多有妇人女子”③。法令即规定，女人贩私盐，单衣受刑④。

其二，私盐贩的出现带有群发性。所谓“各处私盐、犯界，白昼公行，无所畏忌”⑤。山东、河间二盐司盐产多濒海煎造，私盐贩的在海大船每岁入场，勾结场官、灶户人等，公然买卖，价钱要比官盐低得多。“每船少者买贩数百引，多者千余引，运至扬州路管下崇明州地面石牌镇扬子江口转卖。此间江边拨脚铁头大船，结䑸运至上江发卖。”⑥不仅北方如此，两浙一带的海岛之民，也是贩卖私盐的重要力量。至元二十三年（1286），忙兀台指出，“以贩鬻私盐者皆海岛民”。并请征这些人为水工，以攻日本⑦。这说明他们习于水性，是他们得以能贩卖私盐的客观条件。苏州地区则“私舟尽载盐归湖”⑧。至正时两淮地区“近年以来所在私盐数多，盐法涩滞”⑨。河东盐运司行盐地面内私盐贩的数量也不少。“本司行盐地面，兴元、凤翔、庆、环、宁、源、泾、邠及温、吉、辽、沁州府所辖县分，败获盐徒，每岁不下

---

① 苏伯衡：《苏平仲文集》卷一三《韩君墓志铭》。

② 《元典章》卷二二《户部八·盐课·盐法通例》。

③ 《至正条格》卷十一《断例·厩库·盐课·妇人犯私盐》。

④ 《元典章》卷二二《户部八·盐课·盐法通例》。

⑤ 《元典章》卷二二《户部八·盐课·申明盐课条画》。

⑥ 《南台备要·建言盐法》，王晓欣点校《宪台通纪（外三种）》。

⑦ 《元史》卷一三一《忙兀台传》。

⑧ 张之翰：《西岩集》卷七《过苏州》。

⑨ 《至正条格》卷十一《断例·厩库·盐课·私盐罪赏》。

千百余起,赃盐数万余斤。"[①]上都附近的池盐也有私盐贩,"终不能止而冒犯滋众"[②]。

其三,私盐贩出现的反复性和团伙化。大德四年(1300)的《新降盐法事理》称,"败获盐徒,多系累经配断,视为寻常,不改前过。"可见私盐贩的反复性。朝廷出台对策,"今后犯盐经断贼徒,各于门首粉壁大字书写'犯盐经断贼徒'六字,官为籍记姓名,责令巡尉、捕盗等官每月一次点名抚治,务要改过。别求生理,出入往回,须使邻右得知,三日之外不归者,即报捕盗官究问。三年不犯,邻右保举,方许除籍"[③]。这些私盐贩往往以团体形式出现。他们"动辄百十,结连群党,持把器仗,专一私贩"[④]。前引温州路平阳州"乡邻有以阻饥而与旁县民私鬻盐者,类辈数十百人"[⑤],似也可说明。陕西解盐的行盐地面内私盐贩也往往"构集人众","再行赶喝驴马,动者不下百十头匹,略买到私盐,却来本境公然贩卖食用"[⑥]。

其四,私盐贩的非法性和叛逆性。私盐的出现是榷卖制度的结果。为了防止私盐的生发,官府制定了较为严格的私盐法,并多次声明盐引法。在施行禁榷制度的元代,私盐的存在是不合法的,因而贩卖私盐的私盐贩的存在也具有非法性。私盐贩的非法性表现在他们违犯官府的盐法条画。所谓"奸民又习为私贩,犯法者众"[⑦]。姜锡东先生认为宋代私盐贩的叛逆性,主要表现在两个方面:"一是对抗官府、动辄反叛,甚至引发中小规模的农民起义;二是盲目劫掠,害及无辜平民百姓。"[⑧]元代也是如此。如上所述,私盐贩往往以团伙出

① 《南台备要·建言驼赃头匹》,王晓欣点校《宪台通纪(外三种)》。
② 姚燧:《牧庵集》卷一七《贺公神道碑》。
③ 《元典章》卷二二《户部八·盐课·新降盐法事理》。
④ 《元典章》卷二二《户部八·酒课·私造酒曲依匿税税利科断》。
⑤ 苏伯衡:《苏平仲文集》卷一三《韩君墓志铭》。
⑥ 《南台备要·建言驼赃头匹》,王晓欣点校《宪台通纪(外三种)》。
⑦ 黄溍:《金华黄先生文集》卷三七《承务郎建德路建德县尹致仕徐君墓志铭》。
⑧ 姜锡东:《宋代商人和商业资本》。

现。他们“每遇巡捕,拒伤官兵”①,“拿去的人每根底相迎着厮杀的根底”②,“据敌巡哨军船,杀害军官人等,岁岁有之”③。私盐贩的反叛在南方地区较为普遍。至元二十年(1283),陈良臣煽动广东东莞、香山、惠州的私盐贩万余人叛乱④。元末农民起义中,较为重要的力量中,浙东的方国珍、江阴的朱定都是私盐贩。张士诚虽身为盐户,但“兼业私贩”。即使在北方,私盐贩的叛乱也时有发生。至正四年(1344),山东益都的私盐贩郭火你赤叛乱⑤。私盐贩不仅对抗官府,同时也往往害及无辜。一旦私盐事发,他们妄行通指“诸场富上灶户、有司殷实良民”⑥,借此推脱罪行,将罪行转移到这些人头上。当然也有一些私盐贩强制性向百姓摊派私盐。

其五,私盐贩的武装化。一些私盐贩往往“执把器仗”⑦,以应付官府的巡捕。广东“奸民以私贩梗盐法,往往挟兵刃以自卫,因而构乱”。所谓“器仗”当指“兵刃”等武器,显然这些私盐贩都武装化了。

私盐贩的存在是适应当时社会需要的。他们中的豪族大姓贩卖私盐以获取巨额利润为目的,资产有限的私盐贩贩卖私盐则是谋生的需要。正是由于市场的需求和灶户、盐官等牟利目的这两个因素,私盐贩可以从中牟利,这就决定了私盐贩的存在。由于私盐贩的存在,灶户私煎盐产、或军官、盐官乃至地方官员盗卖盐袋后的销赃渠道也就有了保证。因而私盐贩与灶户或盐官等人的勾结,互利互惠。另,私盐贩凭借从灶户或盐官等低价买来的盐产,低于官价卖与百姓,从而借用私盐低廉的价格与官盐相抗衡,百姓也因私盐价格低廉

---

① 《元典章》卷二二《户部八·酒课·私造酒曲依匿税税利科断》。

② 《元典章》卷二二《户部八·盐课·立都提举司办盐课》。

③ 《南台备要·建言盐法》,王晓欣点校《宪台通纪(外三种)》本。

④ 《元史》卷一九三《合剌普华传》。

⑤ 《元史》卷四一《顺帝四》。

⑥ 《元典章》卷二二《户部八·盐课·新降盐法事理》。《至正条格》卷十一《断例·厩库·盐课·私盐转指平民》。

⑦ 《元典章》卷二二《户部八·酒课·私造酒曲依匿税税利科断》;《南台备要·建言驼驮头匹》,王晓欣点校《宪台通纪(外三种)》。

而减少了支出。这样形成了私盐的供求市场。私盐贩勾连了卖方与卖方,成为私盐市场中不可或缺的一环。私盐盛行,私盐贩猖獗也就在所难免了。

二 政府针对私盐的对策

私盐针对官盐而言。在私盐贩卖的过程中,所有环节都避开了官府,是私盐贩与百姓的直接交易。“私盐多,买官盐的人无有。”①私盐的存在影响着官盐的销售,减少了官府财政的收入,冲击着朝廷所施行的禁榷制度,从而形成了私盐贩与官府的对立。盐课钞是朝廷财政收入的重要来源之一。这就使朝廷不得不花费心思,改革盐务管理。郭郁任职庆元路时,“郡民日困鹾事,旬月按覈,数常不登。郭侯知其奸利,乃言曰:‘病在私商潜转输,其所赢余,卒不入公,籍民病不可药也。’于是罢贾区,分四厢,俾总之,鲭醢鼓脯,各趋其时,视计口之授略相等”②。同时制定缉私制度,加大对私盐贩的打击力度。

其一,制定私盐法令。中统二年(1261)颁布“恢办课程条画”规定“不以是何投下、军民诸色人等,随路恢办宣课已有累降圣旨条画禁断私盐酒醋曲货匿税,若有违犯,严行断罪。”可见在中统以前的“先朝”已经有了禁断私盐的圣旨条画。这一次只不过是“因旧制,再立明条”而已。这条法令规定,“诸犯私盐者科断徒二年,决杖七十,财产没官,决讫,发下盐司带镣居役,满日疏放”。至于获犯界盐货,则减私盐罪一等③。此处没官的财产应为私盐贩财产的一半④。延祐元年(1314)八月朝廷又颁降圣旨并条画一十一款。显然这次

① 《元典章》卷二二《户部八·盐课·镇守军人兼巡私盐》。

② 虞集:《清容居士集》卷一八《庆元路重修先圣庙记》。

③ 《元典章》卷二二《户部八·课程·恢办课程条画》。

④ 《元典章》卷二二《户部八·酒课·私造酒曲依匿税例科断》。

圣旨是与中统条画一同使用的。两浙盐运司“除将穷问私盐犯人无疑者,照依今次坐到条画科断外,据该载未尽干犯等项罪名,取问明白,审录是实,权依旧例断决。”延祐六年(1319)所颁布的《盐法通例》第一款称:“圣旨内一款节该:‘诸犯私盐者,科徒二年,决七十,财产一半没官,决讫发下盐场镣役。两邻知而不首者决六十。买食私盐者杖六十。转行货卖、博易诸物者,同私盐法。正犯盐徒再犯,加等断罪,居役;三犯,断讫,发付边远屯田。’”可以肯定地说,这里所说的“圣旨条画”应为延祐元年(1314)所颁布的圣旨条画。这是对两浙盐运司“若蒙省府开咨都省,令合干部分通行一一谳拟定,付下遵依,似望轻重得伦,法令归一”要求的回复。但这些条令的文字并不清晰,很容易给盐运司官员的执法造成不必要的麻烦。其中对贩卖私盐的惯犯规定再犯盐徒加等断罪,并没有规定杖数多少,居役具体怎么办,三犯者断配后究竟发付到何处。这些圣旨条画中均未给予明确的表述。《盐法通例》是对延祐元年(1314)山东盐运使张某所指出“诸偷贩私盐,不曾货卖,自行食用,依例断罪;再犯以上,依货卖私盐例。诸偷犯私盐货卖,初犯,依例断配;再犯,全籍家产,决杖一百七下,仍于手背刺‘盐徒’二字,发付淘金怙冶等处配役三年;三犯以上,比贼徒出军例论。诸人但犯,持仗搬偷私盐、拒捕的、杀伤的、烧毁房舍的,比依强盗论罪”①等事做出的反应。此外,条画的第二款、第三款所称的“圣旨”当指延祐元年(1314)圣旨。因而《盐法通例》似当为延祐元年(1314)圣旨条画的司法解释和补充。

延祐元年(1314)圣旨条画和中统二年(1261)圣旨条画中,对私盐贩的处罚基本一致。只是中统二年(1261)所籍没的私盐贩的财产不知是一半还是全部②,而延祐元年明确说明财产一半没官③。至于私盐犯界者,前后并没有变化,减私盐罪一等。中统二年(1261)

① 《元典章》卷二二《户部八·盐课·盐法通例》。

② 《元典章》卷二二《户部八·课程·恢办课程条画》。

③ 《元典章》卷二二《户部八·盐课·盐法通例》。

圣旨条画中,煎贩私盐的色目人“别无所坐罪名”。这种现象一直延续到延祐六年(1319)。刑部拟定“色目人煎贩私盐者,依例科断”,即与汉人、南人所受惩罚相同,“科徒二年,决[杖]七十,财产一半没官,决讫,发下盐场镣役”①。私盐贩中也有一些女人。如何处罚私盐贩中的妇女?中统二年(1261)圣旨条画中并没有作出明确的规定。一般说来,盐运司对拿获的贩私盐妇女,只让她单衣受刑,杖七十,抄家产、免镣役,并没有相关的条令作为依据。延祐六年(1319)的《盐法通例》对此进行了讨论,决定“妇人有犯,单衣受刑,例合免徒”②。大德八年(1304)以前盐运司对私盐贩三犯以上,处理的方法是出军。具体如何操作,不得其详。大德八年(1304)后各路官司依例“断遣汉儿人、蛮子人等申解辽阳省,发付出军;色目、高丽及申解湖广省发付出军”,更为具体。延祐元年(1314)圣旨条画中对于正犯盐徒再犯者加等断罪,居役,三犯以上的私盐贩断讫,发付边远屯田。其具体操作也不是很具体,盖仍采用大德八年(1304)以来的惯例。延祐六年(1319),刑部等部门拟定:“其三犯者与再犯一体断罪。蒙古、色目人发付两广、海南,汉人、南人发付辽阳屯田。”③这也成为以后官府处理私盐贩惯犯的重要法律依据。同时规定了用私盐博易诸物者依然按照私盐法裁决。以上诸盐司捉获私盐,依条断罪的同时,私盐贩的情由和追到钱物皆须明立案验,另附文历,每月申报相应上司④。

元代盐法不仅注意对私盐贩的惩罚,同时也加大了对私盐生发阶段的灶户和盐官等私卖的惩罚力度,以努力遏制私盐的来源。中统二年(1261)的《恢办课程条画》规定:“如有盐司监临官与灶户私卖盐者,同私盐法科断。”⑤至元二十九年(1292)的《立都提举司办

---

① 《元典章》卷二二《户部八·盐课·盐法通例》。
② 《元典章》卷二二《户部八·盐课·盐法通例》。
③ 《元典章》卷二二《户部八·盐课·盐法通例》。
④ 《元典章》卷二二《户部八·课程·至元新格》。
⑤ 《元典章》卷二二《户部八·课程·恢办课程条画》。

盐课》也指出灶户等私卖盐者同私盐法科断①。监运,在运盐到仓过程中,侵偷盗卖者依私盐法②。

注意区别对待私买盐卤和刮取咸土等行为。私买盐卤和刮取咸土在元廷看来,与私盐是有区别的。私自买到卤水,回家后私自煎卖者同私盐法科断,但是盐运司考虑到毕竟不是成盐,因而将这些买卖之人各杖六十,而挑担撑载的船户和脚力、受寄者以及中介人等则减等,只笞五十下。这些是两浙盐运司的做法,延祐六年(1319),得到中书省的同意,并作为范例而用于其他各盐司。刮削咸土私煎成盐者根据以前的做法,"扫刮咸土食用者,与采买穗草,烧灰淋卤,难同私盐,量笞卅七下"③。偷取卤水之人和买食私卤的各笞四十七下。至于扫取敲打纳官零盐回家食用的,两浙盐运司根据具体情况,决断二十七下,而在野外拾得无主私盐自己食用的,则笞五十七下。两浙盐运司的这种做法显然得到了刑部等肯定,但是法令规定要比两浙盐运司的处罚要低的多:前者量笞一十七下,而后者不过笞二十七下而已④。腌制鱼鲞的并不在处罚之列。但如果其中夹带私盐,抑或用私盐来腌制的,则要按照私盐法进行惩罚⑤。

其二,确立缉私制度。

1. 设立专职巡盐人员。最初盐司设有巡盐官吏和弓手,巡禁私盐。至于巡盐官吏怎么称呼,怎样设置,至元二十三年(1286)的《巡禁私盐格例》⑥规定甚为详细。全文转录如下。

至元二十三年湖广行省据两淮都转运盐使司申:

---

① 《元典章》卷二二《户部八·盐课·立都提举司办盐课》。

② 《元典章》卷二二《户部八·盐课·新降盐法事理》。

③ 《元典章》卷二二《户部八·盐课·盐法通例》。《至正条格》卷十一《断例·厩库·盐课·扫刮咸土》;《断例·厩库·盐课·买食卤水咸土》。

④ 《元典章》卷二二《户部八·盐课·盐法通例》。《至正条格》卷十一《断例·厩库·盐课·食用无主盐》称"延祐元年八月中书省议得:江浙省咨:……野泊拾取无主私盐不即首告,自行食用之人笞三十七下。"。

⑤ 《元典章》卷二二《户部八·盐课·申明盐课条例》;卷二二《盐课·盐法通例》。

⑥ 《元典章》卷二二《户部八·盐课·巡禁私盐格例》。

“会验钦奉圣旨节该:‘巡盐底人每交依旧行者。’

又钦奉圣旨节该:‘巡盐官吏、弓手如遇出巡,所在去处官司支破饮食,每名支米一升,马支草料粟三升,虽多不过一十人。如青草时月,不须应付草料。’

至元二十三年二月初十日钦奉圣旨节该:‘据中书省奏两淮都转运盐使司课程浩大,切恐诸人沮坏,乞降圣旨禁谕事。准奏。据所办盐课,照依累降圣旨条画从长规划恢办,务要增羡尽实到官。仍禁约毋得将运盐船只拘撮递运官物。办课其间,诸衙门人等不得搅扰沮坏。’钦此。

卑司今差盐官赍擎圣旨前去开读,约会随处路府州县提点正官一同遍历巡禁。外,今将见设巡盐官吏人等开坐前去,乞赐行下合属约会巡禁施行。

巡盐官　大使一名　副使一名　司吏一名　弓手六名

这是两淮都转运盐使司上报给湖广行省的文书。其中多次征引圣旨条画。圣旨条画中称“巡盐底人每交依旧行者”。所谓“依旧”具体所指,不得其详。同时圣旨条画规定了盐运司巡盐官的设置状况,即大使一名、副使一名、司吏一名、弓手六名。实际上,早在元朝统一全国之初,即有巡盐大使之设。宋亡后,瞿嗣兴任苏州巡盐大使①。这些巡盐人员都是盐运司委派到地方的。其作用是约会地方提点官一同巡禁私盐。这些巡盐人员应为“有职役、请俸巡盐人员”。由于巡盐官的滥设给巡盐造成诸多不便,至大四年(1311),中书省决定“令运司依例差有职役、请俸巡盐人员每道不过二人,约会所属提点官一同巡禁”②。

必须注意的是,文书所征引的圣旨条画中还记载了巡盐官的待遇问题。巡盐官的日常所需由地方承担,每名支米一升,那么盐运司

① 宋濂:《宋文宪公全集》卷二四《瞿员外墓志铭》。

② 《元典章》卷二二《户部八·盐课·巡盐不便》。

所派出的包括巡盐官和弓手在内的九名人员所需支米为九升。巡盐官所乘坐的马疋是否支草料则要视季节而定。巡捕过程中,巡盐弓手骑坐的马匹按照法令规定,受到保护。东南的两淮两浙地区,巡盐官还乘坐船只巡禁私盐。元贞二年(1296),江浙行省以船五十艘、水工一千三百人沿海巡禁私盐①。大德四年(1300)的《新降盐法事理》载巡盐船只,运司印烙行使②。两淮盐运司在采石就"摘拨军船一同巡捉私盐"③。最初巡盐弓手似乎没有武器④。中统四年(1263)三月始,朝廷允许捕盗巡盐者执公矢,从此巡盐者便有了武装。元贞元年(1295),元廷甚至给江浙、河南巡逻私盐南军兵杖⑤。

此外,巡盐人员经常出现扰民的状况。至元二十八年(1291)颁布的《至元新格》对巡盐人员的行为进行了约束:"非承告报,其巡盐人员,止许依例用心巡捕,不得妄入人家捕捉。"⑥胡祇遹也建议:"巡盐官不得擅自扰民,事发之家当土官鞠问。"⑦延祐六年(1319),李守中请"革巡盐吏胥",获得批准⑧。

2. 强化地方官府的缉私职能。附场地区由巡盐官直接巡捕,行盐地面的路府州县则须与相关地方官府共同巡禁。中统二年(1261)的《恢办课程条画》载"仍委自州府长官提调禁治私盐罪"⑨似可说明。中统二年(1261)只是进一步明确了地方州府长官以及把隘人员巡禁私盐的职责,并针对禁治私盐不严的民官和军官制定了相应的惩罚条令。"如[州府长官]禁治不严,致有私盐并犯界盐货生发,初犯笞四十,再犯杖八十,三犯已上,开具呈省闻奏定罪。若

① 《元史》卷一九《成宗二》。
② 《元典章》卷二二《户部八·盐课·新降盐法事理》。
③ 《元典章》卷二二《户部八·盐课·新降盐法事理》。
④ 《元史》卷五《世祖二》。
⑤ 《元史》卷一八《成宗一》。
⑥ 《元典章》卷二二《户部八·课程·至元条格》。
⑦ 胡祇遹:《紫山大全集》卷二三《民间疾苦状》。
⑧ 苏天爵:《滋溪文稿》卷一一《元故嘉议大夫工部尚书李公墓志铭》。
⑨ 《元典章》卷二二《户部八·课程·恢办课程条画》。

获犯人,依上给赏。""若因而夹带私盐货卖,把隘官与犯人同罪。"①至元二十九年(1292)颁布的《立都提举司办盐课》明确说明:"巡禁私盐者,附场百里之内,从运司选委相应人员巡捉。其余府、州、司、县行盐去处,摘委盐司正官员与管民正官一同巡捉。"同时规定:"管民提点正官不为用心禁治捉拿,纵令百姓买食私盐,与场官同罪。如经过关隘港汊去处,管军官不为用心盘捉,与管民提点官一体断罪。如有通同纵放货卖私盐者,与犯私盐人同罪。"②大德四年(1300)的条令中规定:"行盐地面拘该行省、宣慰司官各一员,专一提调。路府州县提点正官、镇守把隘军官、巡盐捕盗等官,若有奉行不至者,许廉访司纠弹究治。"③延祐五年(1318)的《申明盐课条画》也重申了对地方官员和军官的处罚决定。此外,枢密院所属的镇守军人也有巡捕私盐的义务。至元二十九年(1292)的圣旨条画规定镇守军人巡盐,而具体的操作方式是在偷贩私盐的重要路段设置军人把守,并告知各处军人头目要巡禁尽绝,"各取依准执结文状"。如果不认真执行,使私盐生发,该处的管军头目与犯私盐者同罪④。镇守两浙的军府每年都要委派一百户提兵镇守。邹世闻曾为百户巡禁私盐,很有功绩⑤。仁宗时,万户明理帖木儿应行省之命巡历私盐,"以申明其禁令"⑥。

巡禁私盐的人员拿住私盐是有奖励的。至元三十一年(1294),凡是拿住私盐贩者,每引赏与中统钞十两。但由于赏钱太少,这些人员也不愿意巡捉私盐贩。至元三十一年(1294)圣旨条画规定应捕军人拿获私盐,每引赏与中统钞十五两⑦。但在巡盐过程中,官府显

① 《元典章》卷二二《户部八·课程·恢办课程条画》。
② 《元典章》卷二二《户部八·盐课·立都提举司办盐课》。
③ 《元典章》卷二二《户部八·盐课·新降盐法事理》。
④ 《元典章》卷二二《户部八·盐课·镇守军人兼巡私盐》。
⑤ 徐一夔:《始丰稿》卷三《元故敦武校尉益都翼管军上百户邹君墓志铭》。
⑥ 黄溍:《金华黄先生文集》卷二七《沿海上副万户石抹公神道碑》。
⑦ 《元典章》卷二二《户部八·盐课·拿住私盐给赏》。

然过分强调了军民官的作用,并对军民官往往加以"透露之罪"。海北海南道肃政廉访使王都中认为私煮盗贩之盐本出于官盐场,于是"严为之禁,督责所属官吏,事至立决"①。

其三,施行首告制度。首告制度是鼓励百姓向盐运司或官府提供线索,以打击私盐的措施。中统二年(1261)的圣旨条画明确规定:"若有告捕得获,于没官物内一半充赏。"②至元十三年(1276),这一法令应用于江南③。至元二十九年(1292),重申了这一法令④。延祐元年(1313)的圣旨条画与前代并没有变化,但规定更为细密:"诸人捕获私盐,其告首亲获之人,于犯人没官家产内一半充赏。若犯人贫穷,无产可籍,虽有不酬其功者,每私盐一引官给中统钞伍拾贯,应捕人减半,不及引者,同一引例,于运司系官钱内支给。"⑤两浙盐运司在施行过程中遇到了一些问题,上报中书省。比如,一起私盐案件中,所涉及的私盐贩有二到十多名,还包括煎卖私盐的灶户一二家,这种情况是应该将所有籍没人一半财产的一半(1/4),还是只将私盐贩中所籍没财产多的一人的1/4给予首告者呢?所获私盐满一引的给予中统钞五十贯,不满一引,而在二百斤以上者以一引计,而二百斤以下,或只十斤、三二斤者以一引计是否合理呢?延祐六年(1319),刑部等司法部门拟定:"诸(各)[告]首亲获私盐之人,拟合将各家没官财产依例一半付告人充赏。其辗转指出者不在诸赏之限。外据不及引者,无问多寡,同一引给赏相应。"⑥这个条画也就成为各盐运司施行首告所遵循的法律条文。值得注意的是,盐运司,还

① 黄溍:《金华黄先生文集》卷三一《正奉大夫江浙等处行中书省参知政事王公墓志铭》。

② 《元典章》卷二二《户部八·课程·恢办课程条画》。

③ 《元典章》卷二二《户部八·课程·运司合行事理》。

④ 《元典章》卷二二《户部八·盐课·立都提举司办盐课》。

⑤ 《元典章》卷二二《户部八·盐课·盐法通例》。

⑥ 《元典章》卷二二《户部八·盐课·盐法通例》。

会保护首告者。但是所谓首告也有规定,“皆须指定煎藏处所”①,人赃俱获,以杜绝有人从中作弊。

其四,多次下令进行盐禁。至元三年(1266)三月乙卯,申严濒海私盐之禁②。次年正月丁酉,申严平阳等处私盐之禁③。八月辛酉,申严平滦路私盐酒醋之禁。④ 至元二十年(1283)五月庚申,申私盐之禁⑤。大德二年(1298)六月,申严陕西运司私盐之禁⑥。次年四月庚午,申严江浙、两淮私盐之禁⑦。延祐元年(1314)秋七月,申饬私盐之禁⑧。十二月辛卯,禁诸王、驸马、权势之人增价鬻盐⑨。七年(1320)冬十月,申严两淮盐禁⑩。可以看出,朝廷进行盐禁的地域是广泛的,且频度很大。另一方面似可说明元代私盐存在的普遍性。

虽然元廷不断颁布法令,进行盐禁,同时设立首告制度,完善缉私制度,但巨大利润的诱惑,使一些官员也卷入其中。所谓“令甲虽严于私贩,巡兵阴纵其横行。势有相容,情难独禁”。虽然有些官员建议元廷效仿古法,“听其与商人为市而官收其税”⑪,但终究没有被采纳。可以说元代随着盐引法的确立,对盐的国家控制加强,但这种榷卖制之下的朝廷管制措施的效果是有限的。在私盐产销“已经成为经济活动中一个忽视的部分”⑫的情况下,官府的多次法禁反而会促动官私之间矛盾的加剧。一些私盐贩随着财赋的膨胀,对于社会

① 《元典章》卷二二《户部八·课程·至元条格》。
② 《元史》卷六《世祖三》。
③ 《元史》卷六《世祖三》。
④ 《元史》卷六《世祖三》。
⑤ 《元史》卷一二《世祖九》。
⑥ 《元史》卷一九《成宗二》。
⑦ 《元史》卷二〇《成宗三》。
⑧ 《元史》卷二五《仁宗二》。
⑨ 《元史》卷二五《仁宗二》。
⑩ 《元史》卷二七《英宗一》。
⑪ 陆文圭:《墙东类稿》卷四《流民贪吏盐钞四弊》。
⑫ 梁庚尧:《南宋的私盐》,《新史学》十三卷二期,2002年6月。

的安定产生了不小的影响。如广东陈良臣等煽动东莞东州负贩之徒万人起义。元末农民战争中,私盐贩更是一种很重要的力量。

小　结

元代中央集权进一步加强,盐业产销均被纳入国家体系之下,施行榷盐制。因此元代盐商可以分为常态下的盐商和非常态下的私盐贩。盐引制下,盐商的买引、支盐、运销等整个过程都在政府严密的控制之下。虽然买引之后,盐引的所有权发生了改变,然这种状况下的盐商并非自由商人,也非承揽产销的豪商,既非现代意义上的代理商,也非现代意义上的经销商,而兼有代理商和经销商两种特点。元代盐商的组成有着明显的时代特点,官商从事贩盐活动在某种意义上是被允许的,因而官商是盐商中的重要组成部分。此外,盐商中还有不少斡脱商人。豪商、官商和斡脱商人构成盐商的主体。他们把持着行市,操控着盐业市场,而没有势力的中小盐商几乎处处受到不公正待遇,只能忍气吞声。这些豪商等既不与盐的生产者发生直接联系,又不与盐的最终消费者发生直接接触,更多扮演着中间商中的批发商的角色。盐商一般通过由盐牙说合,将盐袋批发给各地的铺户。各地的铺户才是真正的零售商人,他们将盐袋再发卖给百姓。

虽然盐商获利丰厚,豪商把柄行市,但一些盐商为地方社会作出了巨大贡献。他们或成为蒙元初期以及后期中盐制的支持者,或捐资救灾,整修公共设施,更有人出资维护社会治安,为国家和地方社会的稳定作出了自己的贡献。

榷盐制下,盐利多被国家垄断。一些民众为维持生计,不惜触犯法条,从事私盐的产销,与国家争利,这就是私盐贩,元代称作“盐徒”。除私煎、私卖外,“引盐不相离”成为标示盐袋是否是私盐的重要标准。私盐范围极广,从事产销私盐的盐徒组成必广,不仅有汉人、南人,还有蒙古和色目人,一些妇女也加入到盐徒之中。私盐贩的出现带有群发性、反复性、团伙化、非法性、叛逆性、武装化等特点。

国家为获得对盐利的垄断,立法严厉打击非法私贩盐徒,明确制定了私盐法令,加大了对私盐生发阶段灶户和官员的处罚力度,注意区别私买盐卤以及刮取咸土等行为,同时还设立了专职的巡盐人员,强化了地方官府和军事机构缉私的职能,设立了首告制度,并多次下令施行盐禁。国家与私盐贩的较量贯穿于有元一代。在私盐产销业已成为经济活动中不可忽视的部分的情况下,过分严厉的法制和政策只会进一步加剧官私之间的矛盾,影响社会的稳定。官商勾结使私盐活动更加猖獗。最终在多重因素下,私盐活动更是无以复加,以致成为元末农民起义中的重要力量,甚或是主导力量。

第四章 元代盐业

元代盐业根据生产条件的不同，可以分为海盐、池盐和井盐。盐产地相应地形成了东部海盐区、河东解盐区和川滇井盐区。东部海盐区又根据元统治时间的先后和所属盐司的不同，可以分为环渤海盐区和东南盐区。各盐区盐业产销有其不同的特点，一定程度上推动了地方经济的发展。本章试图在前人研究的基础上，对元代四个盐区的盐业经济状况进行分析，以期复原元代四盐区盐业经济的实态。

第一节 环渤海[①]盐区海盐

环渤海海盐区是指渤海沿岸利用海水煎煮成盐的产盐区。元代该盐区由大都河间盐运司、山东盐运司管理，辽阳行省的沿海盐场也属于这个盐区的范围。其辖境大体上相当于今天的河北、天津、山东和辽宁等省市的沿海盐场。辽阳地区的盐业生产大部分是池盐生产，至元四年(1268)，立开元等路运司统理。至于海盐，仅限于滦州

① 张利民等先生率先将环渤海区域的概念引入历史研究之中。参见张利民、许檀：《近代环渤海地区经济与社会研究》(天津社会科学院出版社 2003 年)。杨强先生则提出了环渤海区域的明确概念：环渤海区域是中国海洋社会经济史框架下的一个概念。环渤海区域是以渤海和黄海北部海域为中心、包含有自然、经济、社会诸子系统的多层次综合的区域系统，经济系统在其中起主导作用(《论明清环渤海区域海洋的发展》，《中国社会经济史研究》2004 年第 1 期)。

四处，生产数量不是很大。本节仅研究作为环渤海盐业经济主体部分的河间、山东两盐司的盐业生产和运销。

渤海三面靠陆地，实际上是黄海深入内陆的一个大型海湾，受大陆影响剧烈。该地区降水量少，且多集中在夏季。与其他内海相比，渤海的盐度较低，一般不超过30%。近海区，尤其是河口附近，终年为低盐区，盐度仅为26%，故盐场多分布在离河口较远的地方。但渤海，尤其是其西部，四季均是太阳总辐射的高值区，蒸发量大。这样可以弥补盐度过低而产盐率较低的状况。长期以来，由于河流入海所带来的泥沙冲击，渤海沿岸形成了许多海滩。这些海滩所产的芦苇为元代盐业生产提供了充足的燃料①。

自古以来，环渤海地区便以产盐著称。河北盐业最早开发于周朝。春秋时，管仲煮海定赋，是他相齐时所实行的富国政策。而齐国在今山东地区。战国时，北方燕因有“渔盐枣栗之饶”而成为“渤碣之间”一大名都②。之后历代王朝对该地区的盐业开发都很重视，以致“生齿既繁，炊镬益众”③。金元时期，随着政治中心的北移，环渤海盐区创造的盐利在中央财政收入中已占有相当比重。

---

① 参见中国科学院《中国自然地理》编辑委员会：《中国自然地理（海洋地理）》，科学出版社1979年。

② 《史记》卷一二九《货殖列传》。关于长芦盐业的历史发展概况可参见孟庆斌：《长芦盐业史述略》，《河北学刊》1992年第4期。

③ 徐世隆：《越支场重立盐场碑记》，光绪十七年《丰润县志》卷四《文苑》。

一 金朝[①]与蒙古国时期环渤海盐区的海盐生产

金朝是女真族建立的政权。它先后攻灭了辽(契丹)和北宋,占有了淮河以北的广大地区。环渤海盐区被纳入其管辖范围。金朝盐课是维系国家机器正常运转的支柱,所谓"榷货之目有十"而"盐称为首"[②]。为管理盐务,防止私盐发生,进而保证国家机器运行所需的财源,金政府先后设立了山东、沧、宝坻、辽东、解、北京、西京等七盐司。其中以山东、沧、宝坻为主体的环渤海盐区的盐课收入在国家盐课总收入中所占比重最大。以承安三年(1198)定额为例,三盐司所入盐课占全国盐课收入的近80%。据郭正忠先生测算,金代山东与河北地区官府控制的盐产达到1.3亿斤至1.6亿斤左右,而承安三年(1198)后山东、沧、宝坻三盐司的年课额分别为8 255.59万斤、5 269.78万斤、2 569.22万斤[③]。若将年课额视同年产量,山东盐司的年产量较之沧、宝坻两盐司年产量之和还要多。当然,这不包括私盐产量。金政府显然已意识到环渤海盐区盐业生产的财政意义,对盐务进行专门化管理,摆脱了唐宋时盐铁、盐茶等事务统管的模式,设立了专掌盐务的独立机构。山东盐司和沧盐司一度合并为海丰盐使司,下辖九场,莒州盐司辖十二场。此外,宝坻盐司之越支场、芦台场、平滦盐场和永济盐院也属于该区。其行盐地面包括河北路、山东路、大名府路、中都路、南京路的全部或部分地区。金政府在环渤海

① 关于金代盐业的研究成果有:吴慧《辽金元盐法考略》(《盐业史研究》1988年第1期),王兴文《金代盐业初探》(《中国史研究》1997年第2期),郭正忠《金代的盐使司与分司体制——〈金史·食货志〉"盐法"补正》(〈中国史研究〉1996年第4期),同氏《金代食盐业的经营体制》(《河北学刊》1997年第2期),同氏《中国盐业史(古代编)》等,王德朋:《金代榷盐制度述论》,《中国社会经济史研究》2007年第1期,陈娟:《金代解盐使司银铤浅析》,《中原文物》2006年第2期。刘浦江《金代"使司"银锭考释》(《中国历史文物》,2005年第2期)一文对金代盐务也有所涉及。

② 《金史》卷四十九《食货四》。

③ 郭正忠主编:《中国盐业史(古代编)》之第四章《元代的盐业》。

盐区的食盐生产中，普遍推行官给工本、民制官收的官营生产体制。贞元初，金主完颜亮迁都汴京后，采纳了蔡松年的改革方案，“设官置库以造钞、引”①，恢复并改进了宋代所推行的钞引法。山东、沧、宝坻三盐司显然实行过钞引法，且“钞、引、公据三者俱备然后听鬻”②。金末，随着蒙古族的南下，金朝的领地逐渐缩小。盐业生产因受到战争的破坏而急剧减少，并最终落入蒙古统治者手中。

13 世纪初，成吉思汗统一了蒙古草原各部族，建立了大蒙古国政权，随即发动了对金战争。1217 年，成吉思汗命木华黎南下攻金，相继攻占了今山东、河北的许多地方。此时，成吉思汗已注意到盐利的价值。1223 年授刘敏为安抚使，“便宜行事、兼燕京路征收税课、漕运、盐场、僧道、司天等事”③。“燕京路”即今北京地区。所辖盐场包括原金宝坻盐司下辖的芦台等场。当时越支土豪张进等人“被府檄，纠遗民数十户集越支之宋家营以居，复事煎造”。可见，蒙金战争中越支场有一段时间曾停止生产，直到蒙古人在该地区设立管理机构，该场盐业生产才得以恢复。但因管理制度不完善，该场不久出现了“聚落未成，京使已旁午，令大偿，巨价债缗，鞭笞逼急”④的情形。可知此地盐业生产仍十分有限。

太祖因西征无暇经理中原，以致官吏多所贪污，“仓廪府库无斗粟尺帛”。为摆脱这一窘况，耶律楚材“地税、商税、酒醋、盐铁、山泽之利，周岁可得银五十万两，绢八万匹，粟四十万石”⑤的诱人建议使窝阔台决定大胆一试。1230 年，太宗命耶律楚材“举近世转运司例，经理十路课税，易司为所，黜使称长”⑥，成立了十路课税所，负责管理财赋的征收。同年设立了河间课税所，“置盐场，拨灶户二千三百

① 《金史》卷四九《食货四》。
② 《金史》卷四九《食货四》。
③ 《元史》卷一五三《刘敏传》。
④ 徐世隆：《越支场重立盐场碑记》。
⑤ 宋子贞：《中书令耶律公神道碑》，《元文类》卷五七。
⑥ 杨奂：《还山遗稿》卷上《耶律楚材改课税制》。

七十六隶之”。这时,河间课税所应在真定路课税所辖下。山东地区则设立了益都课税所,“拨灶户二千一百七十隶之”①。两地盐业生产就此恢复。因课税所所用之人均为“省部旧人”,即金代遗臣,盐务的管理无疑会受到金代盐制的影响。值得注意的是,耶律楚材所奏数目当有据可依,而金代的税课收入当有一定的参考意义。

山东盐司设立后一直处于益都课税所的管辖之下,1234 年改立山东盐运司专门管理盐利,此后相当一段时间内保持了相对稳定。丙申年(1236),蒙古国建立了赋税制度,其中盐法规定盐价为每银一两四十斤,是对太宗二年(1230)盐价的重申。同年,蒙古统治者于白陵港、三叉沽、大直沽等处置司,由燕京课税所管辖。这些地方的盐业生产着手恢复。生产时官给工本,民制官收,与金朝盐业生产体制相同。1230 年河间课税所相应纳入真定河间等路课税所。《元史·食货二》称同年立“河间税课所”当指“河间课税所”。此外,课税使“多选儒臣用之”。蒙古国时期,官府往往在地方官府和专司机构设有达鲁花赤一职,故有《元史·百官一》所称“国初,立河间税课达鲁花赤清沧盐使所”的记载。1234 年同山东盐司一样,改立盐运司,盖仿金制。1240 年改立提举盐榷所,岁办盐三万四千七百袋,以每袋四百斤计,计 1 338 万斤,1243 年改立提举沧清盐课使所,岁办盐九万袋,计 3 600 万斤。河间盐司可以分为沧、清、深三个产盐区,以沧清为主,深盐区盐产的恢复似在 1252 年前后。

二 元代环渤海盐区的海盐生产

(一)元代环渤海盐区的海盐生产技术

关于元代环渤海盐区的海盐生产技术,文献中没有直接的记载。冯承钧译本《马可波罗行纪》中有一段关于河北地区盐业生产过程的描述:

① 《元史》卷九四《食货二》。

取一种极咸之土,聚之为丘,泼水于上,俾浸到底,然后取此出土之水,置于大铁锅中煮之,煮后俟其冷,结而成盐,粒细而色白,运贩于附近诸州,因获大利。①

日本学者吉田寅对此的解释与冯译本有些差异:

把含有很浓盐分的一种土取来堆积的很高,在上面浇大量的水,水完全吸收了土中的盐分,然后才通过一道沟,把这些盐水收集起来,用深约四指的巨大铁制平锅,长时间地煮这些盐水,使其盐分结晶,成为纯白的细粒状的盐。②

张星烺译本则称:

在这城里同在附近地区,制出盐很多。我要告诉你们怎样的情形。你们要晓得,那地有一种土,含盐分极多。他们人聚集许多这种的土,做成大丘堆。再倾注很多的水在上面,水把土中的盐溶化成液,自丘堆中流入旁边小沟里。人再把这盐水放在大而浅的铁锅里,锅高不过四指,用火把盐水在锅里熬了好久。盐自结成很好看的、极白净、精致的粒子。③

由以上所引文字可以看出,该地区煎盐的生产过程包括取土聚丘、淋卤、锅煎成盐。其中似不需验卤即行煎煮,而聚丘淋卤也不像《熬波图》所载挖坑浇淋,而在地面上行之。所载煮盐器具用大铁锅,其形制"深约四指"或"锅高不过四指",且"大而浅",显然指平锅。元初海盐生产用鏉。其煎盐鏉叶所用铁主要由广平等地供应。嘉靖《威县志》载元徐昌所撰《纳速儿丁记》云:"燕以南郡有铁冶□,岁给河间运司煎盐鏉叶,广平额加别郡。"恰与《马可波罗行纪》相印证。

冯译本将这一盐业生产技术视为土盐生产,并指称强格路城

① 冯承钧译:《马可波罗行纪》,上海书店2000年,第317页。
② 〔日〕吉田寅著,刘淼译《〈熬波图〉的一考察》,《盐业史研究》1995年第4期。
③ 张星烺译《马哥孛罗游记》,商务印书馆1936年,第267页。

(Cianglu)为景州。陈开俊显然也持同样的观点①。陈高华先生和日本学者吉田寅却认为其应为长芦的海盐生产,杨志玖先生认为Cianglu应为长芦镇(今河北沧州市)②,那么马可所记当为海盐生产。实际上海盐的生产有两种形态:一是如《熬波图》所描述的灰淋煎盐法;二是沿海地区的削土取卤法。陈高华先生认为"马可波罗所说的大概是削土取卤之法"③,与冯先生所持观点不同。的确,景州地区(今衡水地区)由于土地板结,土壤盐度较高,宜于盐业生产,即便是现在也有小规模的盐业生产。但说其是土盐生产,从盐业生产的特点来说,存在很多疑点。首先,《天工开物》记有明代土盐生产的情况,"长芦分司地土人亦有刮煎成盐者,带杂黑色,味不甚佳"。因土盐生产是刮土成盐,所以其所带杂质要多一些,这与马可所称"纯白"似相矛盾。且有元一代,"长芦"在正式行文中均指"长芦镇"。《元史》卷三二中有"倒剌沙贷其姻家长芦盐运司判官亦剌马丹钞四万锭,买盐营利于京师"。该句中提到"长芦盐运司",当为盐运司设在长芦镇之故。河间的盐务管理机构在正式行文中均以"河间盐运司"的名字出现,并未发现用"长芦盐运司"来替代"河间盐运司"的情况。但在非正式的场合,人们往往以长芦盐司来称呼河间盐司。此外,既然该产地产盐尚多,必然会受到元朝政府的重视而将其纳入元政府管辖之下。元朝行私盐会受到严厉处罚,而强格路城所产之盐公然"运贩于附近诸州,因获大利",自然得到元政府的许可而取得了盐业产销的合法性。故该城盐业生产应置于盐运司的管理之下,并按定额交纳盐课。但元代史籍中并没有提及哪一盐场分布在景州,而河间的土盐生产在《元史·食货志》和《元典章》中并未见

① 陈开俊:《马可波罗游记》,福建科学技术出版社1981年。

② 杨志玖:《马可波罗在中国》,南开大学出版社1999年,第19页。陈得芝先生指出Cianglu前人早已指出即长芦镇(《马可波罗在中国的旅程及路线》,《元史及北方民族史研究集刊》第10期)。张星烺先生则将此段文字直接译为"这里讲长芦镇城",参见《马哥孛罗游记》,第267页。

③ 郭正忠:《中国盐业史(古代编)》,第436页。

到。傅若金在《长芦》一诗中写道:“水国常含卤,沙场业煮盐;转输分使出,征榷置官监。”①所称“长芦”当指“长芦镇”,而“沙场业煮盐”一语则道出该地盐业生产在“沙场”上完成。从沙场来分析,河间盐业生产当采用削土取卤。总而言之,《马可波罗行纪》所反映的很可能是长芦镇的情况。

山东盐司的海盐生产技术史籍缺载,当与河间盐司相差无几。

(二)环渤海盐区的海盐生产数量

蒙金战争给环渤海地区的盐业生产所带来的消极影响是巨大的。蒙古灭掉金国(1234)后的相当长时间里,盐业生产的数量十分有限。河间盐运司到至元二年(1265)才恢复到金承安三年(1198)以前的水平,达到3 800万斤,而超过金承安三年(1198)的课额则是至元七年(1270)以后的事情了。至元十二年(1275)盐课额为25万引,计8 000万斤。山东盐司盐业生产的恢复更为缓慢,直到至元十八年(1281)才超过金承安三年(1198)以前的课额,至元二十三年(1286)则超过了金代的最高生产额度。金代的宝坻盐司,元为大都盐运司,其辖下的盐产与金代相去甚远。据《元典章》载元大都的课额为二万引,计800万斤,还不及金承安三年(1198)以前课额的40%。但总的说来,元代环渤海盐区的盐业生产较金代有了长足的发展。河间盐运司的盐产量至元二十二年(1285)即达到了11 624万斤,元代后期更是达到了1.5亿斤~1.6亿斤;山东盐司的盐产至元二十三年(1286)突破了亿斤大关。为说明方便,现将环渤海盐区盐业生产的数量列表如下。见表4—1、表4—2。

表4—1 元代山东盐司盐产表

年份	盐产量(万斤)	材料来源
中统元年(1260)	500	《元史·食货二》94/2388

① 傅若金:《傅与砺诗集》卷四《长芦》,影印文渊阁四库全书本。

续表

年份	盐产量(万斤)	材料来源
中统四年(1263)	660	《元史·食货二》94/2388
至元六年(1269)	2 879.92	《元史·食货二》94/2388
至元十二年(1275)	5 898.48	《元史·食货二》94/2388
至元十八年(1281)	6 619.48	《元史·食货二》94/2388
至元二十三年(1286)	6 619.48	《元史·食货二》94/2388
至元二十六年(1289)	10 869.68	《元史·食货二》94/2388
?	9 600	《元典章》第354页
大德十年(1306)	10 000	《元史·食货二》94/2388
至大元年(1308)	12 400	《元史·食货二》94/2388
后至元二年(1336)	112 000	《元史·食货五》97/2491

表4—2　元代河间盐司盐产表

年份	盐产(万斤)	材料来源
庚子年(1240)	1 388	《元史·食货二》94/2387
癸卯年(1243)	3 600	《元史·食货二》94/2387
至元二年(1265)	3 800	《元史·食货二》94/2387
至元七年(1270)	4 000	《元史·食货二》94/2387
至元十二年(1275)	8 000	《元史·食货二》94/2387
至元二十二年(1285)	11 624	《元史·食货二》94/2387
至元二十七年(1290)	14 000	《元史·食货二》94/2388
至元三十一年(1293)	10 000	《元史·食货五》97/2489
?	10 000	《元典章》卷八第354页
大德五年(1301)	11 200	《元史·成宗三》20/433

续表

年份	盐产(万斤)	材料来源
至大元年(1308)	18 000	《元史·食货二》94/2388
延祐元年(1315)	16 000	《元史·食货二》94/2388
天历年间(1328—1329)	16 000	《元史·食货二》94/2388
元统元年(1333)	15 200	《元史·食货五》97/2489
至正二年(1342)	15 200	《元史·食货五》97/2488

河间盐司和山东盐司有一段时间行每引四百五十斤,该表均作四百斤计。
以上两盐司生产量据盐课额计算而来。

由上表可以看出,从元初到至大元年(1308)间,两盐司的盐产额一直在增长。至大元年(1308)更是达到了元代生产额的极致,这应与武宗时的财政状况有关。武宗上台以来"中都建城,大都建寺,及为诸贵人营私第",并"恤军力,赈百姓,及殊恩泛赐",每赐一人辄至万锭,以致"帑藏空竭"①,使财政状况急剧恶化,"预卖盐引"成为其解决财政问题的一个重要途径。由此,增加盐司的盐产量很自然。两盐司的盐产均在这一年达到了最高值。河间盐司达到了 18 000 万斤,而山东盐司达到了 12 400 万斤,数量十分可观。有两点应引起注意:(1)山东盐司至元二十三年(1286)的盐课猛增为 27 万余引,而至元二十六年(1289)至至大元年(1308)之间的相当长的一段时间内却低于至元二十三年(1286)的水平,应为受政治影响之故。至元二十三年(1286),在卢世荣任职至桑哥被任用前,盐额的激增似与两者关系不大,却与纳速剌丁虚抬盐额有关。后来桑哥集诸路总管三十人"导之入见,欲以趋办财赋之多寡为殿最,"遭到忽必烈的反对。尔后又议增盐课,此前盐产的大幅度增加明显超过了山东

① 《元史》卷二二《武宗纪》。

盐司灶户的生产水平。身为山东地区总管的马绍独力争山东课不可增①。于是便有了山东盐司课额不增反减的现象。至元二十六年(1289)降旨减山东盐司课额为22万引。此后山东盐司到大德十年(1306)才增为10 000万斤,较至元二十三年还略低一些,直到至大元年(1308)才达到盐产的最高额。(2)河间盐司至元三十年(1293)的课额由先前的35万引骤减为25万引,亦当与政局变化有关。桑哥理财时元代河间盐司的课额一直增加,其被杀以后,纳速剌丁灭里等恣为不法,楮币、盐课、酒税无不更张变乱之。至元二十九年(1292),灭里等伏法,次年的盐额相应减少。

仁宗延祐时,盐产数量较至大时有所减少。顺帝时,河间和山东的海盐生产总量为60万引,计240 000万斤,保持了相对稳定。但总的看来,元代河间盐司(包括金时的沧盐司和宝坻盐司)的盐产已超过了山东盐司。这是因为政治中心临近河间盐司而受到元政府的重视,大都周围庞大的军队、牧马支出和中央财政来源有相当一部分来自河间盐司。山东盐司较河间盐司而言,所受控制不是很严。此外,至元十八年(1281),山东灶户才2 870户,而同时期河间盐司灶户达到了4 062户,至元二十七年(1290),更增为4 532户,此后又增为5 774户,远较山东盐司盐户为多,至正二年(1342),仍有4 301户。

通过以上分析,我们大体勾勒出元代该地区两盐司盐业的生产状况。必须指出的是,盐课数量并不能完全等同于盐业生产数量。盐课往往因政治影响并不能完全体现盐业生产的全部情况。此外,私煎海盐的出现,诸多逋欠的存在也应该考虑在内。但我们仍可以通过对盐课额的考察来窥知元代环渤海两盐司盐产的大体状况。

① 《元史》卷一七三《马绍传》。

三 元代环渤海盐区的海盐运销

(一)大都的食盐问题

大都盐司是在金代宝坻盐司的基础上演化而来的。自太宗丙申年(1236)置司设熬煎办,隶燕京征收课税所,实行民制官收的政策。当时并没有严格意义上的引法,所谓"每引有工本钱"①,其中"引"指征收盐课的计量单位。政府从中获得的盐课多受到财政状况的制约,且私盐盛行。至元元年(1264),改燕京为中都,次年虽经倪德政整理盐法,出现了"自再立盐司以来,凡五百年未有如今之安静无扰者也"的局面②。但这种局面并未维持多久,"大(中)都民户多食私盐",政府盐课的获取受到了很大影响。为此,至元八年(1271),"验口给以食盐"③,实行计口授盐的食盐法。至元十九年(1282),实行以引法为特征的商运商销。这一年罢大都及河间、山东三盐司,设户部尚书、员外郎各一员,"令于大都置局卖引,盐商买引,赴各场关盐发卖"④。大德七年(1303),并大都盐司入河间运司,每岁存留盐数"散之米铺,听其发卖"。可以看出,这一时期大都食盐的销售以商销为主。后来由于富商把握行市,遂于大都南北二城置局十五处,实行官卖。因当时立法甚严,这种状况维持了一段时间。但官为发卖,常常出现缺斤短两的现象。泰定二年(1325),因"所任局官不得其人",且"局官纲船人等多有侵盗之弊",遂罢之,恢复了商运商销,"听民贩卖"⑤。然商运商销往往导致私盐的盛行和富商把握行市,进而导致官课亏损。元统二年(1334),恢复了大都南北二城的盐局

① 《元史》卷九四《食货二》。
② 徐世隆:《越支场重立盐场碑记》。
③ 《元史》卷九四《食货二》。
④ 《元史》卷九四《食货二》。
⑤ 《元史》卷九七《食货五》。

十五处，每局日卖十引，设卖盐官二员，以岁一周为满，责其奉公发卖①。所卖价钞，每旬起解户部。那些“频买局盐而增价转卖于外者”被严格禁止。大都食盐实行官卖政策的同时也有一部分实行商销法，“客商盐货，从便相参发卖”②。但为期不长，官卖的弊端便表露无遗。“窃计官盐二万引，每引脚价中统钞七贯，总为钞三千锭，而十五局官典俸给，以一岁计之又五百七十六锭”，而赁房之资、席草诸物还不包括在内。这势必增加了盐业成本的投入，盐价也相应增加。于是至正三年(1337)罢原设盐局，“听从客旅兴贩”③，这种情况一直维持到元朝灭亡。

值得说明的是，大都所需之盐主要来自大都运司，后虽并入河间盐司，但该地所产之盐仍主要供应大都。元统二年(1334)，元廷命河间运司分四季，起赴京廒，用官定法物，两平称收，分给各局。就其数量而言，后至元二年(1336)，起运京廒发卖食盐一万五千引。至正三年(1343)，监察御史王思诚、侯思礼所称“官盐二万引”，恰是大都盐司所产盐额。这些盐“于大都兴国等场见收盐内验数”，则甚为明了。另外，常白盐是内府必用之物，不用于发卖，故不在这二万引官盐内。每年常白盐的数量仅为一千五百引④。

这些供应大都的食盐用船运出，行纲运法。船户是招募而来。每一千引为一纲，常白盐一千五百引用船五十艘，每岁四月起运；官盐二万引用五十艘，每岁七月起运。所经水道则为北至通州，南至临清的运河段，以运入京师。

(二)河间盐的运销

如上所述，河间盐除供大都食用外，其行盐地面北达大都路古北口一带。《元史·食货五》称至正二年(1342)河间运司申“因古北口

---

① 《元史》卷三八《顺帝一》；卷九七《食货五》。

② 《元史》卷九七《食货五》。

③ 《元史》卷九七《食货五》。

④ 《元史》卷九七《食货五》。

等处把隘官及军人不为用心诘捕”，以致商人装载疙瘩盐于街市卖之。可见，古北口当为河间盐行盐地面的最北界。《至正条格·私盐罪赏》称：“迤北上都、兴和、大同、辽阳等处所产盐货，诸人不得负载犯界前来大都等处食用。”显然上都路、兴和路、大同路、辽阳路本地产盐，并不在大都河间盐的行销范围。延祐五年(1318)，解州盐池为水所坏，朝廷即命怀孟等处食陕西红盐，后以地远而改食沧盐。可知怀孟等处在延祐后行河间盐。襄城县所在的汴梁路当为河间盐行销的最南界。襄城在汴梁路的南部，而与之相接的叶县则食解盐①。另外，元代河间盐的行销区域与解盐的自然分割带应是太行山脉。东南则与济南路相邻。

关于元代河间盐的运销方式，王恽建言行食盐法，“于所辖州县，量户数多寡，将原认课额均分。依已定价钱一十四两一钱，仰各处管民官设立盐官，赴运司关支盐货，置局发卖”，而“长芦本处，除收米粟外，并不得收受诸物。止收宝钞，赴万亿库送纳；止收米粟者，以备御河上下官为支持”。但王恽的建议并不排斥商运商销法。他指出以商贾为利之人赴场买引支盐，不得刁蹬盐商为急务。显然存在商运商销的销盐方式。王恽所提出的置局发卖恰是调整盐法，补救商运商销法的一项措施。在此之前，厘勒监生、刁蹬盐商的情况绝不在少数，官吏买引卖引的情况普遍存在。“盐价贵则官吏尽数拘买，客旅不得买；盐价贱则官吏并不收买，客旅为曾赴场不得买，尝被耽误，又知盐价迟涩，亦不兴贩。”②官吏支盐往往先拣离场近便去处，次拣洁净干白好盐，然又不依次序支盐，严重干扰了盐业运销的正常渠道，同时也阻碍了政府盐课的获取。所以王恽提出“官为置局发卖”。王恽在文中谈到“长芦本处”，显然是指长芦海盐销售的情况。已如前述，“长芦本处”指“河间运司”。至大元年(1308)十

① 《元史》卷一九三《刘天孚传》、孛术鲁翀：《菊潭集》卷三《知许州刘侯爱民碑》均记载有“襄城民食沧盐，叶县民食解盐，刻石湛河南岸以为界”。

② 王恽：《秋涧集》卷九〇《论盐法》。

月，禁止“持内降文记买河间盐及以诸王、驸马之言至运司者”①。从此，内府及诸王驸马所食河间盐必须经由中书省才能赴运司支拨。泰定丁卯夏(1327)约约为大都河间等路都转运使，整顿盐法，使“灶户自裕，商货自均”②则指商销法。天历中，赵师鲁为河间等路转运盐使，整顿盐法，“灶户商，人无不便之”③，也说明商销法的存在。至正二年(1342)，河间盐司称“本司办课，全籍郡县行盐地方买食官盐”，似说明至正二年(1342)以前的相当一段时间内河间盐司行官卖法，次年行盐地方蝗旱相仍，百姓无钱买食官盐。可以看出，至正二年(1342)以后官卖食盐法也有实行。至正十二年(1352)，成遵出为大都河间等路都转运盐使时，有“初，汝、汴二郡多富商，运司赖之”④之语，则说明河间盐司依靠汝、汴二郡的盐商运销而完成办课任务。这里必须交代一下，河间运司商运商销的销售方式以引法为主。王恽在其建议中说的最为明了，即商人“赴场买引支盐”。这里盐引的销售似由盐司下的盐场来进行。

盐折草是盐业销售的另一种形式。大都及其附近有着众多的马匹，以供军队和朝廷使用。这样马匹的食草便成为一个突出的问题。虽有牧场的存在，但这一问题似乎远不能解决。大德八年(1304)，成宗令行盐折草法，“每年以河间盐，令有司于五月预给京畿郡县之民，至秋成，各验盐数输草，以给京师秣马之用。每盐二斤，折草一束，重一十斤。岁用草八百万束，折盐四万引云”⑤。盐折草主要行于“畿内州县”⑥和“甸服百里”⑦之地，并非在全部河间盐销区内实行。盐折草多以民户的户籍为主要依据，即“漕河间盐，错置郡邑，

① 《元史》卷二二《武宗一》。
② 张养浩：《归田类稿》卷九《大都河间等路都转运盐使约约惠政碑》。
③ 《元史》卷一七六《赵师鲁传》。
④ 《元史》卷一八六《成遵传》；《元史》卷九七《食货五》。
⑤ 《元史》卷九六《和籴·盐折草》。《经世大典》，《元文类》卷四〇。
⑥ 虞集：《道园类稿》卷四三《天水郡侯蔡公神道碑》。
⑦ 马祖常：《石田先生文集》卷一三《霸州长忽速剌沙遗爱碑》。

箅民之口而廪食之”,“比官艖至,集民于州而口给之”,尔后“估当其值,而以稿秸入之官”①。这种行盐方式明显带有浓重的强制性色彩,与食盐法实无差别,唯一不同的是盐折草中的盐价是以稿秸的形式而非现钱的方式出现。这种做法至少在延祐八年(1321)仍在施行②。实际上,大都周围郡县并不完全施行盐折草法。另外,盐折粟的现象也存在,见于记载有固安、东安、霸州等州。由此我们可以看出,元代河间盐所行商销法的区域应不包括大都“甸服百里”之地。

(三)山东盐的运销

元代山东行盐地面,《元史·食货五》中载“行盐之地,周围三万余里”。如此看来,其行盐地面绝不仅仅限于益都路、济南路、般阳路、宁海州,《元史》本纪中有一些用山东盐赈灾的记载,或许对我们有些启发。至顺元年(1330),德州饥,赈以盐课钞三千锭;东平路须城县饥,赈以山东盐课钞;以山东盐课钞万锭赈东昌饥民三万三千六百户;济宁路饥民四万四千九百户,赈以盐课钞万锭③;十一月给山东盐课钞三千锭赈曹州济阳等县饥民④。既然本处盐课钞可用以赈灾于德州、东平、东昌、济宁、曹州等路州,那么这些盐课钞的来源当是这些地区的百姓。次年以山东盐课钞五千锭赈博兴州饥民九千户,一千锭赈信阳等场盐丁⑤。博兴州属益都路。以山东盐课钞三千五百锭赈益都路三万余户⑥。以山东盐课钞万锭赈胶州饥,又发山东盐课钞赈登莱饥民,而益都路恰是山东盐的行销去处。表面上看来,赈灾与行盐地面没有关系,实际上既然赈灾可以从盐司调拨盐课钞,我们也有理由相信,山东盐课钞赈灾与行盐地面在某种意义上讲有着一致性。所谓山东运司行盐之地“周围三万余里”,似乎说明

① 马祖常:《石田先生文集》卷八《记河外事》。
② 虞集:《道园类稿》卷四四《平江路达鲁花赤黄头公墓碑》。
③ 《元史》卷三四《文宗三》。
④ 《元史》卷三四《文宗三》。
⑤ 《元史》卷三五《文宗四》。
⑥ 《元史》卷三五《文宗四》。

山东运司的行盐也应包括这些区域。即元代山东海盐的行销区域包括益都、济南、般阳、宁海、德州、东平、东昌、济宁、曹州等路州。另外与山东相邻的河南行省的归德府大概也行山东盐。

山东盐的运销主要依靠大清河和小清河，两者均为济水的支流。元初山东盐依靠政府所推行的食盐法来销售。中统四年(1263)，世祖命益都山东民户月买食盐三斤，实行派售，之后便实行食盐法，"司盐铁者以青地多泻卤，盐所易出，乃比原计口配盐，入其值以防民私，谓之食盐"。开始时，食盐法所行的范围仅限于"濒海去处"。至元八年(1271)，滕、峄、淄州等距海七八百里"俱各桩配"，每户每月桩配食盐三斤，与中统四年(1263)同。其中所称"每户每月桩配食盐三斤"当为每户桩配食盐的平均数。实际操作过程中食盐法则按户等的高下实行摊派，"近上户计每年不下椿配三百斤，每斤价钞四分"，且"丝绢麻布并不收受"，百姓要在规定的时间内赴州县官局关买。这样的售盐方式给民户带来诸多麻烦，"远者离城三百余里正于农忙时分，往复不下十日"。由于农民无钱买盐，赊贷于铺户之家的状况很是常见。从铺户那里贷来钱款的民户在买到盐后将其折价后转卖，并将卖讫钞归还原借铺户。至元八年(1271)，魏初指出食盐法的弊端，"外据盐货，见行椿配，其法施之丰穰之岁犹有所不堪，况其蝗旱之余，阙食之际，岂可不为之更张哉?"①显然魏初反对食盐法。但食盐法在很长一段时间内都在施行。成宗时，王显祖任滨州时即对食盐法进行了微调，施行先散盐而后支价。大德三年(1299)，李谔任益都路"乞罢食盐，听民买食便"。但这种设想并未实现，最终的结果是"居寔濒海者食盐如旧"②。而临朐、莒县等六处官局发鬻，滕峄等六处听商贩往来。元代后期临朐、沂水等县有一阶段行商销法，但不久即因民食贵盐于元统三年(1335)改归食盐法，"令居民验户口多寡，以输纳课钞"。登莱之处置局三十五处，散卖

① 魏初:《青崖集》卷四《奏议·论盐货椿配》。

② 刘敏中:《中庵集》卷二《益都路总管李公去思碑》。

于民。元统三年,仿效登莱等处的做法增置十一局,“于钱谷官内通行铨注局官,散卖食盐”①。后至元三年(1337),山东盐司又企图将新城、章丘、长山、邹平、济南原行商销法的地区改行食盐法,但未能如愿。

值得注意的是,上面提到的滕、峄及登、莱之处均为益都路辖下,新城、长山则为般阳路地界,邹平、济南隶济南路。如上所言,滕、峄等地是实行过商销法的。其所以改行食盐法是因为当地多为山区,商贩难行。包括新城、章丘、长山、邹平、济南在内的般阳路、济南路等地行商销法,元贞元年(1295),王显祖为山东东路同知都转运盐使司事时,“首尾六载……商贾通行,公私两济”②,可进一步说明。致和元年(1328),政府罢益都诸属县食盐。后至元元年(1335),周信臣任山东东路都转运盐使之前,“濒海郡以邑密迩盐灶,民均食盐于官,余则官转以充岁正,以给国用”,即食盐法仅行于濒海郡。周信臣到任后仿效淮浙盐法,以“清河南壖界为东西二区,名之曰坨”,并“以此括舟以转界泺口之清河桥左,即场运以输坨,”“桥之右,舟转商鬻,亦隶于官,不相紊地”③。可见这时所行为商人到坨(相当于仓)支盐而后发卖的商运商销法,只不过在盐司的严密控制之下而已。通过以上阐述,元代山东盐司盐行销似还是以商运商销为主,食盐法主要行于益都路、般阳路的部分地区和济南路的濒海盐场附近地区或山区商贩不行之所。次年山东盐司的额办盐课为二十八万引,“除客商承办之外,见存十三万引”④。也就是说利用商销法所办盐课是十五万引,占全年额办盐课的53.5%,要比食盐法所办盐额多一些。王仲怿领山东盐民“均齐灶户之劳,差次富商之售”⑤,表明

① 《元史》卷九七《食货五》。
② 陆文圭:《墙东类稿》卷一四《总管王公行状》。
③ 《山东东路都转运盐使周信臣去思颂》,《山东盐法志·援证九·历代艺文》。
④ 《元史》卷九七《食货五》。
⑤ 同恕:《榘庵集》卷三《服善堂记》。

山东行商销法的比重更大一些。乌古孙良桢议罢山东食盐①。

通过以上分析我们可以得出以下结论:1. 盐业生产技术。河间、山东两盐司的盐业生产技术理应趋于一致。《马可波罗行纪》所载河间地区的制盐方法反映了环渤海盐区海盐业生产的基本状况。无疑,鑊的使用应较为普遍。2. 生产数量。河间由于临近大都,其盐业生产所受重视程度较山东盐司为重。有元一代河间盐司的生产数量要比山东盐司多一些。即使在大都河间运司内部,河间盐运司的盐产量远远超过原大都盐运司。只是到了明清两代,长芦盐业的主要生产来源才转移到北部②。已有的文献尚未发现元代环渤海地区盐业生产基层组织的记载。既然其用鑊生产,由此可以推断,其生产还是以个体灶户为主。3. 海盐运销。总体说来,环渤海盐区以商运商销为主,由商人买引赴场支盐然后发卖。河间运司除部分供应大都食用外,大都周围还实行盐折草法和盐折粟法;山东盐司则因地理环境的影响行食盐法稍多一些,但仍以商销为主。

需要说明的是,长芦在元代发展起来,成为北方重要的商业城镇。延祐元年(1314),沧州州治也因而移至长芦镇③。它的发展与盐业有关。河间运司的治所便在长芦镇。所以在某些场合,河间大都盐运使司被称作“长芦盐运司”。有史料称:“长芦当燕齐之交,天下之要区也。盐盬之利半中州之赋,豪商大贾,车击舟连。”清州高氏“中市而立,权天下之货,四方贩负,日受指画,操其要,因其势,豫其时,审其地,人什常贫,我五常富”④。柳贯《过宿长芦书所感》则描绘了当时长芦的状况:“县官赍海非筦利,使者行河在用经。今日有人司筦榷,向来无策济承宁。舟樯矗矗云为断,鞭血淋淋地亦腥。午夜商歌惊客梦,琵琶弹彻唤谁听。”⑤傅若金称长芦“水国常含卤,

① 《元史》卷一八七《乌古孙良桢传》。
② 刘洪升:《试论明清长芦盐业重心的北移》,《河北大学学报》2005 年第 3 期。
③ 《元史》卷二五《仁宗二》。
④ 程钜夫:《雪楼集》卷一九《清州高氏先德之碑》。
⑤ 柳贯:《柳待制文集》卷五。

沙场业煮盐。转输分使出,征榷置官监。桥坏仍通市,船来总落帆。依依道傍柳,无赖拂征衫”①。张宪《长芦镇书所见》载:“旋风卷帘楹柱天,长河断流水胶船。拟随富翁同守冻,只有一旬沽酒钱。”②

第二节 东南盐区海盐

元代东南盐区是指以两淮、两浙为主体的东南沿海利用海水煎煮成盐的地区。除淮浙盐司外,还包括福建、广东两盐司。该区海岸线绵长,海水的盐度较渤海为高,故海盐的生产数量巨大。南宋时期,东南海盐生产便是政府财政的重要来源之一。至元十三年(1276),南宋灭亡,原南宋所属盐场尽为元廷所有。值得注意的是,东南盐区的海盐生产并未像环渤海盐区那样受到战争的巨大破坏。除福建、广东外,盐业生产所受影响不大,生产基本上未中断。这一年,世祖命提举马里范张依宋旧例办两淮盐课,同年福建也收盐6 055引,广东因宋之旧立提举司从实办课。次年两淮、两浙、福建均设立盐司机构,盐业生产很快得以恢复,并大大超过了前代。

陈高华先生《元代盐政及其社会影响》③一文,是较早一篇专门研究元代盐业经济的文章。此后,陈先生进一步深化了对该问题的研究,《中国盐业史(古代编)》第四章《元代的盐业》④即由他执笔。在该章中,陈先生几乎对元代盐业经济的各个方面均作了相当系统的研究。高树林先生对元代的盐课和盐户的数量做了细致的测算⑤。台湾学者田秋野、周维亮合编的《中华盐业史》已于1979年由台湾商务印书馆出版发行,其中第八章用两节内容对元代盐业生产

① 傅若金:《傅与砺诗集》卷四《长芦》。
② 张宪:《玉笥集》卷一〇。
③ 陈高华:《元史研究论稿》,第67~98页。
④ 郭正忠主编:《中国盐业史(古代编)》,第427~493页。
⑤ 高树林:《元朝盐户研究》,《中国史研究》1996年第4期;《元朝盐茶酒醋课研究》,《河北大学学报》1995年第3期。

的管理及引法作了考察。以上研究均以东南海盐作为主要研究对象。日本学者吉田寅对元代的制盐书籍《熬波图》进行了校勘和研究,其研究性部分已由刘森先生译出发表①。此外,谢永平②、王俊华③、林树建④分别对元代淮、浙盐业进行了研究。综观以上研究,似还有可以深入考察的余地。笔者不揣冒昧,在前人研究的基础上着力于复原元代东南盐区盐业经济的实态,并突出各个盐运司因自然环境和政治因素所造成的地区性差异。

一 元代东南盐区的盐业生产

(一)生产技术探研

《熬波图》是元元统中(1333—1334)陈椿就职于浙江华亭县下砂场盐司时"因前提斡旧图而补成者也"⑤。郭正忠先生认为"前提干"当指瞿守义⑥,即《熬波图》所据旧图的作者为瞿守义。《熬波图序》称他"深知煮海渊源,风土异同,法度终始,命工绘为长卷,名曰《熬波图》,将使后人知煎盐之法,工役之劳而垂于无穷也"⑦。郭先生更进一步认为《熬波图》反映了,"甚至主要反映了宋代后期浙西一带的海盐技术进步"⑧。但必须指出的是,《熬波图》最终是由陈

① 〔日〕吉田寅:《元代制盐技术资料〈熬波图〉の研究》,汲古书院 1983 年。译文见刘森译《〈熬波图〉的一考察》,《盐业史研究》1995 年第 4 期,1996 年第 1 期。

② 谢永平:《元代两淮盐业与扬州城市的繁荣》,《扬州大学学报》2002 年第 1 期;又见朱正海主编《盐商与扬州》,江苏古籍出版社 2001 年。

③ 王俊华:《两淮盐运司元代尚未分分司》,《盐业史研究》1988 年第 1 期。

④ 林树建:《元代的浙盐》,《浙江学刊》1991 年第 3 期。

⑤ 《四库全书总目》卷八二《史部·政书类二》,中华书局 1965 年。

⑥ 郭正忠:《宋代盐业经济史》,人民出版社 1990 年,第 31 页。日本学者吉田寅认为旧图作者为瞿守仁、守义合着,见《〈熬波图〉的一考察》(刘森译《盐业史研究》1995 年第 4 期),但从《熬波图》原序中看应以郭正忠先生为是。

⑦ 《熬波图原序》。

⑧ 郭正忠:《宋代盐业经济史》,第 31 页。

椿完成的，故其无疑反映了元代华亭县下砂场及其周围地区海盐制作技术的实态①。

《熬波图》自"各团灶座"到"起运散盐"共47图②，图后附有解说词和诗咏，清晰地勾勒出元代华亭县下砂场一带海盐生产的全过程。为了说明方便，我们可以将这一过程归结为基础设施的建设，引潮取卤，砍斫柴薪，煎炼成盐和成盐收纳五个步骤。

其一，基础设施建设。元代浙江下砂场以团为生产单位。因而常以团为单位建造灶舍，筑垒围墙，并在团内设立临时贮存盐产的便仓，筑灰淋坻和池井以便取卤。为防"雨损"，在池井之上又造房屋。"晒灰取卤，摊场最为急务。""摊场"即盐田。其往往要选择"傍海附团鹾地"，用牛犁翻耕数次，并挑蓄水围沟，然后车水耕平，敲泥打草，并用海潮浸灌，最后削土取平，直至"其场地宛如镜面光净，四下坦平"。铁盘是下砂场煎盐的主要用具，按《熬波图》称浙西铁盘"以铁铸"，有大小阔狭之分。先筑炉，尔后计算入炉铁的数量，每铁一斤，用炭一斤，待到铁溶化为水，放入盘模内铸成。"大柈大小十余片，中柈四片小柈二。"铁盘铸成之后即行安装，砌柱承盘，排凑盘面，然后和草灰泥拌缝。

其二，引潮取卤是盐业生产中最为关键的一环。"晒灰煎盐，灌泼摊场，通船运卤，全赖海水。"因而"每团各灶须开通海河道，港口作坝"，以接海潮。六七月间天气晴朗，蒸发量大，"分外用水浩大"，而"海潮虽遇大汛亦不入港"，为此必须"就海开河，引潮入港"。卤水即已引得，在摊场之上摊灰晒之，所用灰多为坻内淋过残灰及盘内半灭不过带性生灰，用篆竿使之均匀，为防止风吹刮，筛水于灰上，然后将晒灰扫聚起来，担灰入淋。淋卤时要用脚踏坚实，上面覆一束

① 陈高华先生认为："《熬波图》是宋元煮盐生产技术的全面系统总结。"见《中国盐业史(古代编)》，第435页。

② 有些学者认为《熬波图》全书共图52幅，现存47幅。日本学者吉田寅对《熬波图》的版本进行了考察，指出《熬波图》的图幅应为47幅，当是。

草。用水的多少酌量灰之咸淡为准。所得卤水通过竹管流入卤井中。所得卤水要用莲管装石莲试之,如达到标准即可搬运入团,根据摊场与团的远近,或用担挑,或用卤船搬载。

其三,柴薪是煎盐的应用之物。“上则月分卤咸,每盐一引用柴百束;下则时月卤淡,用柴倍其数。”由于盐额增加而荡地如故,因而四月“柴苗方长尺许已是开荡樵斫”,无柴时则买大小麦秆柴接济煎烧。砍斫柴薪后用草叉翻晒,待其干后束缚柴薪陆续搬运入团。“有力之家则造辖车,无力之家用塌车”,辖车每辆可运柴五十束,而塌车止载十五束,差别很大。

其四,煎烧成盐。待一切就绪后即注卤入盘,进行煎烧。每年六七月是制盐的旺季①。“卤多味咸则易成”,然后利用捞洒撩盐法,即待“盘上卤滚”,将“欲成未结胡涂湿盐逐一划出”,捞到铺有竹蔑的撩床上,沥去卤水,即成干盐。在煎盐的淡季“卤水淡薄,结盐稍迟”,只须待盘上卤干,已结成盐,用铁划起盐。

其五,收储成盐。每日灶户煎盐了毕,主户负责收盐入仓,并按收盐多少支付工本口粮,待到盘及仓廒盈满,随时起运到场仓,每日丁工担挑下船,用印关防,并由军人轮流护送盐船入仓②。

《熬波图》所述内容被众多学者认为反映了浙西海盐生产的全貌。但《明太祖实录》载吴元年(1367)二月置两浙都转运司于杭州,设三十六场,“浙西灶户自备荒铁铸盘,每盘一面重千数百斤,下用铁柱,周匝砖石装揞。其下砂、青村等场晒灰,余场俱取泥土晒之,用海潮浇洒,朝洒暮收,五七日间其土起花,乃入溜淋卤,以莲子试之,咸者须浮三莲,然后下盘煎烧”③。可见浙西仅有下砂、青村等场行灰淋取卤之法,大部分盐场行削土取卤之法。《熬波图》也称实行灰淋取卤的地区为“浙西下砂等场”。

① 郭正忠主编:《中国盐业史(古代编)》,第436页。

② 以上未注明者均引自《熬波图》。

③ 《明太祖实录》卷二二,中研院史语所校勘本。

《熬波图》对浙东地区海盐生产技术也有涉及。浙东和浙西制盐方法的不同主要体现在取卤方式上。浙东往往采用削土的方法取卤,与浙西除下砂、青村等之外各场同。浙东的灶户一般都有“赡盐田土”。《明太祖实录》载吴元年(1367)“每田八亩办盐一引”①。此外,浙东制盐的工具也不像浙西一样使用铁盘,而是使用“竹篾织盘,用石灰柴灰涂抹,注卤煎烧”。浙东的昌国州“旧皆铁盘。取土于六月两汛之间,八月始起煎,亭户虽有上半年之逸,若两汛时分阴雨稍作,则岁计遂误”。于是大德元年(1297)黄天祐“改铁盘之制,用篾盘,随时起土,一如他所,春即起煎,亭户遂得时用其力”②。所称“一如他所”也恰恰说明浙东其他地区同样使用篾盘。用竹编篾盘虽易损坏,却能将生产期提前,避免出现盐荒,从而保证盐业生产的正常进行③。

《熬波图》是一部记载元代浙西部分盐场海盐煎制技术的书籍,同时也真实地反映了元代海盐的生产状况。元代下砂场采用聚团公煎的形式,团既是基本的生产单位,同时也是盐场下辖的生产组织。一个盐场往往由若干团组成,而团由灶组成,“或三灶合一团,或两灶合一团”④。灶户的行动受到官军的严密监视。如上所述,团内除列灶煎烧外,还设有便仓,以便存储煎盐。成盐的收储由主户来完成,“且如一户煎盐了毕,主户则斛收见数,入团内仓房收顿,依验多寡,俵付工本口粮,以励勤惰”⑤,可见主户除收储成盐外,还有发放工本的职责,当然也有组织煎盐的义务。

《熬波图》所反映的以场—团—灶为系统的基层生产系统在两浙地区具有一定的普遍性。长亭场属两浙盐司,大德时陈龙升任两

① 《明太祖实录》卷二二,其中一引作四百斤。
② 《大德昌国州志》卷五《叙官》。
③ 郭正忠主编:《中国盐业史(古代编)》,第437页。
④ 《熬波图》。
⑤ 《熬波图》。

浙都转运盐使司长亭场管勾时"躬历诸团,广积土盐"①。延祐年间所颁《盐法通例》有"守把团围仓敖巡防军官军人"字样。两淮盐区见于记载的仅有五祐场广盈团。广东盐司也有类似团的组织称为"栅"。《元一统志·潮州路》称土产盐,小江场在海阳县苏湾保,所辖龙眼砂栅、南澳东西二栅、大埕栅、港栅、二面埕栅、柘林栅、官富栅,白砂路石头栅、黄冈前栅,又领揭阳县莲唐等处七栅;隆井场在潮阳县东南五十里,所辖古埕栅、平湖栅、石下栅、惠来栅、神仙栅;招收场在潮阳县北二十里,所辖大栅、洋背栅、鸡冈栅、青岚栅、上浦栅②。如此看来,"栅"和"团"虽名称各异,但都是盐场下辖的基本生产单位③。两浙、广东两盐司实行团灶制或盐栅制可能与其产盐区岛屿众多,产盐地点较分散有关。元廷设立团灶制和盐栅制更多出于控制盐产的考虑。

福建盐司在元代也有部分盐场行煎盐法。"盐有煎法,有晒法,宋元以前二法兼用"④。大德五年(1301),福建盐司"所辖十场除煎四场外,晒盐六场"。其中惠安场即行煎盐法,《嘉靖惠安县志》对惠安场的盐业生产过程进行了描述:"朔望前后潮退,卤壤遇烈日结生白花,刮而聚之。坎地为池,用茅衬底而坚筑之,复穴其下为井,有窍相通,以芦管引之。取所聚卤花实于池,淋咸水循芦管下注井中。投鸡子或桃仁,若浮则卤可用。别为土斛灶傍,微高于灶,及泻卤其内,亦引以芦管乘高注之于盘。盘编竹,加蛎灰涂焉,大盘日夜煎二百斤,小盘半之。"⑤以上记述虽为明代的事情,但可以认为明代惠安场仍在行煎法,元代很有可能也行煎法。所行煎法是削土取卤,用篾盘

① 汪克宽:《环谷集》卷八《元故将仕郎全州路清湘县主簿陈君墓碣铭》。

② 《永乐大典》卷五三四三潮字引《元一统志》。

③ 林日举先生在《北宋广南的盐政》一文中指出:宋代盐栅实即盐场的一种,是隶属于大盐场的子盐场(《中国社会经济史研究》2002 年第 1 期)。而郭正忠先生则认为盐栅制宋代即有,其是类似于"盐团"或团灶制的组织管理形式(参见《宋代盐业经济史》)。

④ 《福建鹾政全书》卷一《通考》引《闽书》,明天启七年活字印本。

⑤ 《嘉靖惠安县志》卷五《物产·货属》。

煎熬。

元代两淮的制盐方法由于史籍缺载,不甚明了。两淮盐司辖下的富安场“距海远,潮不时至,盐丁负水取卤,力疲而赋不充”,于是盐司书吏王艮“相其地形,凿渠以通海潮,公私咸便之”①,这是通海引潮的记载。至于制盐的详细过程,我们可以推知,与两浙盐司相差不多。

综上所述,有元一代东南盐区灰淋和削土两种取卤方式兼而行之。另外,制盐工具或用铁盘,或用竹篾,也略有不同。总体说来,元代东南盐区煎制海盐的整个过程均包括淋卤取卤、试卤、煎烧成盐三个步骤,与宋代相差无几②。

元代福建运司还实行过晒盐法。与煎盐法相比,是海盐制作技术的巨大进步③。《元典章》称:福建盐司所辖十场“除煎四场外,晒盐六场,所办课程全凭日色晒曝成盐,色与净砂无异,名曰砂盐”④。其质量相当好。与煎盐相比,不用柴薪,大大降低了生产成本。但“晒法亦为池井,聚卤壤之咸者实于池,别汲海水淋之,渗漉入井,渗尽则斡去旧泥,入新泥,就以井中水淋之,如是者再,则卤可用矣。乃运井水注盘中,盘以密石砌治,极坚,为风吹荡,故广狭不过数百尺,一夫之功亦可得二百斤”⑤。这虽是明代的晒盐方法,但与元时相去不远。元代其他海盐区似并未用晒法⑥。

---

① 黄溍:《金华黄先生文集》卷三四《中宪大夫淮东道宣慰副使致仕王公墓志铭》。

② 〔日〕吉田寅著,刘淼译《〈熬波图〉的一考察》,《盐业史研究》1995 年第 4 期,第 46 页。

③ 郭正忠先生认为中国古代海盐的晒制技术并非始见于明代而是创行于宋末元初,《宋代盐业经济史》,第 24 页;另参见郑志章《板晒海盐技术的发明与传播》,《中国社会经济史研究》1984 年第 3 期。

④ 《元典章》卷二二《户部八·课程·盐课·禁治砂盐》。

⑤ 《嘉靖惠安县志》卷五《物产·货属》。

⑥ 郭正忠主编:《中国盐业史(古代编)》,第 437 页。

（二）生产数量

“国家经费，盐利居十之八，而两淮盐独当天下之半。”①早在宋代淮盐的生产数额便超过了其他各盐司而独树一帜。南宋最高额达到了 2.18 亿斤②。元初，两淮盐产并未减少，反而增加了不少。至元十六年（1279）的盐课额为 587 623 引，计 2.35 亿斤（见表 4—3）。但归附之初两浙、福建和广东诸盐司的盐产与南宋相比要少得多。南宋两浙的盐产在 0.9 亿至 1 亿斤之间，而两浙盐司至元十三年（1276）的盐课额仅为 1 760 万斤，尚不及南宋的 20%。至元二十三年（1286）增加到 45 万引，计 1.8 亿斤，大大超过了南宋的产量。至元二十四年（1287）虽有所减少，降为 1.392 亿斤，也比南宋要多得多（见表 4—4）。受战争影响较大的福建盐司至元十三年（1276）盐产为 242.2 万斤，尚不及南宋时最低产盐额。恢复并超过南宋当在至元二十年（1283）。这一年达到了 2 168 万斤（见表 4—5）。广东是南宋余部与元朝政府最后决战之地。受战争影响，广东盐司至元十六年（1279）的盐产额仅为 24.84 万斤，待消灭南宋残余力量后盐业生产才逐步恢复。至元二十三年（1286）年产量为 469 万斤，与南宋年产（65 万～75 万斤）仍有相当差距。至元三十年（1293）达到 863 万斤，超过了前代（见表 4—6）。

元代全国的统一为东南盐区的盐业生产提供了稳定的社会环境。除两淮、广海盐产（见表 4—7）在宋代基础上继续发展外，两浙、福建和广东盐司盐产都迅速恢复并超过了南宋，且增长幅度之大，增长数额之巨前所未有。如上所述，两淮盐司的盐业生产并未受到破坏，其产量较南宋有增无减。至元十八年（1281）达到了 80 万引，计 3.2 亿斤。显然这种剧增超出了当时两淮盐司的生产能力。至元二十六年（1289）减 15 万引。至元三十年（1293），昔里哈剌治盐法于淮东，厘革宿弊，增课 20 多万引。从至元二十六年（1289）到大德年

① 《元史》卷一七〇《郝彬传》。

② 本文宋代盐产数额均取之郭正忠先生统计。

间的大部分时间里，两淮盐产都保持在60万~65万引，计2.4亿~2.6亿斤。天历二年(1329)，两淮盐产更是破天荒地达到了3.8亿斤，之后维持在这个数字左右。两浙盐业生产经历了一个曲折的过程。至元二十三年(1286)，两浙盐产陡增为1.8亿斤，而此前至元十八年(1281)的盐额仅为0.87亿斤，增长了近1亿斤。这是纳速剌丁灭里虚抬盐额，"以此谀罔朝廷"的结果，显然这超出了两浙灶户的生产能力。至元二十四年(1287)只办得34.8万余引，次年都省奏减15万引，定作35万引为额①。由此看来，35万引才是当时两浙盐产的可行性数字。此后盐课额稳步增长，至延祐六年(1319)达到50万引，十年以后的至顺元年(1330)减少2万引。此后相当长一段时间两浙盐产维持在48万引，计1.92亿斤。至正元年(1341)免除余盐3万引。至正三年(1343)，中书右丞相脱脱奏减盐额10万引。即使这样，生产数额也达到1.4亿斤，与至元二十六年(1288)相同。至大元年(1308)，元代福建盐产的最高额达到13万引，计0.52亿斤，广东为0.22亿斤。后至元元年(1335)，伯颜奏减两淮、河间、福建盐额岁18.5万(引)有奇，"帝允而行之"②。至正二年(1342)，福建盐额又进行了大幅度削减，减少了3万引。元统元年(1333)，中书省均以"广东控制海道，连接诸蕃，船商辏集，民物富庶，易以办纳"，却忽视了"本道所辖七路八州，平土绝少，加以岚瘴毒疠，其民刀耕火种，巢颠穴岸，崎岖辛苦，贫穷之家，经岁淡食"，而"所谓富庶者，不过城郭商贾与舶船交易者数家而已"③，加之灶户盐丁的逃亡，政府下达的数额很难完成，于是奏请减5千引。广东潮州又是广东盐的重要产地。以元统三年为例，潮州之盐占广东盐司所产盐额的

① 叶知本:《减盐价书》，国家图书馆藏清雍正刊本《两浙盐法志》卷十六上《艺文上》。

② 《元史》卷一三八《伯颜传》。

③ 《元史》卷九七《食货五》。

45.2%①。我们不难发现,除两浙盐司外,其他各盐司均在至大元年(1308)达到最高额,顺帝即位后由于盐额的加重,盐价剧增和灶户流亡,朝廷采取了减少盐额的措施。必须说明的是,“元代中期起各盐司有正盐余盐之分。正盐就是原来确定的年产量,一般是世祖至元末确定的,余盐则是在正盐后追加的”。这里所削减的当指余盐的盐额②。

表4—3 元代两淮盐司课额统计表

年份	盐产(斤)	材料来源
至元十六年(1279)	235 049 200	《元史》94/2390
至元十八年(1281)	320 000 000	《元史》94/2390
至元二十六年(1289)	260 000 000	《元史》94/2390
至元三十年(1293)	263 280 000	《元史》94/2390
大德四年(1300)	260 030 000	吉田寅《〈熬波图〉的一考察》/53
大德八年(1304)	243 280 000	《元史》94/2391
至大间(1308—1311)	380 030 000	《元史》97/2494
天历二年(1329)	380 030 000	《元史》94/2391
至顺四年(1333)	380 030 000	《元史》97/2494
至正二十六年(1366)	141 036 000	《明太祖实录》19/2

参照吉田寅先生所制表,见《〈熬波图〉的一考察》。

① 邱树森:《〈潮州三阳志〉、〈潮州三阳图志〉研究》,《元代文化史探微》,南方出版社2001年,第85页。

② 郭正忠主编:《中国盐业史(古代编)》,第433页。

表 4—4 元代两浙盐司课额统计表

年份	盐产(斤)	材料来源
至元十三年(1276)	17 600 000	明正德七年《松江府志》卷八《田赋》
至元十四年(1277)	36 859 200	《元史》94/2391
至元十五年(1278)	63 600 000	《元史》97/2395
至元十八年(1281)	87 424 800	《元史》94/2391
至元二十三年(1286)	180 000 000	《元史》94/2391
至元二十四年(1287)	139 200 000	叶知本《减盐价书》
至元二十六年(1289)	140 000 000	《元史》94/2391
大德三年(1301)	160 000 000	《元史》94/2391
至大元年(1308)	180 000 000	《元史》94/2391
延祐六年(1319)	200 000 000	《元史》94/2391
至顺元年(1330)	192 000 000	明正德七年《松江府志》卷八《田赋》
元统元年(1333)	192 000 000	《元史》97/2395
至元五年(1339)	192 000 000	《元史》97/2397
至正元年—二年(1341—1342)	180 000 000	《元史》97/2399
至正三年(1243)	140 000 000	《元史》97/2499

参照吉田寅先生所制表,见《〈熬波图〉的一考察》。

表 4—5 元代福建盐司课额统计表

年份	盐产(斤)	材料来源
至元十三年(1276)	2 422 000	《元史》94/2391
至元二十年(1283)	21 680 000	《元史》94/2391

续表

年份	盐产(斤)	材料来源
至元二十四年(1287)	24 000 000	《元史》94/2391
至元二十九年(1292)	28 000 000	《元史》94/2391
大德七年(1303)	28 000 000	《元典章》《盐场额办引数》
大德十年(1306)	40 000 000	《元史》94/2392
至大元年(1308)	52 000 000	《元史》94/2392
至元六年(1340)	52 003 780	《元史》97/2491
至正三年(1343)	40 000 000	《元史》94/2392

表4—6 元代广东盐司课额统计表

年份	盐产(斤)	材料来源
至元十六年(1279)	248 400	《元史》94/2392
至元二十二年(1285)	4 330 000	《元史》94/2392
至元二十三(1286)	4 690 000	《元史》94/2392
至元二十七(1290)	11 381 600	《大德南海志》6/18
至元三十年(1293)	8 630 200	《大德南海志》6/18
大德四年(1300)	8 792 800	《元史》94/2392
大德六年(1302)	12 000 000	《大德南海志》6/18
大德十年(1306)	12 000 000	《元史》94/2392
大德十一年(1307)	14 200 000	《元史》94/2392
至大元年(1308)	20 200 000	《元史》94/2392
延祐二年(1315)	20 200 000	《元史》94/2392

续表

年份	盐产(斤)	材料来源
延祐五年(1318)	20 220 800	《元史》94/2392
泰定间(1324—1327)	14 220 800	《元史》97/2501
元统元年(1333)	20 220 800	《元史》97/2501
元统三年(1335)	18 220 800	《元史》97/2502
?	8 600 000	《元典章·盐场额办引数》

表4—7 元代广海盐司课额统计表

年份	盐产(斤)	材料来源
至元十三年(1276)	9 600 000	《元史》94/2392
大德十年(1306)	14 000 000	《元史》94/2392
至大元年(1308)	20 000 000	《元史》94/2392
延祐二年(1315)	20 066 000	《元史》94/2392
至元五年(1339)	18 066 000	《元史》97/2502
?	9 600 000	《元典章·盐场额办引数》

以上各盐司盐产据盐课额计算而来。

两淮盐产在元代巩固了它的地位,远远超过了两浙、福建盐司的年产量。但我们发现一个奇怪的现象,两淮的盐产虽多,其灶户数量却相对较少。《元典章·盐场额办引数》记载了某年的盐额和灶户数。两淮年产为65万余引,灶户数仅为10 432户;两浙盐产不足两淮的一半,灶户却达到了15 809户;即使年产额约为两淮盐产1/10的福建盐司,灶户数也达到11 782户。如此算来,两淮、两浙、福建三盐司的户均年产盐量分别为25 018斤,8 855.7斤和2 376.5斤。以往研究者往往用阶级的观点去分析,进而指出两淮盐民所受压迫之重。然而两淮盐产在元代末期相对保持了稳定。所以仅此一个原因似不能解释清楚。盖技术等方面的因素也应考虑在内,说明其盐业生产率较高。

二 元代东南盐区的海盐运销

(一)以盐引法为特征的商运商销

淮浙盐是东南海盐的主体,因而探清元代淮浙盐引法的实行状况很有意义。元因宋旧制,在东南尽归元朝以后便行盐引法。至元十四年(1277),立两淮都转运使司,令"客人买引,自行赴场支盐"①。两浙盐运司"听从客商就场支给,设立检校所,称检出场盐袋。"②至元二十九年(1282)之前,运司将省降盐引进行赊卖,获利者多为"势力之家"和"各位下"。至元二十九年,取消盐引赊卖,令客商"今后见钱买引,照依资次支发盐袋"③。至元三十年(1283),对原降盐引进行了改造,"于引背上墨印批凿某路某客赴某场支查官盐,一引重四百斤,用运司印信关防,及于引面上填写客旅姓名、年月,一切完备,随时倒给勘合,开写引抄字号,行下合属,照依盐法斤重挨次查盐。""每日将查讫盐袋于盐引背上分朗大字批写某客于某年月日某场查盐出场,比对勘合抄写字号相同",批凿印信及点检字号年月一切完备后,"随盐于行盐地面从便兴贩",到行盐地面后盐商须把盐袋盐引数目尽实呈报,然后发卖。其卖过盐袋盐引依限拘收,照例批凿退毁。所拘收盐袋盐引的时限一般为卖过盐引五日内,要到所在官司缴纳④。

大德四年(1300),淮盐司对本司盐引法进行了调整,改法立仓。

---

① 《元史》卷九七《食货五》。

② 《元史》卷九七《食货五》。

③ 《元典章》卷二二《户部八·盐课·立都提举司办盐课》。

④ 《元典章》卷二二《户部八·盐课·改造盐引》。

《元典章·盐课·新降盐法事理》对淮盐司引法交待甚详：首先盐商要“入状”，申请买盐，并交纳包括正课钞、带收钞（纲船水脚钱、装盐席索和仓场子脚）等钱，运司官员“监视挨次交检”，待数足之后“送库收讫，支引出库”，并在盐引背面填写名次，引背上用墨印批凿“两淮都转运盐使司发引赴某处盐仓支盐”，在墨印之上再用本司正印，把盐引和支盐勘合一同交给客旅赴仓支盐。盐运司另置花名销簿，于贴项后余留空纸，待“盐仓批验所申到出仓卖过月日”于本客名下相续销附。

商人执引到盐仓支盐，盐仓官要随盐司置立关防号簿，每号余留空纸半张，待比对勘合（即合同）无误后，于簿上附写“几年月日承奉运司几年月日某字几号勘合，放支客人某人盐若干”，然后照依资次，拨袋支盐。如果盐商到真州发卖的，则将客名、盐数、出仓月日发至真州批验所，否则就仓批收引钱。

盐商支盐出仓后需到批验所批验引目后方得发卖。如上所述，两淮设有真州和采石两批验所，“从运司置立关防文簿，印押过，发付本所收掌”。真州批验所收到盐仓关到客人出仓盐袋后，即于簿上附写“几年月日某仓关到某人出仓盐若干”，并在客名后余留空纸。客商每日卖盐数由牙人、盐商赍引同赴本所批凿。如盐过岸上江发卖则依例征收批引牙钱，后发采石批验所再行批验；如过岸不到采石，径去江东、淮西等州郡就卖的则由真州批验所批凿。

批引过后，运往各地发卖，实际上盐商并不与消费者直接发生关系，而是由盐牙或部辖说合交易，将盐卖给当地的铺户。盐牙原为批验所所设，但由于“所设盐牙皆非从公选择，滥用无籍破落之徒，各名下别带小牙秀才勾当人等百数成群，结揽盐商，把柄行市，多取牙钱，坑陷客旅”，造成了盐业销售的混乱。大德四年（1300），革去已有盐牙，令真州官司从本土诸行铺户中选到“有抵业、慎行止、不作过犯者，知商贾、信实之人”以充盐总部辖，专一说合卖盐交易。部辖设四名，如果没有过错，是不能任意更换的。部辖下还设有“掌附文历、接手协力之人”，由部辖入状保用。其他各路须用牙人的地方也要依例“于土居、信实、不作过犯、有抵业、通晓商贾诸行铺户内从公选差，出给文凭”。实际上，部辖就是官牙，其主要职能即“每日止于批验所与买主卖主对面说合交易”。实际上与消费者发生直接关系的是当地铺户。两浙仿两淮之制也同样设有部辖。

盐商在经部辖（或牙人）说合将盐卖出后，须在限定时日内缴纳退引。各地官司依期拘收退引到官后，随于引上正面批凿入库，交付运司销毁。

两浙盐司延祐七年（1320）“比两淮之例”，改法立仓，纲官押船到场，运盐赴仓收贮，客旅就仓支盐①。值得注意的是，两浙运司盐商支盐销售时必“引盐不相离”②，同时还要携带水程作为运盐路线的凭证③。“凡遇客人运盐到所卖之地，先须住报水程及所止店肆。”④既然两浙盐司仿两淮之制，两淮盐引法亦应如此。至正元年（1341），两浙盐司改归就场支盐法，但引法并无大变化，“听从客商赴运司买引，就场支盐，许于行盐地方发卖”，“及设检校批验所四处，选任廉干之人，直隶运司，如遇客商载盐经过，依例秤盘，均平袋法，批验引目”⑤。

总的看来，元代引法的程序可分为买引、据引支盐、批引、水程和退引。户部主印引，盐司主卖引，印引卖引各有专司；关支盐引，发给引目，悉以勘合为根据；而引盐始于买引，终于退引，从一而终，是元代盐引法的三大特点⑥。无论从盐引的卖出，还是盐引的收回都在官府严密控制之下。引法完善的过程恰是官府盐务管理细密化的过程。其间盐商卖盐仍有部分自主权，故我们可以视之为商运商销。

---

① 《元史》卷九七《食货五》。

② 《元典章》卷二二《户部八·盐课·引盐不相离》。

③ 郭正忠主编：《中国盐业史（古代编）》，第470页。

④ 《元史》卷九七《食货五》。

⑤ 《元史》卷九七《食货五》。

⑥ 周维亮、田秋野《中华盐业史》引刘隽《宋元官专卖引法的创立与完成》，第239页。

(二)淮、浙海盐运销的其他方式

淮盐产量最多,其销地也最广,“两淮跨涉四省,课额虽大,地广民多”①。其行盐地面为“江浙、江西、河南、湖广所辖路分”②,大体上包括江淮之间和长江中游以南的广大地区,也就是今天的河南、湖北、湖南、江西、安徽和江苏等省的全部和部分地区③。河南行省的襄阳路当为淮盐与陕西池盐的营销分界线④。就两淮盐运司批验所的设置来看,扬州、真州和采石是食盐的集散地。这些地区本为商贾辐辏之地,便于食盐销售。在某种程度上,食盐经销的存在也促进了这些地区商业的繁荣。王秀丽博士指出,从明清时期扬州旧城城东到大运河一带盐商社区的形成可以推断,元朝在这一过程中是一个承上启下的过渡时代⑤。此外,长江成为两淮盐运的主要渠道,一些商人运盐溯江而上,前往两淮行盐地面贩卖。

除以盐引制为特征的商运商销外,《元典章·盐课·新降盐法事理》称:“附场百里之内在先设立官局一十七处,拘该一府四州一十一县,岁卖官盐四千六百余引。”可见最初两淮盐司附场百里之内施行官局发卖法。由于“中间夹带私盐,扰害百姓,有名无实,奸弊多端,于官无济,于民有损”,于是大德四年(1300)十一月将官局卖盐的范围缩小到附场十里之内。这种方法往往“取见实有口数,责令买食官盐”,带有强制摊派的色彩,故将其视为食盐法。文中又称:“十里之外尽作行盐地面。”此处所谓“行盐”当指行商销法。总体看来,淮盐销售以商销为主。

两浙所产之盐主要销往两浙和江东,所称“江东”,当指“江东”的部分地区而非全部。如上所述,两浙实行以盐引法为主要特征的

---

① 《元史》卷九七《食货五》。

② 《元史》卷九七《食货五》。

③ 郭正忠主编:《中国盐业史(古代编)》第四章《元代的盐业》,第451页。

④ 《元史》卷一七《世祖十四》:河南江北行省平章伯颜议襄阳改食扬州盐。

⑤ 王秀丽:《文明的吸纳与历史的延续——元代东南地区商业研究》,第237~238页。

商运商销法，但商盐营销地域不包括“近盐地之内”的区域。除此之外，两浙似还实行过常平盐局法和食盐法。

由于施行商运商销法，“官员、豪富、有气力的人每诡名儿教人买出盐来，把柄着行市，掯勒百姓，多要利钱卖有”，以至盐价过高。至元二十二年(1285)，卢世荣议行常平盐局法，以平民间盐价。即在各处设立盐局于“近上户计”内选保“有抵业人，通商贾、信实、不作过犯之人”充任盐局大使、副使。年销量根据本地人户的多寡而定，之后开坐数目，地方官差官到盐司关引支盐，卖过盐引及时缴纳，由提点官批凿。这种销盐方式很快因卢世荣被杀而废止，时间并不很长，影响也并不很大。两淮盐司也可能施行过常平盐局法①。

两浙盐司在浙东地区普遍施行食盐法。汤京谏称“浙水东苦口赋食盐者久之”，尔后“浙东诸郡守亦各上言”，遂“罢口赋法，从商贾转鬻民间”②，其意甚明。施行食盐法的具体地区在文献中时有出现。温州路永嘉县“计民口赋之”③。延祐中，绍兴路“计口食盐之法行”④。泰定初王克敬为绍兴路总管时，郡中仍“计口受盐”，待到其转两浙盐运使时谏行商销法，仅获减绍兴民食盐五千引，并未取消食盐法⑤。处州路丽水县也行食盐法，先“岁当食盐以引计者六千三百三十有七”，而后又增至九千一百三十有七引⑥。延祐时，庆元路所属州县周岁额办食盐课计二万一千二百六十六引一百六十四斤一十四两二钱五分⑦，至正时有所减少，达到一万七千五百三十二引一百三十二斤⑧。其中昌国州至元二十七年(1290)在中洲坊北设官盐

① 《元典章》卷二二《户部八·盐课·设立常平盐局》。

② 宋濂：《宋文宪公全集》卷一四《故龙泉汤师尹甫墓碣铭有序》。

③ 宋濂：《宋文宪公全集》第四二《元故朝列大夫知婺州总管府事致仕赵侯神道碑铭有序》。

④ 陈旅：《安雅堂集》卷九《王经历惠政记》。

⑤ 《元史》卷一八四《王克敬传》。

⑥ 黄溍：《金华黄先生文集》卷一五《丽水县善政记》。

⑦ 《延祐四明志》卷一二《赋役考·盐课》。

⑧ 《至正四明续志》卷六《盐课》。

局,设使、副各一人①,在抄数之后,让诸色人户计口请买,数额达到二千五引一百四十三斤二两四钱。大德二年(1298),运司以盐课壅滞,又增额外五百六十引,达到四千三引二百八十五斤②。延祐时又有所减少。浙西行食盐法的地区很少。湖州路可能全行食盐法③,其中武康县元代户口食盐二千二十一引三百七觔一十一两七钱六分,僧道食盐五十七引④。另外,陈高华先生曾翻阅嘉庆《松江府志》和光绪《嘉兴府志》,指出松江、嘉兴也曾施行过食盐法⑤。两浙食盐法直到至正二年(1342)才住罢。此外两浙盐司还置局卖腌鱼盐于海滨渔所⑥。

(三)福建、广东、广海三盐司的盐业运销

福建盐司之海盐行销于福州路、邵武路、汀州路、延平路、建宁路、兴化路、泉州路、漳州路等八路。最初实行商运商销法。皇庆元年(1312),福建盐司同知经过一年的整顿后由"商旅不行"到"政行",由此可知,皇庆元年(1312)以前福建盐司行商销法⑦。延祐元年(1314),盐司改法,"建、延、汀、邵依旧客商兴贩,而福、兴、漳、泉四路桩配民食"⑧。不难看出,福州、兴化、漳州、泉州濒临海洋,盖私盐繁多,而延祐改行食盐法乃盐司为防止私盐而施行的一项举措。但食盐法"病民为甚",于是至正元年(1341)议定自至正三年(1343)为始,"散派食盐拟合住罢","听从客商八路通行发卖"⑨。所谓"散

① 《大德昌国州志》卷一《仓局》,宋元方志丛刊本。

② 《大德昌国州志》卷三《叙赋·食盐》。

③ 《吴兴续志》,《永乐大典》卷二七七七"湖"字引。

④ 《嘉靖武康县志》卷四《盐粮》,天一阁明代方志选刊初编本。

⑤ 嘉庆:《松江府志》卷五〇《古今人传·费寀》;俞镇《卢侯颂德诗序》,见光绪《嘉兴府志》卷八二。见郭正忠主编《中国盐业史(古代编)》。

⑥ 《元史》卷九四《食货二》。

⑦ 郭朵儿:《福建都转运盐司公堂记》,见(明)林烴等撰《福建运司志》卷一五《文翰志·记叙》。

⑧ 《元史》卷九七《食货五》。

⑨ 《元史》卷九七《食货五》。

派食盐”当指按民户户口强行摊售海盐，即指食盐法。事实上，福建食盐法并未完全消失。至正十二年(1353)，卢琦迁永春县尹，“减口盐一百余引”①，“口盐”当指行食盐法。永春县属泉州路，也就是说泉州路的部分地区仍行食盐法。同年李士瞻以户部尚书使闽中董理盐赋，他在文书中明确指出：“延邵等路系行盐地面”②，而“(汀州)治下所辖之地多行盐产物去处”③，“建宁皆客旅必经之地”④。上面所称“行盐”应指商运商销。此外，他运盐到以上诸路变易他物，数量多为一千引左右⑤，当为商销外之数。他希望“多发执照勘(合)前总省名商诣彼支拨引盐”⑥，也就是加大福建盐商销的比重。他让泉州路参政赛某差官起运官盐一万引，就赍提举司执照赴场支拨⑦，即可说明泉州路行食盐法。其他地区也很可能行食盐法而不便再加摊派。明张经《运司题名记》称：“国初因元旧治，置都转运使一员，秩三品，以领盐政。分理则置同知、副使各一员，召商报引，抛引支盐，运之水口，以次待售，是则谓之西路官盐。”“西路”当指建宁、邵武、汀州、延平四路。也就是说建、邵、汀、延四路在元时施行以引法为特征的商运商销法。福州路直到明代“始议通商”，显然在此之前的元朝应行食盐之法⑧。

广东盐司所产盐主要销往广东道宣慰司辖下的“七路八州”⑨，即广州、韶州、惠州、南雄、潮州、德庆、肇庆七路和英德、梅、南恩、封、新、桂阳、连、循八州。因该地区“平土绝少，加以岚瘴毒疠，其民刀

---

① 林以顺：《永春平贼记》，见卢琦《圭峰集》卷下。

② 李士瞻：《经济文集》卷一《再与普大夫书》，湖北先正遗书本。

③ 李士瞻：《经济文集》卷一《与汀州陈参政书》。

④ 李士瞻：《经济文集》卷一《再与普大夫书》。

⑤ 李士瞻：《经济文集》卷一《与建宁阮参政书》作“一千五百引”；《与延平赵佥院书》作“一千引”；《与邵武魏参政书》作“一千引”。

⑥ 李士瞻：《经济文集》卷二《与泉州左丞相书》。

⑦ 李士瞻：《经济文集》卷二《与泉州左丞相书》。

⑧ (明)张经《运司题名记》，见《福建运司志》卷一五《记叙》。

⑨ 《元史》卷九七《食货五》。

耕火种,巢颠穴岸,崎岖辛苦”,商人艰于行运,所以该道大部分还是施行以政府派售为特征的食盐法。“所谓富庶者,不过城郭商贾与舶船交易者数家而已”①,这些城郭当为商销盐的去处。总体说来“广东三分之一由商人贩运,三分之二由州县桩配”②。《大德南海志》所记大德年间广东盐销售状况甚详,其中客旅盐即商销盐为八千九百九引,散办盐即按户口摊派盐包括官吏食盐、民食盐和灶户食盐在内达到二万一千一百九十一引,是客旅盐的 2.38 倍③。其中小江场、招收场、石桥场、咸水场、双恩场等盐场所产盐均兼行两法,其余各场则主要行食盐之法。至正三年(1343),孙伯颜任肇庆路总管,“命先给盐而后责其价”④,不过是变换民众受盐与交纳盐钱的先后顺序,然肇庆路行食盐法无疑。《元史·食货五》称议广东盐法“必谓广东控制海道,连接诸蕃,船商辏集,民物富庶,易以办纳”。想必还有一部分海盐销往“诸蕃之地”。元代出口的商品中也确实包括盐在内⑤。

广海盐运司的盐业销售在很大程度上采用食盐法。最初广西盐先给引于民,而征其值。后来私盐盛行,官府卖盐而民多不买。于是至元三十一年(1294)十一月,“先以盐于民,而后征之”⑥。这种方法应是按人口摊派的。其行销大约为本道宣慰司。⑦

综上所述,我们可以看出,《熬波图》所载灰淋取卤制盐法反映的仅是浙西部分盐产地的盐业生产情况,然东南盐区的大部分盐场似采用削土取卤制盐法,这种土中的盐分也来自于海水。值得注意的是,晒盐法已在福建地区占了相当比重。就生产数量而言,元代东

---

① 《元史》卷九七《食货五》。

② 郭正忠主编:《中国盐业史(古代编)》第四章《元代的盐业》,第 479 页。

③ 《大德南海志》(附辑佚)卷六《税赋·盐课》。

④ 黄溍:《金华黄先生文集》卷三七《嘉议大夫佥宣徽院事致仕孙公墓志铭》。

⑤ 高荣盛:《元代海外贸易研究》,四川人民出版社 1998 年,第 134 页。

⑥ 《元史》卷 18《成宗一》。

⑦ 郭正忠主编:《中国盐业史(古代编)》第四章《元代的盐业》,第 453 页。

南盐产远远超过了宋代，"两淮盐独当天下之半"，远远超过了两浙、福建、广东三盐司盐产的总和。这与其户年平均生产量较高有着密切关系。

元代东南海盐的行销商运商销法和食盐法并行，以商运商销法为主而以食盐法作为补充。两法的施行表现出很强的地域特征，沿海附近区域多行食盐法而内地多商运商销。就商运商销而言，无论是盐商到场支盐，还是到仓支盐，都是以盐引法为特征的，从买引、支盐、批引直至退引，其法相当严密。有元一代，东南盐区多行现钱买引，很少有折博现象的出现。值得注意的是，商人在运销盐的过程中并不与百姓直接发生关系，而是由盐牙（或部辖）从中说合，将盐批发给当地的铺户，然后再由铺户转卖与百姓。

需要指出的是，盐业的商销带动了东南商业的发展。长江和东南沿海成为重要的运输渠道，沿江的扬州、真州、采石等地商业也因之而繁荣。两淮批验所均设于商贾辐辏之地，因而元代扬州、真州和采石成为淮盐的集散地。

必须看到，有元一代东南地区盐的产销对于明代产生了重要影响。两者一脉相承。

首先，煎盐法仍然是明代东南海盐制作技术的主体，其中淮南之盐仍行煎法。1366 年两淮盐司落入大明军之手。此时两淮的制盐方法为"灶户自置灶房，官给铁角，或一二角，或三四角，搘甃成盘，以青灰、石灰泥饰，贮卤煎烧"①。浙东则以"竹篾织盘，用石灰、柴灰涂抹，注卤煎烧。"浙东诸场中下砂、青村等场均"晒灰"，余场则"取泥土晒之，用海潮浇洒，朝洒暮收，五七日间其土起花，乃入溜淋卤"，卤成后下盘煎烧②。宋应星《天工开物》对明代海盐制作技术记载甚详，他根据距海远近将获取卤水的方法分为灰压、潮浸、掘

① 《明太祖实录》卷一九。
② 《明太祖实录》卷二二。

坑[①]。无疑灰压和削土法行用最广[②]。明代更为引起关注的是晒盐法的推广。其不再仅限于福建盐司,"淮扬地面,有晒自然生霜如马牙者,谓之大晒盐,不由煎烧,扫起即食。"[③]两淮行晒盐法的地区主要集中在淮北。

其次,就生产数量而言,明初盐业生产数量较元代大为降低。1366年,大明军接收两淮时,两淮盐司岁办盐额仅为三十五万二千五百九十引,以每引重四百斤计,仅为1.4亿斤,较至元十六年(1279)的盐额还相差近1亿斤[④]。吴元年(1367),两浙盐司岁办盐额仅为二十二万二千三百八十四引[⑤]。我们不可排除由于明初灶户逃亡而使盐产下降的因素。但有意思的是,《明史》记载至弘治时岁办盐额与明初相同。其中两淮盐司进一步巩固了它的地位[⑥]。

最后,明初海盐的运销同样是食盐法和商运商销法兼行。辛丑年(1361)春,大明军始议盐法,"置局设官以掌之,令商人贩鬻,每二十分而取其一,以资军饷"[⑦]。浙东所辖的金华、广信等府及诸全州接连外境盐货"以十分为率,税其一分"[⑧],实行盐商运销,征收商税的政策。洪武三年(1370),由于军事需要施行开中法,令商人于大同仓、太原仓入米,给淮盐,商人卖毕即以原给引目赴所在官司缴之[⑨]。此后,两浙等盐司盐场也相继成为开中法中盐商支盐的场所。开中法与元代商运商销的区别在于买引,前者以米、粟等物折钱买引,后者则是现钱买引。明代开中法是商运商销的行盐方式由于军事需要而形成的变异形式,其中盐引同样作为支盐卖盐的凭据。明

① 宋应星:《天工开物》卷五《作咸》,广东人民出版社1976年。
② 刘淼:《明代盐业经济史》,汕头大学出版社1996年,第24页。
③ 宋应星:《天工开物》卷五《作咸》。
④ 《明太祖实录》卷一九。
⑤ 《明太祖实录》卷二二。
⑥ 参见《〈明史〉盐课额统计示例》,刘淼:《明代盐业经济史》,第196页。
⑦ 《明太祖实录》卷九。
⑧ 《明太祖实录》卷一一。
⑨ 《明太祖实录》卷五三。

初也行食盐之法，与元代相比食盐范围有所扩大，且民户往往以实物的形式买食官盐，弘治时普遍征收银两。很快明代的食盐法就被地方有司与贩盐客商所支配①。可以认为明初的食盐法是元代食盐法的延伸。

第三节 池 盐

山西解盐池是我国古代重要的池盐产区。汉唐迄宋金，解盐的盐课收入均成为政府财政收入的主要来源之一。蒙元时期，解盐所办盐课依然在政府财政收入中占有相当比重。但现在学术界对于这一时期解州池盐的研究相对较少。陈高华先生对元代解盐的生产技术、管理机构的设置、行盐地面、运销方式（商运商销、食盐法）作了分析。瞿大风博士则从生产，盐务机构及盐官，官营、调用与禁私和盐城建设四个方面对蒙元时期的晒盐业进行了探讨。另外，古松崇志对池神庙碑的研究，柴继光对于历代解盐的考察，张正明对于运城的研究均对问题的深入有着参考意义②。本节以解州池盐为主要研究对象，以山陕地区为研究单元，在前人研究的基础上，试图对蒙元时期的西部池盐业作进一步探讨。

---

① 关于明代食盐法请参见刘淼着《明代盐业经济史》，第335～355页。

② 郭正忠主编：《中国盐业史（古代编）》（第437～438、442、451～452、471～472、477页），又《元代盐政及其社会影响》（《元史研究论稿》），又《中国经济通史·元代经济卷》（第323、619～621页），瞿大风《元朝统治下的山西地区》（南开大学博士论文，2003年）。瞿大风：《有元一代的解州盐业》，《暨南史学》第四辑，2005年。另见拙作《蒙元时期环渤海地区社会经济发展研究》第四章第六节《制盐业（下）》，天津教育出版社2003年，第216～227页。柴继光：《运城盐池研究》，山西人民出版社1991年。同氏《运城盐池的演变和发展》，《晋阳学刊》1982年第4期。张正明：《古代运城的创建与发展》，《晋阳学刊》1994年第6期。古松崇志则对元代遗留下的三通碑文进行了考察，分析了盐司盐场移转的问题和立碑及立场的背景（《元代河东盐池神庙碑研究序说》，《东方杂志》，京都第72册，2000年）。

一 金代[1]与蒙古国时期河东解盐的生产

金代,解盐的生产数量仅次于海盐,加之太原、绥德、阳武等地的土盐,行销于河东路、陕西路和南京路等地。它的盐产与运销由解州盐使司管理。金代中期,解盐司另设分司,分掌东西二场。据郭正忠先生计算,承安三年(1198)前后解盐的年生产量分别达到 81.46575 万斤和 105.7216248 万斤[2]。崇庆元年(1212)至贞祐三年(1215)间,金相继丧失了西京盐使司和北京、辽东所辖的盐区。随着蒙古大军的南下,金对宝坻、沧盐司的控制也宣告瓦解。他所能控制的只有解盐了。出于战争的需要,兴定三年(1219)三月,募民运解盐入陕西,以济调度,但四月便终止了[3]。此时的解州池盐已受到蒙古军的威胁。元光元年(1223)完颜合达称:"河南、陕西调度仰给解盐,今正漉盐之时,而敌扰之,将失其利。"但是由于河中、荣、解司县官与军民不相统辖,因而担心"守御之间或失事机",遂建议司县官兼军民以防护。并出于解决战时需要的考虑,请"自输运者十与其八",即让有力之家运盐中粮,得到皇帝的允许[4]。次年七月,金遣兵守卫解州盐池[5]。此时的解州池盐是金朝的命脉。但辛苦的努力终究没有换来王朝生命的延续。不久,河、解元帅、权兴宝军节度使赵伟发动叛乱[6],解池失守,金朝灭亡了。

---

① 关于金代解盐的研究有郭正忠《中国盐业史(古代编)》;《金代盐使司与分司体制——〈金史·食货志〉补正》(《中国史研究》1996 年第 4 期);《金代食盐业的经营体制》(《河北学刊》1997 年第 2 期);王兴文《金代盐业初探》(《中国史研究》1997 年第 2 期)均有涉及。郁祥桢、郭正忠还分别对出土的金代解盐银铤进行了考证(《金明昌二年解银铤》,《中国钱币》1993 年第 1 期;《临潼金代解盐银铤考》,《文物》1997 年第 4 期)。

② 郭正忠:《中国盐业史(古代编)》,第 410 页。

③ 《金史》卷一六《宣宗下》。

④ 《金史》卷一一二《完颜合达传》。

⑤ 《金史》卷一六《宣宗上》。

⑥ 《金史》卷一八《哀宗下》。

蒙古国时期解盐仍然是重要的财政来源之一。为此政府对于解盐盐利相当重视。太宗庚寅年(1229),立平阳府征收课税所,始办盐课①,其主要财源当来自解盐。故解盐池并没有因蒙金战争而停止生产,但显然曾遭到破坏。癸巳年(1233),太宗命姚行简等修理破损的盐池,并拨新降户一千办纳课程②。姚行简是由耶律楚材推荐而为解盐使的,而所谓"新降户"当指原来金辖下的民户。王纬所撰《池神庙碑》载:"我圣朝之开创也,太宗英文皇帝百度肇新,丞相臣耶律楚材以经费为务,荐姚行简为解盐使,置司于路村,募亭户千,为之商度区划。"解盐司立于何时,《元史》无载。《圣惠镇新城碑》载:丙申年(1235),姚行简绘成盐池图献上,获得太宗③的允许,乃立司于池之北浒路村,姚行简被任命为盐使,专掌盐赋④。这标志着蒙古国时期解盐官营的开始。此地在姚行简的经营下,不久便出现了"保聚益繁,商贾益阜,鹾课日增,公私以为便"的情景⑤。解盐的收入成为蒙古军军费的重要来源。壬子年(1252),宪宗蒙哥出于战争的目的,又增拨1 085户来增加解州池盐的生产,获得15 000引,办得课银3 000锭⑥。同年宪宗命忽必烈经略川蜀,征大理,"尽畀盐池之利以饷军"。次年宪宗皇帝大封皇亲,忽必烈受京兆分地,奏割河东解州盐池以供军食,并立从宜府于京兆,屯田凤翔,募民受盐入

---

① 《元史》卷九四《食货二》。

② 《元史》卷九四《食货二》。

③ 《山右石刻丛编》所收《圣惠镇新城碑》全称《运使那海嘉议筑圣惠镇新城记》,作者黄觉。清康熙十一年刻本《重修河东运司志》卷八《文苑》收有黄觉撰《那海德俊筑圣惠镇新城记》,文字略有出入。其称姚行简绘图盐池之图□于太祖,太祖当为太宗之误。所载"是时盐始有课,□□□用也"。清康熙本《重修河东运司志》作"是时盐始有课,民获食用也"。

④ 陈元忠撰《建置盐司历年增课记》:"岁舍丙申,锡以宣命金符、创立盐司、即盐池北阜、择爽垲之地、以为治所、置盐场于唊泉之左、拘其出纳、盐利乃增。"转引自古松崇志《元代河东盐池庙碑研究序说》。

⑤ 王纬:《池神庙碑》,《山右石刻丛编》卷三二。

⑥ 《元史》卷九四《食货二》。

粟，同时负责解州盐课的征收①，李德辉被委任领其事。起初因频年霖潦，以致减产，但不久“宝气凝结，遂收五岁之积”，因获大利②。此时在汪世显的建议下“给盐引以通商贩，以贮军储”③。可见军费的需求和开中法的施行大大促进了解盐的生产与盐商的风行。

二 元代河东解盐的生产

（一）元代河东解盐的生产技术问题

历史时期河东解盐的生产技术经历了由漫生盐到种盐的转变。漫生盐即自然而成，盐户仅捞采而已。种盐法，又称畦种法，是用人力将盐池附近的土地耕为垄畦，在适当的季节将池中卤水引入畦间浇灌，利用畦田深度略浅、面积增大的条件，和盐南风及日晒的作用缩短成盐时间，提高盐产与盐质的一种方法。这种运用于解盐的产盐方法创始于汉魏，勃兴于隋唐，盛行于唐宋④。漫生盐与畦种法的区别在于在成盐阶段是否借用人力。元代河东解盐池的生产技术总体说来施行捞盐法。《元史·食货二》载：“每岁五月，场官伺池盐生结，令夫搬摝盐花。”似说元代并未用过唐宋时期的畦种法，王纬《池神庙碑》称：“今则不烦人力而自成。”“盖得天地之精英，河山之灵秀，潴而为池，广袤百里，渟蓄渗漉，凝为大鹾，皑皑漫漫，浩无津涯，璀璨晶明，莫可名状，役夫万余，畚锸云集，曾不逾旬，裒如山积，其利甚博。”而前代解盐“垦畦沃水种之”。显然元代已经不再用畦种盐法，而使用捞盐法。明代马理指出：“元人惟盐池不复畦种。”⑤由此可以看出元代解盐自成而非畦种，盐户的工作只不过捞盐而已。我们注意到宪宗壬子年(1252)，增拨盐户捞盐。至元十年(1273)，元

---

① 《元史》卷四《世祖一》；又见卷一六三《李德辉传》。
② 王纬：《池神庙碑》，《山右石刻丛编》卷三二；《元史》卷一六三《李德辉传》。
③ 《陕右金石录》元《汪忠烈公神道碑》。
④ 郭正忠对种盐法有较为详尽的研究，见《宋代盐业经济史》，第36～54页。
⑤ （明）马理：《河东盐司重修盐池神庙碑记》，《河东盐法志》卷一一《艺文》。

政府又命捞盐户每丁捞盐一石①。元初期的王恽也指出“解州池盐天然自成”②。大德三年(1299)的《封永泽王敕》提到解盐池“坐收畦户之功”③,恰说明解盐的生产已不再用畦户了。延祐六年(1319)捞盐184 500引④。后至元二年(1336),监察御史帖木儿不花和陕西汉中道肃政廉访使胡某都提到“解盐味苦”,“解盐结之于风”⑤,也似说解盐是自然漫生而成。

如果依照历史的延续法则,元代解盐的生产也应使用种盐法。河东解盐是否存在过种盐法呢?有的学者据李庭《池神庙碑》所载“出于解之两池者则治畦其旁,盛夏引水灌之,得东南风起,一夕成盐”⑥,指出元代施行过种盐法。我们注意到李庭的这句话并不能说明元代的情况。首先此碑是因新建二王神庙所作。其缘由是至元癸丑年(1253)“今上皇帝(忽必烈——引者注)方经略川蜀,规措军储用度,置从宜府。右丞忠宣李公(李德辉—引者)实当其任,值频年霖雨,遂失大利,咸以国计为忧,乃祷于神,宝气凝结,遂收五岁之积。奏奉圣旨建立二王神庙,俾春秋祭祀焉”。二王庙“经始于甲寅年(1254),落成于乙卯年(1255)”,相关人等乃不远数百里来长安请李庭为记。李庭则“因为叙其兴造岁月,俾刻之石”。可见此碑文写于李庭在长安之时。李庭,字显卿,金亡徙居平阳,后辟为陕右议事官,署陕西讲议。至元七年(1270,庚午年)授京兆教授。至元十年(1273,癸酉年)安西王以公咨议王府事。至元十九年(1282,壬午年)卒。显然所谓“大元至元二十七年(1290)八月十五日”是立石时间,而非碑文所作时间⑦。此文当作于宪宗乙卯年(1255)后不久。

① 《元史》卷九四《食货二》。
② 王恽:《秋涧集》卷九〇《论盐法》。
③ 《山右石刻丛编》卷二八。
④ 《元史》卷九四《食货二》。
⑤ 《元史》卷九七《食货五》。
⑥ 《山右石刻丛编》卷二七。
⑦ 王博文:《故咨议李公墓碣铭并序》,《寓庵集》卷八,藕香零拾本。

另,文中提到李德辉祷于神后,"宝气凝结",也未谈到有畦户的存在,更似自然成盐。仅有王利用在《复立解州运司碑》中提到"畦户"一词,所记当为至元二十年(1283)之事。是否说明元代在至元二十年(1283)左右施行种盐法,抑或是对河东盐户的习惯性称呼,不得而知。至元二十四年至二十七年(1287—1290)间,解池有搬捞料堆五百三十余座,似说明当时用捞盐法①。

河东之盐不借人力,唯赖天成,其往往受到天气的影响。元代解盐的生产一般集中于年中的五月,胡祗遹称:"中原腹心地,有此大宝泽。每当三庚暑,风火战凝结。溶溶鸭头绿,攸忽百里雪。聚集于银山,投集不用月。"②"三庚暑"即指五月。可以看出"火"和"风"是成盐的重要条件。"火"指晴好的天气和日照。《元史·食货二》称:"其法必值亢阳,池盐方就。"所谓"亢阳"是指"阳光炽烈,久旱不雨"之意。王恽也有"日融池面烂生红","解梁城下解盐池,万宝腾光夺日辉。我欲大观穷化窟,乳泉一赋了天机"的诗句③。足见晴好的天气对于解盐生产的重要意义。"或遇阴雨,则不能成矣"④。过多的雨水会稀释盐池中的盐分,而阴雨的天气会使蒸发的速度减慢,从而迟滞池盐凝结的整个过程。如前所述,世祖忽必烈经略西北时命李德辉经营解盐。此前因频年霖雨,导致盐产的下降。李公祷于神庙,遂有"宝气凝结,遂收五年之积"。此事虽有些许迷信色彩,但恰说明晴好天气对解盐生产的影响。延祐二年(1315),河东大雨,解盐池坏⑤。次年解盐池因"为雨所坏"而无法完成课额⑥。致和、

---

① 陈元忠:《建置盐司历年增课记》,转引自古松崇志《元代河东盐池庙碑研究序说》。

② 胡祗遹:《紫山大全集》卷二《题解州盐池诗》。

③ 王恽:《秋涧先生大全集》卷二五《题解盐诗》。

④ 《元史》卷九四《食货二》。

⑤ 苏天爵:《滋溪文稿》卷一一《元故嘉议大夫工部尚书李公墓志铭(李守中)》。

⑥ 《元史》卷九四《食货二》。又见卷二六《仁宗三》。

天历年间解州又迫于水旱，盐池致耗，直到天气晴好之后才"国赋克溢"①。"风"则指盐南风。王恽指出在日晒之余，"更有南山障碧空。一夜高台汉如洗，州人说是广南风"②。王纬也提到"条山之下有风谷焉，每夏仲月应候而至，至则吹沙石，摧林木，隆隆，俗谓之盐南风"③。夏仲月指五月，与《元史·食货二》所称："每岁五月，场官伺池盐生结，令夫搬摝盐花"时限相同。盖五月正是盐南风到来的时间，也是解盐成盐的最佳时期。这一点比宋代的"二月垦畦，四月引池为盐，八月而止"④的种盐日程有所缩短。盐业生产时间上的差别或许也说明生产技术上的差异。

解盐生产在炎热的五月于盐池中进行。炎热的天气往往使人烦躁不安，盐户的生命安全也会受到威胁。澮泉的存在解决了这一问题。"惟此甘洌，取盐之际，炎暑蒸郁，蠲渴救暍，濯烦涤汙，惟泉是赖，人不告病"⑤，从而保证了盐户的身体健康和生命安全，使盐业生产得以顺利进行。

（二）元代解盐的盐课与生产数量

河东解池位于解州，幅员"方一百二十里"⑥，王纬《池神庙碑》所称"广袤百里"⑦是模糊的提法。元代以前，解池设有安邑、解州两池，"以近安邑者为东池，近解州者为西池"⑧。蒙古国时期，姚行简所修盐池仅限于安邑东池，东池广长俱数十里，包括常满、鹽北二场。"西场弗置，盐在路村支发，久其年矣。"西池的恢复是在至元十二年

① 笃列图：《敕赐御香瑞盐碑记》，清雍正《河东盐法志》卷一一《艺文》。
② 王恽：《秋涧先生大全集》卷二五《题解盐诗》。
③ 王纬：《池神庙碑》，《山右石刻丛编》卷三二。
④ 李焘：《续资治通鉴长编》卷九七，校点本，中华书局 1992 年。
⑤ 王纬：《池神庙碑》，《山右石刻丛编》卷三二。
⑥ 《元史》卷五八《地理一》。
⑦ 王纬：《池神庙碑》，《山右石刻丛编》卷三二。
⑧ （清）王轩：光绪《山西通志》卷七〇《盐法略下》。

(1275)郑某知解州时①。

表4—8 蒙元时期解盐产量、课额统计表

	盐额(引)	课银/钞(锭)	盐产(万斤)	资料来源
宪宗壬子年(1252)	15 000	3 000	600	《元史·食货二》
中统时(1260—1263)	750	7 500(两)	30	《元史·世祖二》
至元元年(1264)	12 500	12 500(两)	50	《元史·世祖二》
至元十年(1273)	64 000	11 520	2 560	《元史·食货二》
至元十一至二十年间(1274—1283)	89 083	16 035*	3 563	《建置盐司历年增课记》
至元二十年(1283)	127 972	23 035	5 119	同上
至元二十二年(1285)	158 933	28 608	6 357	同上
至元二十四年(1287)		38 491	8 554	同上
大德间	100 000		4 000	《元史·武宗一》
大德十一年(1307)	82 000		3 280	《元史·食货二》
至大元年(1308)	102 000		4 080	《元史·食货二》
延祐三年(1316)		82 000		《元史·食货二》
延祐六年(1319)	184 500		7 380	《元史·食货二》
致和元年(1328)	停产			《元史·食货二》
天历二年(1329)	131 798	395 395	5 272	《元史·食货二》
后至元三年(1337)	150 000	450 000	6 000	《元史·食货五》

① 《解州知州州判厅壁记》,见《山右石刻丛编》卷二五。该碑于至元十三年十月立石。

续表

	盐额（引）	课银/钞（锭）	盐产（万斤）	资料来源
?	74 000		2 960	《元典章·盐场额办引数》

据《建置盐司历年增课记》计算。至元元年（1264）以前及至元元年盐额及盐产两项据每引十两计算。至元二十年（1283）至至元二十四年（1287）盐额及盐产两组数据据至元十年（1273）盐价每引九两计算。天历二年（1329）、后至元三年（1337）盐产据盐价每引三锭计算。

元代解盐的盐产、课额情况如表4—8所示。我们可以看出，元世祖时期盐课和盐产一直在增加。中统时岁办课银7 500两，即1 500锭，还不及宪宗元年的水平。至元元年（1264），阿合马认为解盐因太原小盐而销售迟滞，建议增加5 000两，即使解盐课额达到12 500两，即2 500锭，也与宪宗时有些差距。至元十年（1273）的课额则达到至元元年的2倍，其中不包括西池的盐产，但其与金代承安三年（1198）以前的课额仍有相当差距。至元十一年（1274）以后，解盐盐法大坏，陕西运司官黜货无厌，上下交征，实办课程仅有钞16 035锭。至元二十年（1283），移司解州，徙盐场于西池，在盐使吴某的经营下，增加了7 000余锭，达到23 035锭。此时已经达到金代解盐承安三年（1198）以后的水平。至元二十年到二十七年（1283—1290）的七年间是解盐快速增长的时期。至元二十四年（1287）所办盐课较至元二十二年（1285）增加了3万余锭，达到38 491锭。至元二十四年（1287）正月到至元二十七年（1290）六月的三年半时间里总办输课钞164 556锭，均每年所办为54 855锭。至元二十九年（1292）大都盐课的1万引由京兆盐司添办，因此解盐司的产量又不得不增加万引。获得如此众多的课钞，必有相当数量的盐产作铺垫。此时盐产的增加当与阿合马、卢世荣及桑哥极力增加国家财政收入有关。大德时，成宗减少盐课，生产数量有所下降，岁办课额为100 000引，即4 000万斤。大德十一年（1307）的课额降到82 000

引,即 3 280 万斤。武宗即位以来,赏赐钱粮数目加大,且范围更加广泛,加之体恤军力和赈灾支出,以致"帑藏空竭"。为弥补国家财政的黑洞,预卖盐引便成了获取财富的一项重要措施。盐业生产不得不加紧。至大元年(1308),解盐课额又有所增加,恢复到大德初的水平。延祐三年(1316),因雨坏池,盐产大量减少,只办得课钞 82 000 锭。延祐六年(1319),捞盐数量大幅度提升,达到 184 500 引,计 7 380 万斤,远远超过金代后期的水平。致和、天历初因水旱灾害一度停产,解盐池黑龙堰坏,对盐业生产造成巨大的影响。天历二年(1329),盐课额调整为 395 395 锭,是延祐三年(1316)所办课钞的近五倍。顺帝即位,也对盐课额进行了调整。后至元元年(1335),运司当办课 450 000 锭,计 150 000 引,6 000 万斤。这些课额在当时的行盐地面根本不能完成。此时作为解盐行盐地面的陕西止认办 7 万锭,尚未完成 20 万锭的任务。值得说明的是,我们所使用的数字由课钞计算而来,其中由于价格及销售等因素,其数额与解盐盐产的数字并不完全相符,但仍可窥见解盐生产之一斑。

无疑元代解盐司的地位下降了。其课额在国家收入中的比重相对缩小。《元典章》中记载了全国各地所产盐额,陕西运司盐课额为全国盐课额的 4.3%。天历年间,解盐课钞所占比重也不过是全国的 5.1%。

三 元代河东解盐的运销

河东解盐的行销范围遍于"梁、雍、陕、洛、河东、河内"①在内的数千里之境。姚燧指出"河东、河南、山之南与陕西食解池盐"②。梁指古梁州,南至于长江,即今陕西的汉中、兴安,甘肃的旧阶州一带,元为兴元路和解州。雍指古雍州之地,与梁州相邻,即今陕西、甘肃、

① 王纬:《池神庙碑》,见《山右石刻丛编》卷三二。
② 姚燧:《牧庵集》卷一八《提举太原盐使司徐君神道碑》。

青海和内蒙古自治区额济纳一带,包括元代的陕西行省大部和甘肃行省。陕指陕原,即今河南陕县一带,元为陕州。洛指洛水流域,包括河南府路和南阳府路的部分地区。河东,唐以后泛指山西地区。姚燧所指"山之南"指太行、王屋山之南的怀孟一带。河南指包括河南府路、南阳府路在内的地区,陕西是指陕原以西地区,与梁雍所指同。即河东解盐的行销地面大体上包括今陕西省、山西省大部和河南省的北部。解盐在河南行省的行销范围主要包括河南府路和南阳路。河南府路的登封县是解盐的行盐地面①。叶县是南阳府的东境,该地民在元代食用解盐。襄阳路也属解盐行销的范围②。此外,解盐行销还见于中书省的怀孟地区。程鹏霄曾在怀孟提举规措解盐③。延祐五年(1318),免怀孟、河南、南阳居民所输陕西盐课④,而解盐又是陕西盐司盐产的主体,可见此前三地居民食用解盐。值得注意的是,由于战争的困扰,元代四川地区"盐井废坏",解盐一度行销四川。至元二年(1265),立兴元四川盐运司,修理盐井后则"禁解盐不许过界"⑤,解盐遂退出四川。《南台备要》之《建言驼赃头匹》称:"本司(河东盐运司—引者)行盐地面,兴元、凤翔、庆、环、宁、源、泾、邠,及温、吉、辽、沁州府所辖县分……"⑥应指解盐的部分行盐地面。

元代中后期解盐的运销范围逐渐缩小。首先,延祐年间解州水灾,盐池被水所侵以致盐产骤然下降。于是政府命晋宁、陕西之民改食韦红盐,怀孟等处食陕西红盐⑦,后以地远,改食沧盐。"怀孟等

① 《元典章》卷二二《户部八·课程·盐课·犯界食余盐货》。
② 郭正忠主编:《中国盐业史(古代编)》,人民出版社1997年版,第451页。
③ 萧𣂏:《勤斋集》卷三《程飞卿墓表》,影印文渊阁四库全书本。
④ 《元史》卷九四《食货二》。《元史》卷二六《仁宗三》。
⑤ 《元史》卷九四《食货二》。
⑥ 《宪台通纪(外三种)》,王晓欣点校,浙江古籍出版社2002年。
⑦ 《元史》卷九四《食货二》。

处”当然包括河南、南阳等路,仍输课陕西①。襄阳路则改食淮盐。元代大部分时间里解盐运销陕西。后至元元年(1335),陕西行省于巩昌、延安、庆阳、环州、凤翔、兴定等处认定盐课钞,而宁夏所产韦红盐则不办课钞。就质量而言,韦红盐味甘而解盐味苦;就价格而论,前者价低而后者价高。解盐的摊派使民不堪其扰,于是帖木儿不花、胡某等建议使韦红盐的食用合法化。至顺二年(1331),中书省拟定以泾州白家河永为定界,听民食用。这一界标的划定,肯定了陕西西部地区食用韦红盐的合法性。纵然解盐可以西行而韦红盐不可东渡,然韦红盐价格和质量上的优势无疑缩小了解盐的行销范围。

元初,由于政府兴兵讨宋、大理,解盐成为军饷的主要来源之一。政府采用“出盐券入粟”的方法。中统三年(1262),杨大渊建议利州大安军以盐易军粮,所用之盐当为解盐。陈赓令平阳、太原各输粟万斛,而请出盐券募民入粟②。直到中统四年(1263)仍以解州盐课给军粮。对于这种入中法,普通的民户自己食用还是问题,更谈不上入粟了。故入粟之民当为商人,即解盐的销售倚仗的是商人。这种状况天历时依然存在。天历二年(1329),由于陕西闹饥荒,陕西行省复请令商贾入粟中盐,用来赈济饥民③。可以想见,开中法是在极端情况下才使用的,最初是出于战争供给的需要,而战争结束后可能停止,天历时则是获取谷物,拯救灾民的途径之一。

至元元年(1264),阿合马“益解州盐课,均赋诸色僧道军匠等户”的建议得以施行④。所谓“均赋诸色僧道军匠等户”即指食盐法。但此时用于食盐法的解盐仅限于新增的五千两,食盐法所针对的对象也只限于“僧道军匠等户”,而诸多民户似乎并不是通过食盐法获得池盐。至元十二年(1275),西池恢复生产后,“商旅得以享懋

① 《元史》卷二六《仁宗三》。
② 程钜夫:《雪楼集》卷二一《故河东两路宣慰司参议陈公墓碑》。
③ 《元史》卷三三《文宗二》。
④ 《元史》卷五《世祖二》;卷二〇五《阿合马传》。

迁之利，居民得以遂治生之情，城市得以壮规模之盛”①。李庭也称解盐课“以佐国用、备边储、迎商贾之货、省飞挽之劳”②。可见商运商销还是有一定市场的。延祐时重修池神庙成，陕西都转运使臣完颜德辉率僚属、士庶、商贾会于祠下，“鼓舞怿悦神人”③，可以想见盐司官员与商人的微妙关系。元代后期解盐的运销方式则以按户口摊派为特征的食盐法为主。后至元二年（1336），帖木儿不花奏指出：“惟陕西等处盐司，近年散于民户”，“（后——引者注）至元元年各州县户口额办盐课，其陕西运司官不思转运之方，每年豫期差人，分道赍引，遍散州县，甫及旬月，杖限追钞，不问民之无有”。这种运销方式很可能施行于顺帝时。盐司这种依赖有司办课的方法，“无分高下，一概给散，少者不下二三引，每一引收价三锭”，即使“富家无以应办”，更不论贫者，以致出现了“缓则输息而借贷，急则典鬻妻子”的状况。即使在纳钱之后，“动经岁月，尤未得盐”，纵然引目到手也无力装运，“只从各处盐商勒价收买”。可以看出，食盐法在当时的陕西十分盛行，同时盐商仍然存在。于是帖木儿不花建议“河东盐池，除捞盐户口食盐外，办课引数，今后宜从运官设法，募商兴贩”。廉访司官胡某则指出：“今后若令大河以东之民，分定课程，买食解盐，其以西之民，计口摊课，任食韦红之盐，则官不被扰，民无荡产之祸矣。”④但最终用何种形式来获取盐课，未见得出结论。

四 韦红盐与太原小盐

宁夏的韦红盐也是元代重要的盐产之一。其与解盐“结之于风”不同，韦红之盐“产之于地”⑤，是土盐。因此它味甘，颇得西部

① 《解州知州州判厅壁记》，《山右石刻丛编》卷二五。

② 李庭：《寓庵集》卷七《解州盐池重修二王神庙碑》。

③ 王纬：《池神庙碑》，《山右石刻丛编》卷三二。

④ 《元史》卷九七《食货五》。

⑤ 《元史》卷九七《食货五》。

人民的青睐。起初韦红盐不办课程,主要销售于巩昌、环州等地。延祐间,解盐池为雨所坏,产量急剧下降,晋宁、陕西之民改食韦红盐①。怀孟等处也一度食韦红盐,但不久便以道路遥远,运输不便而改食沧盐。至顺二年(1331),中书省尝遣兵部郎中与陕西行省官一同讲究以泾州白家河永为定界,听民食用。后至元二年至三年间(1336—1337),围绕解盐与韦红盐的行销地面展开讨论。监察御史帖木儿不花建议河东盐池办课引数募商兴贩的同时,"但遇行盐之处,诸人毋得侵扰韦红盐法"。廉访司官胡某也指出:"使陕西百姓,一概均摊解盐之课,令食韦红之盐,则盐吏免巡禁之劳,而民亦受惠矣。"次年众多官员均称可取帖木儿不花及胡某之言,限以黄河为界,令陕西之民从便食用韦红之盐,解盐依旧西行,红盐不许东渡。但众多议论闹得不欢而散,未达成一致意见。户部则参照至顺二年(1331)的做法,以泾州白家河为界,韦红盐行销于白家河以西的地区,不得越界②。

元代山西境内,还有太原小盐的生产,主要行于本地。由于太原"炙卤,民盗煮食,有司虽密其禁犯者终不衰止,而赋日益不登,遂弛其禁,听民煮食"③。小盐的生产由民户自煎。④。最初太原小盐并没有被纳入政府的管辖范围。中统三年(1262)九月,政府显然默许了太原小盐的生产,并从中征课,"听太原民食小盐,岁输银七千五百两","计银一百五十锭"⑤。中统五年(1264,至元元年),太原小盐又增加课银二百五十锭。至元元年(1264),阿合马要求增解州盐课,称:"太原民煮小盐,越境贩卖,民贪其价廉,竞买食之,解盐故不售,岁入课银止七千五百两。请自今岁增五千两,无问僧道军匠等

① 《元史》卷九四《食货二》。

② 《元史》卷九七《食货五》。

③ 姚燧:《牧庵集》卷一八《提举太原盐使司徐君神道碑》。

④ 《元史》卷九四《食货二》。

⑤ 《元史》卷五《世祖二》;卷九四《食货二》。

户,均出其赋,其民间通用小盐从便。”①至元六年(1269),立太原提举盐使司,直隶制国用使司②。有人妄图转盐鬻民,徐德举坚持“仍弛其禁”,认为如果转盐鬻民,“是驱是邦人纳罪罟也;若仍弛其禁,惟众遣吏巡逿,不使贱估,盗贼出境而加赋其旧三之一焉。民便安之而绩亦最”③。政府任命他为太原盐司提举,不仕。至元八年(1271),应阿合马的建议,又增太原盐课,以千锭为额,仍令本路兼领④。此时的太原小盐盐课的管辖权下放到太原路。至大元年(1308),又增煎办余盐为二万引⑤。

五 其他地区的池盐生产

元代的池盐分布较广。除解州池盐外,上都附近、晋中地区以及辽阳行省均有池盐存在。“今濒上都池泊皆盐”⑥,其中尤以兴和路昌州为多。见于记载的有狗泊和盖里泊。金大定二十五年(1185),更狗泊为西京盐司,西京旧入十万四百一十九贯六百九十六文。承安三年(1198),增为二十八万二百六十四贯六百八文,据郭正忠先生推测,约合583万斤⑦。所产主要行于本地⑧。金元之际张德辉提到昌州“亦有仓廪,隶州之盐司,州东有盐池,周广可百里,土人谓之狗泊”⑨。丘处机途经盖里泊时,看到“南有盐池,迤逦东北去”,并

① 《元史》卷二〇五《奸臣传·阿合马传》。

② 《元史》卷九四《食货二》。

③ 姚燧:《牧庵集》卷一八《提举太原盐使司徐君神道碑》。

④ 《元史》卷二〇五《奸臣传·阿合马传》。

⑤ 《元史》卷九四《食货二》。

⑥ 姚燧:《牧庵集》卷一七《光禄大夫平章政事商议陕西等处行中书省事赠恭勤竭力功臣仪同三司太保封雍国公谥忠贞贺公神道碑》。

⑦ 郭正忠:《中国盐业史(古代编)》,第410页。

⑧ 《金史》卷四九《食货四》。

⑨ 张德辉:《纪行》,见王恽《秋涧先生大全集》卷一〇〇。

作诗云:“坡坨折叠路弯环,到处盐场死水湾”①。中统三年(1262),昌州隶兴和路,并置盐使司对这一地区的池盐进行管理②。至元二年(1265),敕上都榷盐仍旧③,显然是指池盐而言。至元二十五年(1288)五月,减隆兴府〔即抚州,中统三年(1262)十一月戊申,升为隆兴路总管府〕昌州盖里泊管盐官吏九十九人,以其事隶隆兴府④。之后盖里泊池盐归地方有司管辖。狗泊的情况应与盖里泊同。保州也有鱼盐之利,即指池盐或土盐⑤。晋阳的云中、雁门,渤海也有盐池存在⑥。辽阳行省也有许多盐池。太宗丁酉年(1237),始命北京路征收课税所以大盐泊硬盐立随车随引载盐之法。至元五年(1268),禁东京懿州乞石儿硬盐,不许过涂河界⑦。可见大盐泊和懿州乞石儿均生产池盐,但产量不多。其所产之盐也似同金代,各行其地。元初北京还设有北京盐铁课程提举司管辖,至元二十年(1283)十月罢。以上诸盐池由于生产量的低下并未引起政府的充分重视。

综上所述,元代的解盐生产不再采用前代的畦种法,而只待天成,“坐收畦户之功”,捞采而已。生产数量由于战争的破坏巨大,西池在相当一段时间内没有恢复生产,因而生产量直到至元二十年(1283)才恢复到金代承安三年(1198)后的水平。起初解盐所得作为军费的开支割属忽必烈,所办之课都用于从宜所募商中粮。至元三年(1266)所办盐课必须到行制国用使司输纳,盐引令制国用使司给降。此时的课额悉输安西王府,以备军费之用。延祐六年(1319),划归中书省来直接管辖。解盐的行盐地面包括河南府路、

① 李志常:《长春真人西游记》卷上,河北人民出版社2001年。

② 《元史》卷五八《地理一》。

③ 《元史》卷六《世祖三》。

④ 《元史》卷一二《世祖八》。

⑤ 郝经:《郝文忠公陵川文集》卷三五《左副元帅祁阳贾侯神道铭并序》,北京图书馆古籍珍本丛刊本。

⑥ 徐应秋:《玉芝堂谈荟》卷二四《红盐池》。

⑦ 《元史》卷九四《食货二》。

南阳、怀孟等路和今陕西、山西的大部。后期由于自然条件的限制，其行盐地面逐渐缩小，同时韦红盐和太原小盐的生产也影响了解盐的行盐地面。就现有的材料来看，解盐的销售方式应为食盐法与商运商销法兼行。元中期前期仍以商运商销为主，顺帝时则以食盐法为主。从史料看来，这种转变的根源在于盐司官员本身，而非按政府要求施行，虽然引发争议，但结果却不得而知。"募商中盐"法的施行在征宋、大理的战争中及以后赈济灾民方面起了不小的作用。

需要指出的是，商运商销运营方式的施行，使很多商人不得不来到路村支盐，使原为莽榛之地的路村，成为商人的集散地。延祐时改称圣惠镇。此时的圣惠镇已是"万商辐辏，为货泉之渊薮，室庐联骈，楼阁辉映"①，成为山西地区的一个新兴城镇。这就是运城的前身。

第四节 井　盐

井盐的生产主要集中在四川、云南等西南地区。元代四川的井盐业遭遇了前所未有的打击，战争的创伤使川滇的井盐生产一蹶不振。陈世松和程龙刚两位先生分别撰文对元代四川井盐的生产进行了研究②。陈文意在通过研究绍熙府兴废来考察元代井盐的兴衰，程文则通过前后的比较勾勒出四川盐产的大致情况。本节在两位先生研究的基础上对元代四川，乃至西南的盐业产销做一探讨。

一 元代井盐的生产

井盐的生产都要经历凿井、治井、汲卤、输卤、煮卤。郭正忠先生

① 黄觉：《那海德俊筑圣惠新城记》，冯达道：《重修河东运司志》卷八。

② 陈世松：《绍熙府与元代四川盐业的兴衰》，《盐业史研究》1988 年第 2 期；程龙刚：《元代四川盐业生产》，《盐业史研究》2000 年第 3 期。

将井盐技术中凿井和汲卤的工艺发展历程分为利用天然暴露的卤源煮盐阶段；挖掘大口盐井阶段和开凿小口深井并利用活塞汲卤阶段，卓筒井的出现则是第三阶段的重要标志①。根据郭先生的说法，元代应处于第三个阶段。元代四川之盐出于井，“深者数百尺，汲水煮之”②。数百尺，即数十丈，其深度与苏东坡所记载宋代的卓筒井的深度相同③。元代盐井当为卓筒井。《元一统志》载重庆路井灶在万山之境，深五十八丈有奇。五代以前用人力推车汲水以取卤。宋宝祐元年（1253），知州事桑愈改以牛具推车取水，并立石镌碑。元至元十二年（1275）恢复生产，也用卓筒井。在汲卤的工具上仍沿用宋代的畜力④。

元代四川有盐场一十二，盐井九十五处。盐井的数量较宋代大为减少⑤。盐井散在成都、夔府、重庆、叙南、嘉定、顺庆、潼川、绍庆等路万山中⑥。《元一统志》称重庆路产盐，有二，即淯井和煎盐南井。前者在泸州南二百六十里，而后者去州七十里。东川地区是盐业生产的重要地区。除四川外，陕西等处行中书省所辖的西和州州东六十里也有盐井⑦。云南诸路行中书省的威楚县为当阳之地，山川清秀，壤土肥饶，地利盐井⑧。但是由于战争所造成的川峡人口的减少，而政府所属灶户的数量不得不重新分拨，只有五千九百余。但

---

① 郭正忠：《宋代盐业经济史》，人民出版社 1990 年，第 55 ~ 68 页。

② 《元史》卷九四《食货二·盐法》，第 2386 页。

③ 苏东坡：《东坡志林》卷四，涵芬楼刊本，转引自郭正忠《宋代盐业经济史》，第 62 页。

④ 《元一统志》卷五《四川等处行中书省·重庆路》。

⑤ 《宋史》卷一八三：孝宗淳熙六（1179）年，四川制置胡元质、总领程价言：“推排四路盐井二千三百七十五、场四百五，除井一千一百七十四、场一百五十依旧额煎输；其自陈或纠决增额者井一百二十五、场二十四，并今渲淘旧井亦愿入籍者四百七十九。”

⑥ 《元史》卷九四《食货二》。卷六〇《地理三》称：井凡九十五眼，在成都、夔府、重庆、叙南、嘉定、顺庆、广元、潼川、绍庆等路所管州县万山之间。

⑦ 《元一统志》卷四《陕西等处行中书省·西和州·土产》。

⑧ 《元一统志》卷七《云南诸路行中书省·威楚开南等路·风俗形势》。

即使这个数字也比同期的海盐灶户要多得多。盖因井盐的生产“视他处为最难”①,“比之腹里、两淮,优苦不同”②,而不得不使用较多的劳动力。

蒙元征服者占据川峡之后即着力恢复井盐生产。中统四年(1263),刘整改潼川都元帅,宣课茶盐以饷军③。至元元年(1264)以四川盐充军粮④。次年立兴元四川转运司,修理盐井。这样盐业生产得以恢复。但这次恢复生产的盐井数目有限。由于民力凋敝,政府不得不“免茶盐课税”,并下敕文“有司自今有言茶盐之利者,以违制论”⑤。重庆路泸州的盐井到至元十二年(1275)才由行枢密院下本州经理煎办。次年由于王世昌为乱,以木石筑寨。生产并没有维持多久。十五年(1278)定蜀后,四川转运司下本州兴工开淘。自至元十八年(1281)为始,岁认办课额一十二万斤,次年为始趁办亏额,但好久不长,至元二十年(1283)四月罢之⑥。所谓九十五处盐井当为元代中期的数字。至元二十二年(1285),岁煎盐一万四百五十引,四年之后则达到一万七千一百五十二引。《元典章》所载四川盐额一万四千六百九十五引当是至元二十二年至二十六年(1285—1289)之间的数字,还不到当年盐额1%,是各运司中生产量最少的。当时四川的灶户有六千三百五十一户,人均户年产盐量为925.5斤,与海盐生产的户均年产盐量相差甚远⑦。皇庆元年(1312),以灶户艰辛,减煎余盐五千引。天历二年(1329),办盐二万八千九百一十引,计钞八万六千七百三十锭⑧,是至元二十二年(1285)的一倍还要

① 《元史》卷九四《食货二·盐法》。
② 《元史》卷九七《食货五·盐法》,第2503页。
③ 《元史》卷一六一《刘整传》。
④ 《元史》卷五《世祖二》。
⑤ 《元史》卷七《世祖四》。
⑥ 《元一统志》卷五《四川等处行中书省·重庆路》。
⑦ 《元典章》卷九《吏部三·官制三·场务官·盐场额办引数》。
⑧ 《元史》卷九四《食货二》。

多。至顺元年(1330)七月,命四川行省于次年茶盐引内给钞八万锭增军需,以讨云南①。次年九月,又预贷四川次年盐课钞五万锭给行枢密院军需②。天历、至顺均是文宗年号,时间距离很近,可知生产数额不会有太大的变化。至顺四年(1333),中书省户部又给四川盐司添加余盐一万引的任务,同时两浙盐司的五千引也由四川盐司带办。这显然超出了盐司灶户的生产能力。在四川盐茶转运司的强烈要求下只增加余盐五千引。如果至顺时课额与天历相等的话,那么此时盐井的课额将达到三万三千余引,按每引四百斤计算,其年产量达到 1 320 千万斤,与北宋时差别不大,而较之南宋绍兴时的六千多万斤则不能同日而语③。

元朝建立后,有许多地方私开盐井,后来政府才将其归为国有。邛州二井,天历初地震,盐水涌溢,州民侯坤愿作什器煮盐而输课于官。至顺三年(1332)二月,诏四川转运盐司主之④。后至元元年(1335)闰十二月乙酉,诏:"四川盐运司于盐井仍旧造盐,余井听民煮造,收其课十之三。"⑤这也是一种有别于榷卖的一种方式。在这种条件下,官府并不支给灶户工本,任由灶户生产,发卖,盐司机构只是按照百分之三的比例收税。襄汉流民,聚居宋之绍熙府故地,至数千户,私开盐井,自相部署,往往劫囚徒,杀巡卒。显然很长时间以来此地的井盐生产是存在的。后至元时,赡思擒其魁而释其党,并建议政府不要遣散所居流民,而设法安抚之⑥,盐业生产才得以稳定下来。

---

① 《元史》卷三四《文宗三》。

② 《元史》卷三五《文宗四》。

③ 关于宋代井盐的年产量可参见郭正忠先生《宋代盐业经济史》,第 642 ~ 646 页。

④ 《元史》卷三六《文宗五》。

⑤ 《元史》卷三八《顺帝一》。

⑥ 《元史》卷一九〇《赡思传》。

二 元代井盐的运销

元初，四川民户食用井盐，但后来由于盐井废坏，产量急剧下降，四川民户吃盐问题则要倚仗解盐来解决。至元二年(1265)，设立兴元四川盐运司，修理盐井，恢复生产之后，“仍禁解盐不许过界”①。既然设立兴元四川盐运司，其盐产行销的范围应该包括四川和兴元。井盐的销售也可能使用商运商销的形式。盐引仍然作为运销的凭证。元代四川地区，伪造盐引的情况大量存在。天历二年(1329)八月，焚烧了缴获的伪造盐茶引②。大量盐引的存在说明盐业运销私盐化、商品化的存在，同时也说明当时政府仍然采用以引法为主的商运商销法。

另外，井盐并不仅用于人的食用，还用于喂马。云南的亦乞不薛之地牧养国马，每岁给盐，以每月上寅日啖之，使马减少病害。由于伯忽叛乱，云南盐不能到达此地，所养马疋病死者不少，于是命四川行省以盐给之，至于数量则不得而知③。

小　结

有元一代，盐业的发展是社会经济中不可或缺的一部分。就生产技术而言，海盐生产仍以削土取卤为主要取卤方式，福建等地则出现了晒盐法。浙东竹篾的采用显示了元代盐业生产技术的变化。河东池盐在相当长的时期内使用自然成盐法，而川滇井盐的生产技术与前代并没有太大的变化。就生产数量而言，较之宋金时期，海盐生产的数量有了很大的发展。池盐生产很长时间才得以恢复，井盐

---

① 《元史》卷九四《食货二》。

② 《元史》卷三三《文宗二》。

③ 《元史》卷三五《文宗四》。

的生产数量则略有下降。根据各产盐区具体情况的不同,元代商运商销和行盐法兼行,互为补充。解盐行盐地面的缩小与其生产数量以及社会需求有关。四川井盐的生产与销售量的减少并没有很大程度上影响四川人民的生活。这或许与元代四川人口的减少有关。此外,盐业的商运商销带动了地方经济的发展。长芦镇、圣惠镇(运城)都是因盐的商销而兴的城镇,而真州、采石、扬州的繁荣也与盐的运销有着很大的关系。

附录

郭郁《言行录》和《敏行录》的版本与价值

运使郭公即郭郁,号复斋,历任至福建等处转运盐使司运使,《元史》无传。《运使复斋郭公言行录》一卷(以下简称《言行录》)记述郭郁之仕宦功绩和言论,《编类运使复斋郭公敏行录》一卷(以下简称《敏行录》)为郭郁任官所历地方文人赞颂之诗词、部分民谣、碑记和书启等。这两部书于研究郭郁其人及其交游,元代政事和地方史志有着重要的价值,惜未引起相关学人的足够重视。迄今为止,现代学者尚无专文对这两部书进行研究。限于篇幅,笔者谨对两书的版本、编者进行探考,进而简要分析其价值,期以抛砖引玉之效。

一《言行录》与《敏行录》版本考

笔者曾翻检几部元代艺文志,仅清代钱大昕所撰《元史艺文志》史部传记类著录有《运使复斋郭公言行录》一卷:"福州路教授徐东编,纪福建都转运盐使郭郁事迹"①,《敏行录》一卷因"皆赠送之文"

① 钱大昕:《元史艺文志》卷二,见《嘉定钱大昕全集(伍)》,江苏古籍出版社,第33页。

被列入集部总集类①。其《十驾斋养新录》称两书为自来搜辑元代艺文者所未之及②。此后清人阮元撰有两书提要，由傅以礼重新编定，分别归入《四库未收书目提要》（又名《揅经室经进目录》）卷二史部传记类和卷四集部总集类，《言行录》为一卷，《敏行录》未书卷数③。张金吾《爱日精庐藏书志》将两书分别列为卷一三史部传记类和卷三五集部总集类④。瞿镛《铁琴铜剑楼藏书目录》将两书一并归入卷一〇史部传记类⑤。莫友芝《郘亭知见传本书目》史部传记类著录《言行录》一卷⑥。傅增湘将《言行录》、《敏行录》各一卷均归入《藏园群书经眼录》卷四史部传记类⑦。张元济《涵芬楼烬余书录》列两书入史部传记类，其中《敏行录》不分卷⑧。雒竹筠《元史艺文志辑本》史部传记类也有著录：《运使复斋郭公（郁）言行录》一卷，存；《编类运使复斋郭公（郁）敏行录》不分卷，徐东编，存⑨。从以上各书目的收录情况看，钱大昕、阮元、傅以礼、张金吾将两书单独对待，而瞿镛、傅增湘、莫友芝、张元济和雒竹筠认为《敏行录》附于《言行录》之后，应视为合刊。

《言行录》和《敏行录》的版本，《中国古籍善本书目》、《国家图书馆古籍善本书目》、《（稿本）中国古籍善本书目》史部传记类以及《古籍版本题记索引》均著录有二：一为元至顺刊本，一为清张蓉镜

---

① 钱大昕：《元史艺文志》卷四，第78页。

② 钱大昕：《十驾斋养新录》卷一三，见《嘉定钱大昕全集（柒）》，第359页。

③ 阮元撰，傅以礼重编《四库未收书目提要》，商务印书馆1955年，第26、90页。

④ 张金吾：《爱日精庐藏书志》，中华书局1990年，第20、30页。

⑤ 瞿镛：《铁琴铜剑楼藏书目录》，中华书局1990年，第6页。

⑥ 莫友芝撰，傅增湘订补，傅熹年整理《藏园订补郘亭知见传本书目》，中华书局1993年。

⑦ 傅增湘：《藏园群书经眼录》，史部第二册，中华书局1983年，第363页。

⑧ 张人凤编《张元济古籍书目序跋汇编》（中册），商务印书馆2003年，第499页。

⑨ 雒竹筠遗稿、李新乾编补《元史艺文志辑本》卷七，燕山出版社1999年，第129页，

家影元抄本①。而《中国丛书综录》中尚载有《宛委别藏》本以及选印《宛委别藏》本。《郘亭知见传本书目》则载有元刊本和阮氏录进本(即《宛委别藏》本)。

元至顺刊本《言行录》和《敏行录》,收藏于中国国家图书馆,是最早的版本。《爱日精庐藏书志》、《铁琴铜剑楼藏书目录》和《郘亭知见传本书目》均载元刊本。近人瞿启甲《铁琴铜剑楼宋元本书影》印有《言行录》第一页的书影。《北京图书馆古籍珍本丛刊》第21册,《续修四库全书》第550册,所录均据国家图书馆藏元至顺刊本影印②。《中华再造善本丛书》也据此影印,依原书版式,分两册,收入金元编,题名仅有《运使复斋郭公言行录》,可见原书之一斑。元刊本将《言行录》和《敏行录》合刊,瞿镛谓钱氏《补元史艺文志》、《十驾斋养新录》及张氏(张金吾)《藏书志》,分载二书,不知《敏行录》即附刻于言行录后③。该书原版框高22.1厘米,宽13.4厘米④,细黑口,左右双栏,双鱼尾。正文前有序言四篇,分别是黄文仲《敏行录》序、林兴祖《敏行录》序、黄文仲《言行录》序、林兴祖《言行录录》。四序(或称录)字体均为草书,页五行,行九至十六字不等。正文为楷体,《言行录》页九行,行十八字,《敏行录》页十行,行二十一字。

清代学者阮元任职浙江巡抚期间,留心搜求《四库全书》未收之书,先后得书174种,依《钦定四库全书总目提要》例,"檃栝全旨,撮举大凡,各有题解"⑤,随书进奏嘉庆皇帝,嘉庆帝亲笔赐题名《宛委

① 《中国古籍善本书目》,上海古籍出版社1991年,第475页;《国家图书馆古籍善本要目》,第439页;天津图书馆编《(稿本)中国古籍善本要目》,齐鲁书社20003年,第400页。罗伟国、胡平编《古籍版本题记索引》,上海书店1991年。

② 续四库本影印时将黄文仲《敏行录》序页面颠倒。

③ 瞿镛:《铁琴铜剑楼藏书目录》,第6页。

④ 北京图书馆出版社2006年。《续修四库全书》所称原书版数据略有差别:高220毫米,宽270毫米。

⑤ 阮元撰,傅以礼重编《四库未收书目提要》序,第1页。

别藏》。《言行录》和《敏行录》便在其中。阮元将《言行录》和《敏行录》分别作了提要,作为两部书来处理。《宛委别藏》本在阮元进献后便藏诸宫内,直到1935年故宫博物院选择其中四十种,由上海商务印书馆影印刊行。但选印《宛委别藏》本中,两书并未置于一函。《言行录》一卷一册与《莆阳比事》七卷三册、《陈氏小儿病院方论》四卷一册、《类编朱氏验方》十五卷五册同置一函;《敏行录》二册则与《清云梯》三卷一册、《声律关键》八卷三册、《阳春白雪》八卷外集一卷四册置于一函。20世纪80年代,台湾商务印书馆将《宛委别藏》丛书影印出版,书前无阮元所撰提要。1988年江苏古籍出版社将该丛书影印,两书均列于第042册,书前加入阮元所撰提要。《丛书集成》三编也将其收录其中。《宛委别藏》本《言行录》前有黄文仲《序》和林兴祖《录》,《敏行录》前列黄文仲和林兴祖两序。两序和正文笔迹一致,字体均为楷书,页九行,行二十字,前后格式一致,很少另起一行。其中称郭郁为"汴之封邱人"明显带有乾隆后的痕迹。正如张元济所言,《宛委别藏》本是阮元据元刊本钞录①。此本与元刊本相对照,错讹之处颇多。

清张蓉镜家影写元刊本(本文简称张影本),傅增湘《藏园群书经眼录》、张元济《涵芬楼烬余书录》、《国家图书馆古籍善本要目》和台湾"国立中央图书馆善本序跋集录"均有著录。国家图书馆藏张影本共三册,《言行录》九行十八字,黑口,左右双边,《敏行录》十行二十一字②,小字双行,黑口,左右双边。书前分别有刘星韶(万程)所题"影元刊精写郭公言行录"、"芙川先生鉴藏"和"影元刊精写郭公敏行录"、"芙川先生鉴藏"等字样。《言行录》之后、《敏行录》之前尚有清单学传、缪荃孙③二人题写的跋语。

① 张人凤编:《张元济古籍书目序跋汇编》(中册),第499页。

② 傅增湘:《藏园群书经眼录》史部作二十字,误。

③ 杨洪升:《缪荃孙集外题跋辑考》一文曾对缪荃孙对张影本的跋语进行了考释(《文献》2007年第2期)。

元运使郭郁字文卿号复斋《言行录》一册、《敏行录》三册，芙川张兄得当时元刊本，选工影写，而略改徐东所编书例，实自来藏书家所未经著录本也。然非郭公实有善行感通其间，将虚誉之辞能留传留五六百年之久耶！读潘必大、叶天①本、王持福书，王昭德诗，陶璞启，尤可想见元代政治风草种种有虚有积，郭公示之挥斥，其门下士且拾而编次付刊，想亦必有所施行者，至歆动官司，闻风兴起，是书固大有功于治化也，不然，虽称秘笈，又何贵传写而矜之。时道光十年孟秋单学传跋。

《复斋郭公言行录》、《敏行录》昭文张芙川影元写本。此书自阮文达公进呈后，间有传本，芙川选工精写，尚有邑先辈绛云汲古之风，而略改徐东所编书例，似乎不合。藏印累累，内有"芷湄借观"、"叔芷女士"、"若衡"三印，皆闺阁中物，若衡方勤襄公第五女也。宣统辛亥闰二月江阴缪荃孙识。

单、缪两人均认为张影本是在元刊本的基础上影写而成。清代学者孙原湘《天真阁集》也持这样的观点，并交代了事情的原委："黄荛圃士礼居购得元椠本，后归张月霄（张金吾——笔者按）爱日精庐，张生芙川从月霄假归，影写完帙，而以《言行录》应入史类传记，另装一册，《敏行录》应入总集类，分装三册。"②单、缪两人所称张影本与元刊本之不同在于张影本"略改徐东所编书例"，盖指张蓉镜以《言行录》应入史类传记，另装一册，《敏行录》应入总集类，分装三册。缪荃孙称"此书自阮文达公进呈后，间有传本，芙川选工精写，尚有邑先辈绛云汲古之风，似乎不合"，可知张影本较《宛委别藏》本晚出。两者均是在元刊本基础上的钞录或影写，但并无直接的联系。

雒先生提及《言行录》尚有《适园》本和《四明》本。《适园丛书》本二册，行二十三字，页十一行，双鱼尾。《适园》本空格、抬头与元刻本同，而《言行录》序言均为楷体正书，与元刻本异。文末附有乌

① 当为叶知本，《敏行录》有《嘉兴叶知本书》。

② 孙原湘：《天真阁集》卷四三《跋郭公言行敏行录》，《续修四库全书》第1489册。

程张钧衡跋，其中有言："空格、抬写均出元刻，故悉仍其旧，至图印累累，真伪各半，则转足为书累也。"①《藏园订补郘亭知见传本书目》载张芹伯批注《适园》本称"适园近收得元刊本一卷"。似可认为《适园》本在元刻本基础上重新刊刻而成。后被严一萍辑选入《丛书集成续编》。《四明》本未见此书，不知雒先生所据为何。

二《言行录》与《敏行录》编者考

《言行录》大多学者认为是徐东所撰。仅就《运使复斋郭公言行录》而言，确为"福州路儒学教授徐东述"②。《福州路儒学陈御史状》也称："本路儒学教授徐东依朱文公撰《宋名臣言行录》例，采辑翰林元学士、袁学士、廉访马佥事所作碑记，撮其切要，为《郭公复斋言行录》，备载平生居官治民事迹，至甚著明"③。但必须注意到，所谓的《言行录》已非原来意义上的《言行录》，而带有"编类"的性质。《言行录》内容除徐东所撰《运使复斋郭公言行录》外，尚有《建安前进士张复奉题<言行录>后》、《福州路儒学陈御史台状》、《福州路儒学举状》和《福建等处都转运盐使郭嘉议义田牒文》。

徐东的《言行录》仅被福州路儒学训导梁奎等《陈御史台状》"抄录在前"，其目的则是"乞赐采择，特以上闻，宣付史馆，纪其勤劳，以示为人臣之法则，宠之清要，以上裨衮职之谋猷"④。《福州路儒学陈御史台状》是福州路儒学训导们向御史台推荐郭郁的举状。《福州路儒学举状》是福州路耆儒蔡润老等二十余人对本道廉访司察举后"未见施行"的进一步举荐。《福建等处都转运盐使郭嘉议义田牒文》是郭郁关于处理义田的文字，其借用福建等处都转运盐使的印

① 《运使复斋郭公言行录(附敏行录)》第2册，台北艺文印书馆2007年。
② 徐东：《言行录》，元刊本。
③ 《福州路儒学陈御史台状》，见《言行录》。
④ 《福州路儒学陈御史台状》。

信关防文簿使这一结果更具法律效力。故从《言行录》收录内容来看,似可认为,徐东写完《运使复斋郭公言行录》后,即被福州路儒学利用,借以向御史台举荐郭郁,但这个举荐效果并不明显,于是福州路儒学把福州路耆儒搬出来再次上状。《言行录》借以表现其忠君之事,《福建等处都转运盐使郭嘉议义田牒文》则可以表现其为父兄之孝友。这些内容似是福建路儒学收录并编辑的。

《敏行录》一书中的诗文依据郭郁行迹编排,并附有郭郁与地方儒士的书启和记载其仕政功绩的碑记。诗文出于众手,所书时间不尽一致,显然带有编类的性质。书名为《编类运使复斋郭公敏行录》也说明这一点。但《敏行录》的编者为谁,学者们的看法不尽相同。《续四库全书》的编者认为《敏行录》由邓文原选编。文中的第一篇确为《国子司业邓善之送文卿知州赴浮梁任序》,其中"国子司业邓善之送"与"文卿知州赴浮梁任序"分列两行,"送"字初看犹如"选",因而很容易认为《敏行录》为邓文原所选。这样的格式文中还有,如"秣陵存耕陶璞饯""郭侯浙漕之任序"也被分作两行。邓文原的序文同样收存在邓文原的《巴西邓先生文集》中,标题为《送郭文卿赴浮梁知州序》。邓善之就是邓文原,曾除国子司业,"建白修明学政,而乐因循、惮改作者与之论不合,遂移疾去"①。吴澄《元故中奉大夫岭北湖南道肃政廉访使邓公神道碑》中称:"皇庆壬子入为国子司业,延祐丁巳迁翰林待制。"②可见邓文原任国子司业是壬子年(1312,皇庆元年)至延祐丁巳(1317,延祐四年)。邓序作于皇庆元年(1312),正是其为国子司业之时。另,邓文原于致和戊辰年(1328)五月二十二日终老于杭州。文中收录的黄文仲所撰《福建等处都转运盐使复斋郭公爱思碑》后属"至顺二年岁在辛未四月吉日记"。至顺二年为1331年,此时邓文原去世已有三年,故此书的编者

① 黄溍:《金华黄先生文集》卷二六《岭北湖南道肃政廉访使赠中奉大夫江浙等处行中书省参知政事护军追封南阳郡公谥文肃邓公神道碑铭》。

② 吴澄:《吴文正公集》卷三二,元人文集珍本丛刊本。

绝非邓文原。

张金吾《爱日精庐藏书志》、瞿镛《铁琴铜剑楼藏书目录》、雒竹筠《元史艺文志辑本》以《敏行录》和《言行录》合刊,《敏行录》即附刻于《言行录》后,故而均认为《敏行录》为徐东编。前已述及,现在所看到的《言行录》带有"编类"的性质。编者仅仅是将徐东所撰的《言行录》抄录在前而已。鉴于此,没有证据可以肯定地说《敏行录》的编者就是徐东。

阮元以书前有古候黄文仲及三山林兴祖两序,疑出二人所编。这仅是一种推测。《敏行录》并非出于黄文仲。他在序中写到:"今闽漕使复斋郭公敏行录,其行见于事,事闻于声者乎?""观易师侯先生寄远倡和数篇,严君嘉议致政庆寿一卷,孝敬之心油然而起,将扬父之名,行师之道以相远大此意,难与滔滔者语,敏行一录亦孰有之?"①显然,黄文仲是见到《敏行录》后才撰此序的。林序《敏行录》对"敏行"二字的用法进行了解释:"复斋郭公敏行录,大抵施于政者中庸,敏政尽人道者能之人而尽其道,敏于行之积也。敏行其体,敏政其用,用著于录,合而名之曰敏行。"②但这并不能证明《敏行录》为他所编类。瞿镛曾指出阮元的看法是错误的。

我们没有确切的证据寻觅出《敏行录》的编者,但考虑到元刊本《言行录》和《敏行录》为合刊,而《言行录》是由福州路儒学采集并编类,那么《敏行录》很可能也是由福州路儒学编次而成。福州路儒学编次该书的出发点,似如单学传所言,力求是书"大有功于治化"。

三 《言行录》与《敏行录》的价值

《言行录》纪郭郁之行迹与言论,《敏行录》多为儒士赠答之词。故两书对研究郭郁的行迹、交游、元代史事和地方史以及元代诗文的

---

① 黄文仲:《运使复斋郭公敏行录序》,元刊本。

② 林兴祖:《敏行录序》。

校勘与辑佚有着重要的价值。

其一,郭郁,《元史》无传。在注意到此书之前,我们对郭郁的认识仅限于《秋涧集》、《清容居士集》、《巴西邓先生文集》中的相关碑铭和地方志中的零星记载,故其行迹并不彰显。《郭公(天祐)神道碑铭》仅提及其大德十一年(1307)为江浙行省都事,后任浮梁知州,知高邮府,同知两浙都转运盐使司事,佥江西湖东道肃政廉访司事,泰定二年(1325),改授庆元路总管事,文字甚为简略①。《言行录》则详细记载了郭郁的行迹,《敏行录》之《各处碑记》存有邓文原《浮梁州重建庙学记》、汪泽民《南康县新建三皇庙记》、袁桷《庆元路重修庙学记》、曹愚《庆元路士民去思碑》、黄文仲《新建南台盐仓之记》和《福建等处都转运盐使复斋郭公爱思碑》,纪郭郁之功绩,使我们对郭郁其人其政有了较为细致的了解。

郭郁,字文卿,号复斋,祖籍为汴梁封丘县吕村。金末兵乱,郭氏始北迁,定居大名。幼时从真定侯克中学《易》。十九岁时江淮行省以其儒雅辟充江淮枢密院令史。元贞元年(1295),为河南行省幕官,后为中书省掾吏。大德九年(1305),敕授承务郎、宣徽院都事。十一年授承德郎、江浙行省都事。皇庆元年(1312),钦受宣命奉议大夫、知浮梁州。延祐五年(1318)三月,授奉政大夫、中书检校,九月授中顺大夫、知高邮府。至治三年(1323)正月,授中宪大夫、同知两浙都转运盐使司事。泰定元年(1324)十月,擢亚中大夫、佥江西湖东道肃政廉访司事。次年十月,除亚中大夫、庆元路总管兼劝农事。四年十月,授嘉议大夫、福建等处都转运盐使。其守浮梁时,"新三皇殿,建舟梁,均赋役,汰烦冗,雪滞淹,为政号称廉能"②;为庆元路总管时,"正赋籍,定役法,决系囚,剖滞讼,赋役遂均,简书顿清,囹圄空虚。乃理学校,甓仓库,治驿厩、织局、哨舟,厝食盐,皆有

① 袁桷:《清容居士集》卷二七《有元故赠中宪大夫中书吏部侍郎骑都尉陈留郡伯郭公神道碑铭》。

② 邓文原:《浮梁州重建庙学记》,见《敏行录》。

良法，切当详密”①；为福建运使时，削货盐催煎冗滥者百余人，请给分司印以革私盐侵渔之弊，新建南台盐仓以解决成盐的存储问题，使“狱无冤滞”，“赋日以饶，民日以纾”②，故深得当地人民爱戴。

其二，《敏行录》多为地方儒士赠答诗文，为探讨郭郁的交游保留了重要的史料。这些诗文的作者，约有150余人，他们大多与郭郁有着密切的往来。其中有郭郁之恩师侯克中，有元明善和邓文原等曾任翰林的朝士。侯克中，字正卿，号艮斋。《敏行录》载郭郁为浮梁州知州前，侯克中曾撰诗表达了自己对徒儿的肯定和殷殷教诲：“案牍勤劳自幼年，慨然岁晚授韦编。姓名亦与廉能列，乡里仍闻孝友传。政固在宽须尽义，民虽常爱必亲贤。一言为汝终身戒，好恶无私可与权。”“令下如能草偃风，民归复若水朝东。是非殽乱由多欲，邪正分明本至公。时论已传今胜昔，汝心当以始要终。三年平地为山了，九仞无亏一篑功。”③正是这种教诲对郭郁为政产生了重要的影响。元明善与郭郁两人友谊颇深，《言行录》称延祐五年（1318）八月，郭郁“丁父嘉议府君忧。始翰林复初元公号一世儒宗，少所许可，惟与公莫逆，尝慕公之先君子嘉议府君有隐德，时相过从，辄拜床下。殁之日，元公躬治丧事，慰赙铭祭，情及悬至，敬有余也。”④邓文原和郭郁关系也很密切，皇庆元年（1312），郭郁出任浮梁州知州，邓文原作《送文卿知州赴浮梁任序》以抒送别之情⑤。郭父庆寿之时，邓文原撰诗庆贺：“汉廷太守二千石，洛社耆英七十翁。隐几心知无物累，同舟人望有仙风。香生燕寝斓斒乐，禄得腴田潴灏丰。东阁郎君皆可意，南陔诗句若为工。”⑥郭郁任浮梁知州后重修庙学，邓文原撰《浮梁州重建庙学记》以记郭郁之功德。

---

① 曹愚：《庆元路士民去思碑》，见《敏行录》。

② 徐东：《言行录》。

③ 《敏行录》；《艮斋先生寄赠复斋郡侯唐律一首》。

④ 《言行录》。

⑤ 邓文原：《巴西邓先生文集》；又见《敏行录》。

⑥ 《敏行录》。

此外，还有郭郁任职当地的儒学官员。如《敏行录·东湖去思》诗文作者有儒学副提举洪耕、东湖书院山长陈景常、南昌县学教谕林基孙、靖安县学教谕欧阳有、东湖书院训导黄极立、东湖书院训导何祯、东湖书院训导周冕等。《言行录》作者为福州路儒学教授徐东。《福州路儒学陈御史台状》即福建路儒学训导梁奎、黄源深、陈文绸、陈康、张英和陈环等所上之状。《敏行录·福建酬倡》所保留的诗文作者有三山文学掾徐东、福州儒学学录刘仪凤、训导梁奎、训导张英、训导陈康等。郭郁与海盐州儒学教授陶璞、白鹿书院山长乐祀、临汝书院前山长郭增等均有书信往来。吴某、方仁卿为郭郁属吏，均能诗文①，可见其属吏多有识之士。他们或因郭郁施政而受益，或与郭郁谈文弄墨，相互唱和，或直接提出施政意见供其参考。

地方耆儒和儒士与郭郁交往也很密切。如福州路儒学耆儒蔡润老等二十余人列状向本道廉访司举荐郭郁。太和州耆儒王昭德、古侯佚老黄文仲撰文赞颂郭郁事迹。郭郁与叶知本、王持福、张复等均有书信往来。陈普、顾瞻、陈应举、戴熙、潘必大均因郭郁兴学而受益，昌江李沂更是自称“门下”。

要之，郭郁所交游者多为儒士，且遍及各个层面，丰富了郭郁的人生阅历，使之对儒学忠贞不渝。当然这与其本身的儒学修养有关，与其“所至官以兴学为本 ”②的做法分不开。

其三，郭郁两任鹾职，《言行录》和《敏行录》的相关记载对我们研究有元一代全国，特别是两浙和福建两地的盐政有重要的价值。

《敏行录》中保存了民谣十首，载郭郁任职两浙盐务的功绩，现抄录于下：

分司嘉兴

二月钱塘履政庭，分符三月下禾城。寻常一样鸳湖水，自得清官越样清。

---

① 《敏行录》。

② 袁桷：《清容居士集》卷一八《庆元路重修先圣庙记》；又见《敏行录》。

门无私谒

萧条馆舍膝堪容,避俗慵居闹井中。门禁有严无谒客,私心一点不相通。

秋毫无取

阴赂何尝受一分,举家惟仰俸资身。闲中更有琴书乐,廉不言贫能几人。

盐仓便卖

新立盐仓弊已生,日申虚数涩盐商。今年自得公规划,增卖常年一倍强。

掊出余盐

四月初终八月初,引盐掊出二千余。依时价值八千定,为国丰财事不虚。

亲散工本

递年工本各场收,盗尅虚支属自由。今岁应时亲给散,亭民真个得分忧。

抑强扶弱

各场贫富错羌徭,贫日艰难富日骄。洞察民情亲整肃,奸邪雄猾总魂消。

私盐讼简

盐讼凡经化笔春,不容攀指扰平民。随时断遣无留狱,尽伏清廉法令伸。

平反冤枉

豪富欺贫事百端,每诬盐事欲欺官。公心独有神明见,一一平反不受瞒。

恢办课程

委职榷煎步不离,未冬盐足可先期。今年不学常年弊,虚得通关课实亏。①

① 《敏行录》。

可以看出，郭郁至治三年（1323）正月接到任命，为两浙盐运司同知，二月到两浙盐运司履新，三月即分赴嘉兴分司，掌管盐务。当时的盐运司设有运使、同知、副使、判官等职，而同知仅次于运使，品级为正四品。“国制，二使总凡司事，同知、副使、判官岁出分司，涖校其煮盐之次第，而下上其赏罚，冒禁而私煮者即议寘于法，任专责重，则虽同知、副使、判官职有等著，固视二使而与之侔焉。”①可见同知的职责是负责检验买盐的次序，禁止私盐的生发。民谣所反映出作为分司的盐官有发卖盐引，抑强扶弱，处理盐讼，平反冤狱、恢办盐课等职能，但“恢办课程”才是其核心任务。为了既能达到自己的恢办课额，又不得不解决好盐徒与灶户及民户之间的问题，郭郁到任后，“建言减盐额五万以宽灶户，终也额外乃增至二万二千四百。又平反盐徒一十七起，由是私盐屏息，课程增羡”②。此前“盐徒犯法辄延引平民，动以百计，囚系岁月，刑及无辜，莫甚于此”。这样损害了平民的利益。郭郁“洞察民隐，止坐事发之家，朝按其罪状得实，暮即断以法。于是狱无冤滞，囹圄空虚”③。显然，郭郁很好地解决了这些问题，理顺了这些关系，取得了成效。

福建盐运司是元代重要的产盐地之一。从两书看来，郭郁到任之前，福建盐运司行预办之实。“先时每岁预办下年课盐，及增余之数，官本不支，惟威以限，灶户不任其苦，卖妻鬻子者有之。畏迫逃窜者有之。”预办下年课盐往往带有强制性，盐运司官员常借助朝廷赋予的权力而胡作非为，给灶户带来不小的经济负担和精神压力。作为弱势群体的灶户无法保障自己的权利，为了活命只得卖妻鬻子，流离失所。这样常常会激化两者之间的矛盾，使盐业生产无法进行。郭郁到任后，看到这种情况，“遣吏家喻户晓，悉除去预办增余带耗

① 柳贯：《柳待制文集》卷九《嘉兴盐运分司纪惠颂有序》。
② 《言行录》。
③ 《言行录》。

之扰,至今安之"①。

福建盐运司成盐的储存和盐仓的修建。一般看法认为元代初期成盐储存于盐场中的便仓中,实行场支法;大德四年(1300),两淮盐运司率先建立盐仓,实行仓支法;延祐七年(1320),两浙盐运司仿两淮例改法立仓。实际上福建盐运司的设立盐仓要早于两淮和两浙。至元时,赵执中"以竹器如法实盐而效福之南台",在漳、泉、兴化等地列仓贮盐,以便出纳②。可见南台仓较之其他盐仓为早,且一直存在,其地位十分重要。南台盐仓岁入九万引,占据福建盐运司所产盐的绝大部分。但南台仓"甚偏小,实可贮者二万耳,余悉在船,动涉旬月往往陷于风涛,耗于盗窃,公私俱病"。郭郁乃劝率盐商助木石,"乐从者如雨"。"是岁买引者乐助不下万缗","才阅月,广仓屋五十间,不支官帑,不劳民力。"③需要指出的是,元代东南地区修建和维护盐仓的费用大多来自盐商。修造南台盐仓时,就有盐商对郭郁说:"淮浙两漕,每岁商人于买盐正价外一引别入宝币一贯为修仓钱。"可见淮浙两盐运司修仓的费用也来自于商人。

其四,《言行录》和《敏行录》因元刊本的存在,保留下的诗文对元代诗文的校勘和辑佚亦有十分重要的价值。《全元文》将《言行录》和《敏行录》的部分文章收入其中,丰富了元代文献的内容。遗憾的是,编者校勘选用的版本不尽统一,多为清《宛委别藏》本,还有1935年上海商务印书馆影印选刊《宛委别藏》本,仅所录潘东明《浮梁州建学序》和潘必大《问民疾苦》用元刻本。如上述,就笔者所见,《宛委别藏》本较之元刊本错讹尚多,且元刊本是最早的版本,校勘时应选用元刊本。此外,《运使复斋郭公言行录》(徐东)、《福州路儒学陈御史台状》、《福州路儒学举状》、《福建等处都转运盐使郭嘉议

① 《言行录》。

② 黄溍:《金华黄先生文集》卷三一《福州路总管赠嘉议大夫太府卿上轻车都尉追封天水郡侯谥景惠赵公墓志铭》。

③ 《言行录》;《新建南台盐仓之记》,见《敏行录》。

义田牒文》、《番阳饯章》、《南康县新建三皇庙记》(汪泽民)、《吉安王持福书》、《医生临江杨叔清启》等文没有收录《全元文》。《敏行录》存有邓文原《送文卿知州赴浮梁州任序》和《浮梁州重建庙学记》,袁桷《庆元路重修先圣庙记》可分别与《巴西文集》和《清容居士集》中所录该文互校。

结　语

本书以国家权力与社会为视角，考察了盐务管理机构的设置和职能，中央与地方各相关部门盐务管理的具体职能以及作为国家权力执行者的盐司官吏的行为，分析了盐引法设立和完善的过程，探讨了盐引法下的盐商和私盐贩群体，着力于复原元代环渤海盐区、东南盐区、河东解盐区、川滇井盐区等地域性盐业产销及其社会影响，以使读者清晰而全面地了解元代的经济、政治与社会状况。通过以上研究，可以看出，元代盐业的发展是历史延续的结果，元代盐政在继承宋金盐制的基础上有所改进和完善，同时一些蒙古旧俗的渗透又使元代榷盐制度和盐业经济呈现出自己的特点。

第一，元代盐务管理的统一化、系统化和专门化。元代结束了辽宋金夏时期的对峙局面，完成了全国的统一。元廷相应对原来宋金夏辖境内的盐务管理进行了调整。金辖境内除河间、山东、宝坻和莒盐司外，还设有解、北京、西京等盐司，管理着产地比较分散的池盐。元代采取了抓大放小的政策，将原金辖境内的北京、西京盐司划归地方官府来管理，河间盐司与宝坻盐司合并为大都河间等处都转运盐使司，山东盐司和莒盐司合并为山东都转运盐使司，河东陕西等处都转运盐使司不仅管理解盐，还有韦红盐等。元代南方的盐司机构基本延续了两宋旧制。全国统一后，以原金朝盐务管理体制和转运司机制整合南北，又根据地域差别做了合理调整。这样元廷共设置了九个盐运司，对全国盐务进行管理。

元代形成了盐运司专职负责盐务，中书省、户部宏观调控，以御史台为核心的监察系统纠察盐务的系统的宏观盐务管理模式。其中盐运司主恢办盐课，整治盐法、科断私盐案件、申报盐事等。中书省负责奏闻和主持盐务高级会议，制定并公布盐务细则；所辖户部负责分配各盐运司定额，印造盐引，定拟盐法；吏部具体负责盐运司官吏的任用；刑部享有对私盐案件的处理权，同时定拟私盐法，并拥有对私盐法进行司法解释的权力。地方官府除行省和部分宣慰司负责管理盐务外，多承担应行食盐、拘收退引和巡禁私盐等任务。以御史台为核心的监察系统负责检核盐务文卷、纠察盐司，申报盐弊。元代也常派出一些官员检核盐务，这些官员成为明代专门负责纠察盐务的巡盐御史的前身。

元代基本形成了户部（行省）—盐运司—分司—盐场—盐团（盐栅）的盐务微观管理系统。这样的盐务管理体系为明代所遵循①。盐运司机构在元代经历了职责专门化的转变。最初，一些酒税、醋课、竹税和铁冶等课也由盐运司来管理，福建的市舶课和盐课的管理由同一机构市舶司负责。至元二十八年（1291）的一纸法令使盐运司成为专责盐务的管理机构。当然这种盐务管理机构的专门化并不是在元代才出现。金代已经出现了这种趋势。

值得注意的是，各盐运司设立时间以及最初的相关管理措施不尽相同，因此元代盐务管理统一化、管理系统的设立以及盐运司职责专门化是全国统一局面下元廷加强中央集权，进行宏观调控的必然要求。

第二，盐官系统的统一化与名目的多样化。原来金代盐官设有盐使、盐判和盐场管勾。宋代的盐官设有盐运使、副使，河东解盐设有制置解盐使，江南盐司则设有提举等官，所设官员并不统一。随着全国的统一，元朝开始以北方所有的盐务官员设置对南北盐官的建构进行了改革，使盐运司所设的盐官基本一致。除广海和广东盐课提举司设有提举、同提举外，其他盐运司设有盐使、同知、副使、判官

---

① 《明史》卷八〇《食货四》。

以及经历、知事。盐场最初设有管勾三名,后改为司令、司丞和管勾,这样级别和职能的划分更为清晰。元代除了盐运司官和盐场官外,还设有批验(检校)所官、盐仓官、纲司官、巡盐官等。故元代盐司官吏的名目和数目较之前代大为增多。这是盐务管理机构增多的结果,更是元代盐务管理细密的表现。它虽使得管理的机制更为完善,但也不可避免地造成管理行政效率的低下和管理成本的提高。这既是元代全国统一局面下的客观要求,也是元统治者加强中央集权的重要举措。元代的盐官设置为明清盐官制度的构建提供了模板。

第三,盐引法的完善化。元代盐引法源于宋金旧制,并有所完善。蒙古国时期以及元初的盐引法因资料记载阙如,不得其详。至元三十年(1293)所颁布的改造盐引的法令使元代盐引法走向完善。大德四年(1300),两淮改法立仓标志着元代盐引法走向成熟。元代盐引法有着自己的特点:首先,现钱买引。其次,盐引文书的简化。宋金钞盐制度中,盐钞、盐引以及勘合都是必须的文书,元代盐引法下将盐钞与盐引合并,只需盐引和勘合。再次,盐引管理程序的系统化,自买引、验引支盐、批引到拘收退引相当细密。元代盐引不仅是支运盐袋的凭证,也是数量和价格单位。蒙元时期的大部分时间里,盐袋都以每引四百斤计算。盐引单位价格根据元廷不同时期的财政需要以及钞法的市场情况随时改变。

与盐引法的完善相对应的是盐的储存和运销方式的变化。宋代曾出现场支法和仓支法的争议,但直到宋末都还用仓支法。但元廷平宋后,南方盐仓遭到破坏,因而施行场支法。元代北方则继承了金代的场支法。大德四年(1300),两淮改法立仓,施行仓支法,盐袋通过纲运转移到盐仓发卖。纲运的出现、耗例标准的确立以及盐袋收储制度的完善是元代仓支法的主要特点。

商运商销和以官府分派为特点的食盐法是元代运销制度的常态方式。常平盐局法和和籴法则是官府在非常态状况下所施行的运销措施。商运商销和和籴法是在盐引法体系下进行的。食盐法和常平盐局法中,盐引则作为数量和价格单位而发挥作用。

第四，元代豪商、官商、斡脱商的贩盐活动影响着盐业秩序的稳定。元代榷盐制下的盐商多为具有一定势力的大盐商，兼有经销商和代理商两种特点。他们并不与百姓直接发生关系，而是由铺户和盐牙进行交易，带有批发商的性质。虽然元廷多次申令中央部门和盐运司官员不能买卖盐引，从事商业活动，但地方官员买卖盐引在某种程度上还是允许的。另外，根据蒙古的旧俗，元廷每年都要赏赐一些盐引给各位下，诸位下的盐引由斡脱商进行销售。这样地方官凭借自己的权势，斡脱商则借助各位下的权威，在所从事贩盐活动中与盐运司官吏相勾结，实现互相得利，是这些人得以把持市场的主要原因。这种盐务政策上的漏洞和蒙古旧俗的渗入是元代盐业弊端丛生的重要原因之一。

第五，私盐贩在元代极为盛行，这与国家为加强中央集权而施行榷盐制密不可分。元代的私盐贩不仅有汉人、南人，更有蒙古人、色目人，一些妇女也加入到贩盐的队伍之中。他们往往带有武装化、团伙化、群发性的特点，大多集中于东南地区。随着私盐贩力量的逐渐增大，成为影响社会稳定的重要因素。国家虽然一再颁布私盐法令，施行盐禁，加大对私盐的惩罚力度，设立专职巡盐人员，强化地方及军队的缉私职能。但这种强硬的措施并没有带来社会的和谐，反而激化了官私之间的矛盾。军官、民官以及盐官的参与，使私盐买卖更为猖獗。最终私盐贩揭竿而起，成为元末农民起义中的重要力量，甚或主导力量。

第五，元代盐业经济呈现出地域性特点。元代海盐以削土取卤为主要生产技术，《熬波图》反映的仅限于浙东局部区域。解盐也不再使用前代的畦种法，更多地利用自然条件，使卤水自然成盐。川滇地区的井盐基本维持了前代的生产技术。元代盐产量较之前代有了很大的增加。然河间盐运司的盐产量超过了山东盐运司。两淮成为盐业生产的主要地域。解盐较之前代有所减少，而川滇井盐区则因战争的破坏而难以再现昔日的繁荣。然毕竟元代是一个重商的时代，商运商销为主要的运销方式，而商运商销的存在无疑是带动商业经济发展的重要因素。御河既是北方主要的盐业运销渠道,同时又是北方主要的商业纽带。东南沿海以及长江则是南方盐业运销的重要渠道。食盐的交易催生了某些商业城镇,促进了部分商业城市的繁荣。长芦镇、圣惠镇(运城)都因盐的商销而兴起,真州、采石、扬州的繁荣也与盐的运销有着很大关系。

参考文献

一、史料

（汉）司马迁:《史记》,中华书局校点本1959年
（元）脱脱:《宋史》,中华书局校点本1977年
（元）脱脱:《金史》,中华书局校点本1976年
（明）宋濂:《元史》中华书局校点本1975年
（清）张廷玉:《明史》,中华书局校点本1974年
《宋会要辑稿》,中华书局影印本1957年
《大元圣政国朝典章》,中国广播电视出版社影印元刊本1998年
《通制条格校注》,方龄贵点校,中华书局2001年
《至正条格》,韩国学中央研究院影印元刻本2007年
《宪台通纪(外三种)》,王晓欣点校,浙江古籍出版社2002年
《元代台宪文书汇编》,洪金富点校,台北“中央研究院”历史语言研究所2003年
《明太祖实录》,中研院史语所校勘本
（明）杨士奇:《历代名臣奏议》,上海古籍出版社影印邓广铭藏明永乐十四年内府刊本
《永乐大典》,中华书局影印本1986年
（元）李志常:《长春真人西游记》,党宝海译注,河北人民出版社2001年
（元）杨 奂:《还山遗稿》,北京图书馆古籍珍本丛刊本
（元）许有壬:《至正集》,四部丛刊初编本
（元）马祖常:《石田先生文集》,元人文集珍本丛刊本
（元）陆文圭:《墙东类稿》,元人文集珍本丛刊本
（元）程钜夫:《雪楼集》,陶氏涉园刻本

(元)胡祗遹:《紫山大全集》,三怡堂丛书本
(元)黄溍:《金华黄先生文集》,四部丛刊初编本
(元)柳贯:《柳待制文集》,四部丛刊初编本
(元)邓文原:《巴西集》,北京图书馆古籍珍本丛刊本
(元)宋禧:《庸庵集》,影印文渊阁四库全书本
(元)杨翮:《佩玉斋类藁》,影印文渊阁四库全书本
(元)张之翰:《西岩集》,四库珍本
(元)姚燧:《牧庵集》,四部丛刊初编本
(元)姚燧:《姚文公牧庵集》,北京图书馆古籍珍本丛刊本
(元)同恕:《榘庵集》,四库珍本
(元)王恽:《秋涧集》,四部丛刊初编本
(元)袁桷:《清容居士集》,四部丛刊初编本
(元)刘敏中:《中庵先生刘文简公文集》,北京图书馆古籍珍本丛刊本
(元)刘岳申:《申斋集》,影印文渊阁四库全书本
(元)王袆:《王忠文公文集》,北京图书馆古籍珍本丛刊本
(元)卢琦:《圭峰先生集》,北京图书馆古籍珍本丛刊本
(元)汪克宽:《环谷集》,影印文渊阁四库全书本
(元)邵亨贞:《野处集》,影印文渊阁四库全书本
(元)张养浩:《归田类稿》,影印文渊阁四库全书本
(元)贡师泰:《玩斋集》,影印文渊阁四库全书本
(元)王旭:《兰轩集》,影印文渊阁四库全书本
(元)陈旅:《安雅堂集》,影印文渊阁四库全书本
(元)张伯淳:《养蒙文集》,影印文渊阁四库全书本
(元)刘将孙:《养吾斋集》,影印文渊阁四库全书本
(元)虞集:《道园类稿》, 元人文集珍本丛刊本
(元)虞集:《道园学古录》,四部丛刊初编本
(元)孛术鲁翀:《菊潭集》,藕香零拾本
(元)王礼:《麟原前集》,影印文渊阁四库全书本
(元)宋褧:《燕石集》,北京图书馆古籍珍本丛刊本
(元)王义山:《稼村类稿》,影印文渊阁四库全书本
(元)魏初:《青崖集》,影印文渊阁四库全书
(元)郑元祐:《侨吴集》,北京图书馆古籍珍本丛刊本

(元)余阙:《青阳先生文集》,宛委别藏本
(元)傅若金:《傅与砺诗文集》,影印文渊阁四库全书本
(元)李士瞻:《经济文集》,湖北先正遗书本
(元)王沂:《伊滨集》,影印文渊阁四库全书本
(元)萧𣂏:《勤斋集》,影印文渊阁四库全书本
(元)苏天爵著,陈高华、孟繁清点校《滋溪文稿》,中华书局 1997 年
(元)苏天爵编《元文类》,国学基本丛书本,商务印书馆 1936 年
(元)杨维桢:《东维子集》,四部丛刊初编本
(元)杨维桢:《杨维桢诗集》,浙江古籍出版社点校本 1999 年
(元)杨维桢:《铁崖古乐府》,影印文渊阁四库全书本
(元)曹伯启:《汉泉曹文贞公诗集》,北京图书馆古籍珍本丛刊本
(明)宋濂:《宋文宪公全集》,四库珍本
(明)贝琼:《清江贝先生文集》,四部丛刊初编本
(明)苏伯衡:《苏平仲文集》,四部丛刊初编本
(明)徐一夔:《始丰稿》,影印文渊阁四库全书本
(明)宋应星:《天工开物》,广东人民出版社 1976 年
(元)郑元祐:《遂昌杂录》,笔记小说大观本,江苏广陵古籍刻印社 1984 年
(元)孛兰肹等撰,赵万里校辑《元一统志》,中华书局 1966 年
(元)陈椿:《熬波图》,影印文渊阁四库全书本
(元)袁桷:《延祐四明志》,宋元方志丛刊本
(元)王元恭:《至正四明续志》,宋元方志丛刊本
(元)张铉:《至正金陵新志》,宋元方志丛刊本
(元)俞希鲁:《至顺镇江志》,宋元方志丛刊本
(元)冯福京:《大德昌国州志》,宋元方志丛刊本
《元大德南海志残本(附辑佚)》,广东人民出版社 1991 年
正德《莘县志》,天一阁藏明代方志选刊初编本
隆庆《仪真县志》,天一阁藏明代方志选刊初编本
嘉靖《惠安县志》,天一阁藏明代方志选刊初编本
嘉靖《威县志》,天一阁藏明代方志选刊续编本
(明)林　烃:《福建运司志》,玄览堂刻本
(明)周昌晋:《福建鹾政全书》,明天启七年活字印本
(清)《敕修两浙盐法志》,国家图书馆藏雍正刊本

(清)冯达道:《重修河东运司志》,北京图书馆古籍珍本丛刊本
(清)黄掌纶:《新修长芦盐法志》,嘉庆间刻本
(清)李如校:《山东盐法志》,光绪三十四年重校本
(清)王轩:《山西通志》,中华书局1990年点校光绪刻本
(清)沈涛:《常山贞石志》,历代石刻史料汇编,北京图书馆出版社2000年
《山右石刻丛编》,历代石刻史料汇编,北京图书馆出版社2000年
《陕右金石录》,历代石刻史料汇编,北京图书馆出版社2000年
《吴冢遗文》,历代石刻史料汇编,北京图书馆出版社2000年
《丰南县志》,新华出版社1990年
内蒙古文物考古研究所、阿拉善盟文物工作站、李逸友编著《黑城出土文书(汉文卷)》,科学出版社1991年
《马哥孛罗游记》,张星烺译,商务印书馆1936年
《马可波罗行纪》,冯承钧译,上海书店出版社2000年
《马可波罗行纪》,冯承钧译,党宝海新注,河北人民出版社1999年
《马可波罗游记》,陈开俊译,福建科学技术出版社1981年

二、现代研究著作

《中国历史大词典·宋史卷》,上海辞书出版社1984年
《中国历史大辞典·辽夏金元史卷》,上海辞书出版社1986年
《四库全书总目》,中华书局1965年
中国科学院《中国自然地理》编辑委员会:《中国自然地理(海洋地理)》,科学出版社1979年
梁方仲:《中国社会经济史论》,中华书局2008年
杨志玖:《元史三论》,人民出版社1985年
杨志玖:《马可波罗在中国》,南开大学出版社1999年
杨志玖:《元代回族史稿》,南开大学出版社2003年
陈高华:《元史研究论稿》,中华书局1991年
陈高华、史卫民:《中国政治制度通史·元代卷》,人民出版社1996年
陈高华、史卫民:《中国经济通史·元代经济卷》,经济日报出版社2000年
陈高华:《陈高华文集》,上海辞书出版社2005年
陈得芝:《蒙元史研究丛稿》,人民出版社2005年
周清澍:《元蒙史札》,内蒙古大学出版社2001年

李治安:《行省制度研究》,南开大学出版社 2000 年
李治安:《元代政治制度研究》,人民出版社 2003 年
李治安:《元史学概说》,天津教育出版社 1989 年
孟繁清:《蒙元时期环渤海地区社会经济发展研究》,天津教育出版社 2003 年
许凡:《元代吏制研究》,劳动人事出版社 1987 年
高荣盛《元代海外贸易研究》,四川人民出版社 1998 年
王颋:《龙庭崇汗——元代政治史研究》,南方出版社 2002 年
张帆:《元代宰相制度研究》,北京大学出版社 1997 年
刘晓:《耶律楚材传》,南京大学出版社 2000 年
刘晓:《元史研究》,福建人民出版社 2006 年
胡小鹏:《中国手工业经济通史·宋元卷》,福建人民出版社 2004 年
张金铣:《元代地方行政制度研究》,安徽大学出版社 2001 年
王秀丽:《文明的吸纳与历史的延续——元代东南地区商业研究》,澳亚周刊出版有限公司 2005 年
〔日〕吉田寅《元代制盐技术资料〈熬波图〉の研究》,汲古书院 1983 年
〔日〕礪波護等:《中國歷史研究入門》,名古屋大学出版会 2006 年
曾仰丰:《中国盐政史》,商务印书馆 1936 年
林振翰:《盐政辞典》,中州古籍出版社 1988 年
戴裔煊:《宋代钞盐制度研究》,中华书局 1981 年
郭正忠:《宋代盐业经济史》,人民出版社 1990 年
郭正忠:《中国盐业史(古代编)》,人民出版社 1997 年
漆侠:《中国经济通史·宋代经济卷》,经济日报出版社 1999 年
姜锡东:《宋代商人和商业资本》,中华书局 2002 年
田秋野、周维亮:《中华盐业史》,台湾商务印书馆 1979 年
刘淼:《明代盐业经济史研究》,汕头大学出版社 1996 年
柴继光:《运城盐池研究》,山西人民出版社 1991 年
朱正海:《盐商与扬州》,江苏古籍出版社 2001 年
张小也:《清代私盐问题研究》,社会科学文献出版社 2001 年
瞿大风:《元朝统治下的山西地区》,南开大学博士论文 2003 年
中国人民大学历史教研室:《中国封建经济关系的若干问题》,上海三联书店 1958 年
《中国社会经济史论丛》第二辑,山西人民出版社 1981 年

李幹:《元代社会经济史稿》,湖北人民出版社 1986 年
张利民等:《近代环渤海地区经济与社会研究》,天津社会科学院出版社 2003 年

三、论文

吴慧:《辽金元盐法考略》《盐业史研究》1988 年第 1 期
王兴文:《金代盐业初探》《中国史研究》1997 年第 2 期
郭正忠:《金代的盐使司与分司体制——〈金史·食货志〉"盐法"补正》,《中国史研究》1996 年第 4 期
郭正忠:《金代食盐业的经营体制》《河北学刊》1997 年第 2 期
郭正忠:《临潼金代解盐银铤考》,《文物》1997 年第 4 期
刘浦江:《金代"使司"银铤考释》,《中国历史文物》2005 年第 2 期
王德朋:《金代榷盐制度述论》,《中国社会经济史研究》2007 年第 1 期
郁祥桢:《金明昌二年解银铤》,《中国钱币》1993 年第 1 期
陈娟:《金代解盐使司银铤浅析》,《中原文物》2006 年第 2 期
陈高华:《元代盐政及其社会影响》,《历史论丛》第一辑
陈高华:《〈元典章·户部〉简论》,《中华文史论丛》2008 年第 2 辑
邱树森:《〈潮州三阳志〉、〈潮州三阳图志〉研究》,《元代文化史探微》,南方出版社 2001 年
高树林:《元朝盐户研究》,《中国史研究》1996 年第 4 期
高树林:《元朝盐茶酒醋课研究》,《河北大学学报》1995 年第 3 期
谢永平:《元代两淮盐业与扬州城市的繁荣》,《扬州大学学报》2002 年第 1 期
王秀丽:《元代文人笔下的东南贾客》,《元史论丛》第十辑
那晓波:《牙人》,《黑龙江民族丛刊》1994 年第 2 期
陈世松:《绍熙府与元代四川盐业的兴衰》,《盐业史研究》1988 年第 2 期
程龙刚:《元代四川盐业生产》,《盐业史研究》2000 年第 3 期
瞿大风:《有元一代的解州盐业》,《暨南史学》第四辑,2005 年
林树建:《元代的浙盐》,《浙江学刊》1991 年第 3 期
王俊华:《两淮盐运司元代并未分分司》,《盐业史研究》1988 年第 1 期
王赛时:《宋元金时期山东盐业的生产与开发》,《盐业史研究》2005 年第 4 期
吉成名:《元代食盐产地研究》,《四川理工学院学报》2008 年第 3 期
邹冬珍:《从碑传资料看元代河东盐池管理权之争》,《运城学院学报》2005 年第 6 期

吴志坚:《元代的鱼盐与盐法》,《元史及民族与边疆研究集刊》第十九辑
〔日〕佐伯富:《元代における盐政》,《东洋学报》66—1/2/3/4
〔日〕吉田寅:《〈熬波图〉的一考察》,刘淼译,《盐业史研究》1995 年第 4 期、1996 年第 1 期
〔日〕古松崇志《元代河东盐池神庙研究序说》,《东方学报》第 72 册,2000 年
陈得芝:《马可波罗在中国的旅程及路线》,《元史及北方民族史研究集刊》第 10 期
史卫民:《元朝前期的宣抚司和宣慰司》,《元史论丛》第五辑
郝时远:《元代监察制度概述》,《元史论丛》第三辑,中华书局 1986 年
李治安:《元中书省直辖"腹里"政区考略》,《元史论丛》第十辑
李治安:《元代宣慰司职掌考述》,《纪念南开大学建校八十周年暨古籍所成立十六周年文史论集》,南开大学出版社 1999 年
李治安:《元代宣慰司建置沿革与性质辨析》,《南开大学历史系建系七十五周年纪念文集》,南开大学出版社 1997 年
高荣盛:《元代海外贸易的管理机构》,《元史论丛》第七辑,江西教育出版社 1999 年
高荣盛:《元代商人研究》,《内陆亚洲历史文化研究——韩儒林先生纪念文集》,南京大学出版社 1996 年
刘迎胜:《从阿合马的身份谈起》,《元史论丛》第九辑,中国广播电视出版社 2004 年
王颋:《"敛财"之臣与元世祖——试论阿合马等"理财"及其与忽必烈的关系》,《元史及其北方民族史研究集刊》1981 年第 5 期
赵琦:《大蒙古国时期十路征收课税所考》,《蒙古史研究》第六辑
张帆:《金朝路制再探讨——兼论其在元朝的演变》,《燕京学报》新 12 期
温海清:《元代初期诸路转运司考述》,《中国史研究》2007 年第 3 期
陈志英:《由元初转运司设置概况看元初的政局》,《兰州学刊》2006 年第 6 期
陈志英:《元代财赋转运机构——转运司的变迁》,《晋际学刊》2006 年第 6 期
沈仁国:《元代的俸禄制度》,《元史及北方民族史研究集刊》第 12—13 辑
史继刚:《中国古代私盐的产生和发展》,《盐业史研究》2003 年第 4 期
马新:《榷盐与私盐贩的盛行》,《盐业史研究》1999 年第 4 期
梁庚尧:《南宋的私盐》,《新史学》十三卷二期,2002 年 6 月
任仲书、于海生:《宋代"牙人"的经济活动及影响》,《史学集刊》2003 年第 3 期

姜锡东:《关于宋代的私盐贩》,《盐业史研究》1999 年第 1 期
林日举:《北宋广南的盐政》,《中国社会经济史研究》2002 年第 1 期
徐泓:《明代的私盐》,《台湾大学历史系学报》1980 年第 7 期
杨强:《论明清环渤海区域海洋的发展》,《中国社会经济史研究》2004 年第 1 期
孟庆斌:《长芦盐业史述略》,《河北学刊》1992 年第 4 期
郑志章《板晒海盐技术的发明与传播》,《中国社会经济史研究》1984 年第 3 期
柴继光:《运城盐池的演变和发展》,《晋阳学刊》1982 年第 4 期
张正明:《古代运城的创建与发展》,《晋阳学刊》,1994 年第 6 期
梁方仲:《元代中国手工业生产的发展》,《中国社会经济史论丛》第 2 辑,山西人民出版社 1981 年

附:作者与本书相关的论著

《蒙元时期环渤海地区社会经济发展研究》(合著),天津古籍出版社 2003 年
《元代华北地区研究—兼论汉人的华夷观念》(合著),南开大学出版社 2008 年
《蒙元时期解盐研究》,《盐业史研究》2006 年第 1 期
《元代东南盐区盐业研究》,《文史》2006 年第 2 辑
《元代制国用使司述论》,《史学集刊》2006 年第 6 期
《论元代盐运司官吏的选任与管理》,《中国史研究》2008 年第 3 期
《〈运使复斋郭公言行录〉和〈编类运使复斋郭公敏行录〉的版本与价值》,《元史论丛》第十一辑,天津古籍出版社 2009 年

本书图表索引

后　记

呈现在大家面前的这部小书是在我博士论文的基础上修改完成的。自1999年末得知我将从孟繁清先生学习元史始,我便开始接触元代盐业史,时至今年已有将近十年的时间。其间彷徨过,苦恼过,甚至想过放弃,然更多的是学习时所获的快乐和问题解决后的释然。如今终于完成了对博士论文的修改。当敲完最后一个字的时候,既感到一份轻松,又不免忐忑不安。高兴的是,近十年来所做的事情终于有了收获,即将展现在学界同好的面前。忐忑的是,因笔者不敏,天资愚钝,加之自己懒散,浪费了很多宝贵的时间,其间一些前辈学者提出的好意见和建议尚无能力或精力逐渐展开,而由于未能进行实地调研,一些表述未免有纸上谈兵之感,书中错谬之处更是在所难免。如此这些,祈望学界前辈及同好提出严厉的批评,以待笔者今后加以修改和完善。

这部小书是我学生时代最为重要的成果。它的完成与孟繁清、李治安、郝春文三位业师的关怀和教诲分不开。孟繁清先生是我的硕士导师。他泽宽仁厚,为人谦和,淡泊名利,治学谨严。2000年初,孟师因病住院,在我探望他时还嘱我好好准备硕士入学复试。他康复后不辞辛劳,承担着指导我们师兄弟三个人的工作。我们每每为孟师的身体而担心,然孟师坚持上完他的每一次课程,几乎没有落掉一节。正是孟师的严格要求,使我初识元史研究的门径。夯实之功,理归孟师。我的硕士论文《元代海盐问题研究》成为完成博士论文的基础。直至今日,孟师仍关心着我论文的写作和生活,舔犊之情可见一斑。

2003年在彷徨中走进久负盛名的南开大学。入学之初,总觉得自己宛如“墙上芦苇——头重脚轻根底浅”,不知能否得到业师李治安先生的垂爱和认可。而自己慵懒的性格,也使我一度对自己选择史学道路的正确与否表示怀疑。业师很快打消了我消极的想法,对我鼓励有加,使我能够以积极的心态在史流书海中徜徉。南开的学术资源使我从中体会到史学的魅力所在。业师李治安先生学养深厚,治学严谨,视野广阔,尤精政治制度史研究。三年中,业师用言行影响着我,使我从不更时世的稚童逐渐走向成熟,也使我的基础更加牢固,学术水平得到很大提高。我不仅懂得了如何为文,更懂得了如何做人。我的博士论文从题目的选择,到篇章结构的设计,再到文中字句的润色,都凝结着业师辛勤的汗水和无私的劳动。博士毕业后,业师又为我工作和研究劳碌奔波,时时勉励我努力前进。这部小书正是经李师联系出版的。如此种种,是无法用语言来表达的。

博士毕业后,很幸运能够进入首都师范大学历史学博士后流动站,从郝春文先生学习。令我感激的是,郝春文先生竟能接受我这个既没有搞过敦煌学,又没有从事过隋唐史研究的学生。进站后,郝老师在学习上严格指导,生活上关怀备至,使我得以全心致力于史学研究。我虽从郝师致力于黑城出土元代汉文文书的研究,但郝师还是鼓励我将元代盐业作为研究的重点,将这个学术的雪球滚起来。他还鼓励我以《元代盐政、盐业与社会变迁》为题申报了博士后基金项目,最终获得资助。在论文修改中,郝师几乎每篇都进行了批改,叮嘱我为文应精益求精。这一阶段使我受益匪浅,是我成长道路上重要的驿站。

需要提到的是,陈高华先生在盐政方面很有成果。其《元代盐政及其社会影响》和《中国盐业史·古代编》中的元代部分是本书研究的基础。2001年11月,我经孟师介绍得以拜见先生。先生在本书的选题、成型和修改的过程中,提供思路,借阅材料,惠赠书籍,时时鼓励,奖掖有加,并作为我博士论文的审阅人和答辩主席参加了我的博士论文答辩。如今得以在先生面前垂听教诲,我将这作为我史学前进的动力。

本书的基础是我的硕士论文《元代海盐问题研究》,河北省社会科学院的孙继民师、河北师范大学的秦进才师、邢铁师、王俊才师为论文的修改和扩展提出了中肯的意见。在我的博士论文《元代盐政与盐业》的构思和写作过程中,南开大学的杜家骥教授、许檀教授给我提供了很好的思路和建议。暨南大学的邱树森先生、中国社会科学院的罗贤佑先生、内蒙古大学的薄音湖先生、河北师范大学的孟繁清先生作为博士论文的评阅人提出了很好的修改意见。天津师范大学的马俊民教授,南开大学的杜家骥教授、许檀教授作为答辩委员参加了我的答辩,为本书的修改和完善指出了方向。

除以上诸先生外,在十余年的学习和工作过程中,众多师友给予了我很多鼓励和帮助。首都师范大学的李华瑞先生给我提供了向著名宋史学家王曾瑜系统学习宋史的机会。中国社会科学院历史研究所的黄正建先生、刘晓先生时刻关注着我的成长,并为我的学习和工作付出了很多辛劳,使我能够继续自己的学术生涯。中国社会科学院民族学与人类学研究所乌兰先生为我提供了学习蒙古语的机会。北京大学张帆先生不时耳提面命,教诲良多。南开大学王晓欣师,河北师范大学杨寄林师、王文涛师、孙文阁师惠我良多。中国人民大学的沈卫荣先生、中国科学院自然科技史研究所的曾雄生先生、北京大学的党宝海先生、河北经贸大学的默书民先生、首都师范大学的史明文先生等都以不同方式给予了我莫大的关爱。吉林大学的程尼娜教授、中国社会科学院历史研究所的张彤先生、《西域研究》编辑部的刘国防先生、陈霞女士为我发表文章提供了方便。《盐业史研究》编辑部的程龙刚先生还为我提供了一些盐业资料。博士在读期间,同门师兄弟张沛之、张建军、杨玲、谭晓玲、肖立军、万昌华、刁培俊、薛磊、杨印民,周鑫、张玉兴给予了我无私的帮助。博士后期间,刘屹先生、金滢坤先生、史睿先生、王义康先生、赵贞先生、游自勇先生、王秀林女士、杨梅女士、陈丽萍女士等均给予了我无私的关怀。多少话语表达不尽感激之情，唯有默默在心中刻上“感恩”二字。

如今我到中国社会科学院历史研究所工作将近一年。在学习和工作中，所领导、前辈学者、工作人员给予我无私的帮助，而与所内青年才俊的相互砥砺，使我受益匪浅。恕在此未一一列出他们的名字。

回首二十多年来的学习生涯，我感觉自己是幸运的。父母用勤劳的双手托起了这个原本并不富裕的家庭，支持自己的儿子从事着原本为“贵族”专业的学习，无怨无悔。如今父母的双手变得很粗糙，脊梁业已弯曲。我已经走上工作岗位，是我回报父母的时候了。感谢我的爱人魏新颖女士，是她使我有勇气来到这个繁华的都市，从而有了良好的发展空间。她是我生活的导师，任劳任怨，每每默默地支持着我的学习和工作，给予我信心、鼓励和提示。

这部小书只是我步入元史研究殿堂的开始。用句时髦的广告词说，在学术道路上，“我才刚上路呦”。

2009 年 4 月

于北京清河永泰寓所